ए टू ज़ेड शेयर मार्केट

टेक्निकल एनालिसिस

गौतम कुमार

Official email id: a2zsharemarket@gmail.com

Youtube Channel: a2z share market intraday trading

Contact Number: 7827099052

notionpress.com

INDIA · SINGAPORE · MALAYSIA

Notion Press Media Pvt Ltd

No. 50, Chettiyar Agaram Main Road,
Vanagaram, Chennai, Tamil Nadu – 600 095

First Published by Notion Press 2021

ISBN 979-8-88521-284-7

अनुक्रम

अध्याय: 1

शुरुआत

तीन बातें अपने दिमाग़ में बैठा लें।

पहली बात

शेयर मार्केट को बहुत **गंभीरता** से समझने की कोशिश करें। तुक्केबाज़ी नहीं करें। तुक्के से केवल जुआ जीता जाता है बिज़नेस नहीं किया जाता। **शेयर मार्केट में, ट्रेडिंग एक बिज़नेस है।**

दूसरी बात

"दूसरों पर निर्भर रहना" दुनियाँ की सबसे खतरनाक बीमारी है। शेयर मार्केट में आने के बाद, अगर आप दूसरों से पूछते रहते हैं "कौन सा शेयर खरीदू? कौन सा शेयर शॉर्ट करू? तब यकीन मानिये आप इस बीमारी से ग्रस्त हैं। धीरे-धीरे ये बीमारी आपके सोचने की क्षमता, समझने की क्षमता और ट्रेडिंग के दौरान सही फ़ैसले लेने की क्षमता को ख़त्म कर देगी। इसलिए, किसी दूसरे व्यक्ति से सीखना गलत नहीं है, लेकिन दूसरों पर निर्भर रहना पूरी तरह से गलत है।

तीसरी बात

"शेयर मार्केट का कोई नियम नहीं है।" इसलिए शेयर मार्केट में लंबे समय तक टिके रहने के लिए आपको अपना नियम खुद बनाना होगा।

मैंने शेयर मार्केट में लंबे समय तक टिके रहने के लिए, **"हर ट्रेड में कम शेयर खरीदने और कम शेयर शॉर्ट करने" का नियम बनाया था"**

ए टू ज़ेड शेयर मार्केट (टेक्निकल एनालिसिस)

- यह किताब "आपको टेक्निकल एनालिसिस आसान भाषा में समझाएगी।"
- यह किताब "दूसरों पर आपकी निर्भरता को ख़त्म कर देगी। आप खुद टेक्निकल एनालिसिस करना सीख़ जाओगे।
- यह किताब "शेयर मार्केट में लंबे समय तक टिके रहने में आपकी मदद करेगी और धीरे-धीरे आपको एक परफेक्ट ट्रेडर में बदल देगी"

अध्याय: 2

टेक्निकल एनालिसिस

टेक्निकल एनालिसिस क्या हैं?

टेक्निकल एनालिसिस में हम, स्टॉक की प्राइस हिस्ट्री को चार्ट में देखकर **"स्टॉक की क़ीमत बढ़ेगी?"** या **"स्टॉक की क़ीमत गिरेगी?"** इसका अनुमान लगाने की कोशिश करते हैं।

टेक्निकल एनालिसिस में हम क्या समझने की कोशिश करते हैं?

टेक्निकल एनालिसिस में:

1. हम प्राइस पैटर्न को समझने की कोशिश करते हैं और सटीक बाईंग ज़ोन या सेलिंग ज़ोन का पता लगाते हैं।
2. हम ट्रेंड पैटर्न को समझकर स्टॉक की मूवमेंट का अनुमान लगाने की कोशिश करते हैं।
3. हम स्टॉक के रिट्रेसमेंट लेवल को समझने की कोशिश करते हैं फिर रिट्रेसमेंट लेवल के पास स्टॉक को ख़रीदते या शोर्ट सेल करते हैं।
4. हम स्टॉक के रेंज का एनालिसिस करते हैं और स्टॉक में ब्रेकडाउन या ब्रेकआउट होने के बाद उसे ख़रीदते या शोर्ट सेल करते हैं।
5. हम स्टॉक के सपोर्ट के प्रकार को समझने की कोशिश करते हैं और सही सपोर्ट लेवल समझ कर स्टॉक को खरीदते हैं।
6. हम स्टॉक के रेजिस्टेंस के प्रकार को समझने की कोशिश करते हैं और सही रेजिस्टेंस लेवल समझ कर स्टॉक को शॉर्ट सेल करते हैं।
7. स्टॉक में सर्किट लगने पर क्या होता है? इसे समझने की कोशिश करते हैं। ताकि हम पेनी स्टॉक, लो वॉल्यूम स्टॉक और लो वोलेटाइल स्टॉक की पहचान कर सकें।

इन सभी के बारे में, हम आने वाले अध्यायों में विस्तार से समझेंगे।

अध्याय: 3

चार्ट

प्राइस मूवमेंट

हर क्षण, स्टॉक की प्राइस का बढ़ना या गिरना ही प्राइस मूवमेंट कहलाता है।

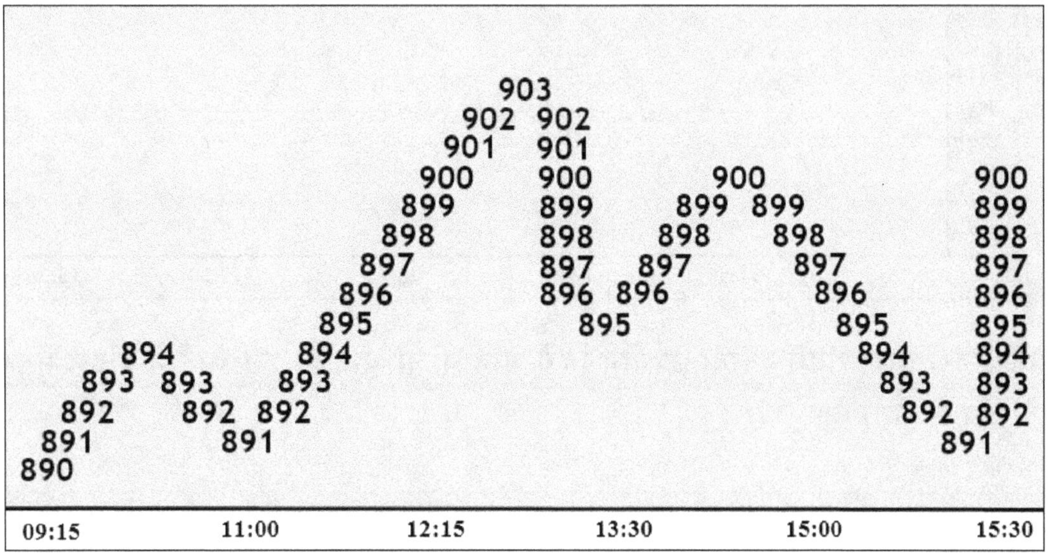

चार्ट में देखिये।

स्टॉक सुबह, 890 रूपये पर ओपन हुआ और दोपहर में, 900 रूपये पर बंद हुआ। मार्केट खुलने (09:15 am) से लेकर, मार्केट बंद होने (15:30 pm) तक आप प्राइस मूवमेंट को देख सकते हो।

मोमेन्टम स्टॉक

जिन स्टॉक की क़ीमत (प्राइस) में हमेशा ऊपर या नीचे की तरफ़ मूवमेंट होती रहती है उन स्टॉक को मोमेन्टम स्टॉक कहते हैं। इंट्राडे ट्रेडिंग के लिए हमें मोमेन्टम स्टॉक को ही चुनना चाहिए।

चार्ट क्या है?

चार्ट, स्टॉक या इंडेक्स की प्राइस मूवमेंट का ग्राफीय प्रदर्शन होता है। टेक्निकल एनालिसिस मुख्यतः चार्ट पर ही किये जाते हैं।

चार्ट कितने प्रकार के होते हैं?

चार्ट कई प्रकार के होते हैं जैसे लाइन चार्ट, कैंडलस्टिक चार्ट और बार चार्ट। हम इस अध्याय में, केवल कैंडलस्टिक चार्ट को समझेंगे क्यूँकि ज़्यादातर ट्रेडर टेक्निकल एनालिसिस में, केवल कैंडलस्टिक चार्ट का उपयोग करते हैं।

कैंडलस्टिक चार्ट

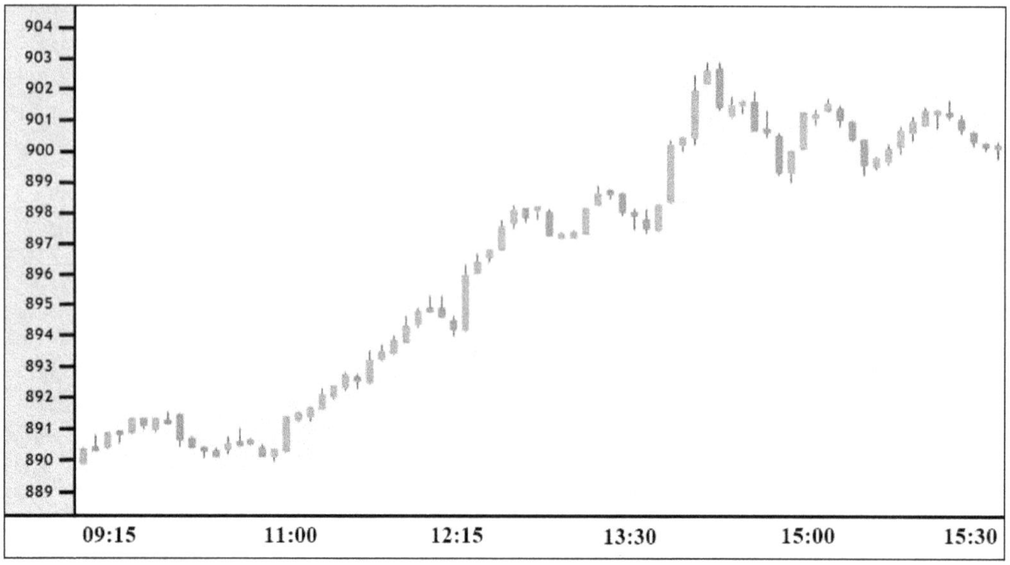

कैंडलस्टिक चार्ट, ट्रेडरों द्वारा सबसे ज़्यादा उपयोग किये जाने वाला चार्ट है। इस चार्ट में प्राइस मूवमेंट का ग्राफीय प्रदर्शन कैंडल के रूप में होता है।

कैंडल

कैंडलस्टिक चार्ट में, हर कैंडल प्राइस मूवमेंट को बताती है। स्टॉक किस प्राइस पर खुला (ओपन) हुआ? कहाँ तक बढ़ा (हाई)? कहाँ तक गिरा (लो)? कहाँ पर बंद (क्लोज़) हुआ?।

कैंडल दो प्रकार की होती है। बुलिश कैंडल और बेयरिश कैंडल।

बुलिश कैंडल: बॉडी

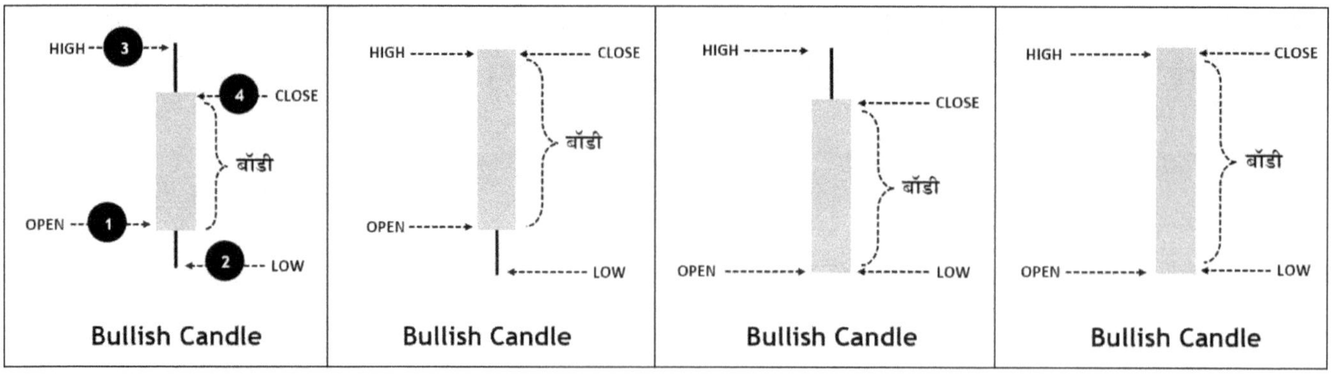

बुलिश कैंडल की बॉडी ख़रीदारी को दर्शाती है। ज़्यादा बड़ी बॉडी का मतलब है स्टॉक में ज़्यादा खरीदारी हुई है। चार्ट पर, बुलिश कैंडल आपको हरे रंग या ग्रे रंग या सफ़ेद रंग का दिखाई देगा।

बुलिश कैंडल: टेल

बुलिश कैंडल की टेल बायर के प्रभुत्व को दर्शाती है।

बुलिश कैंडल: 1

इस बुलिश कैंडल में: Open: 340, Low: 315, High: 370, Close: 345

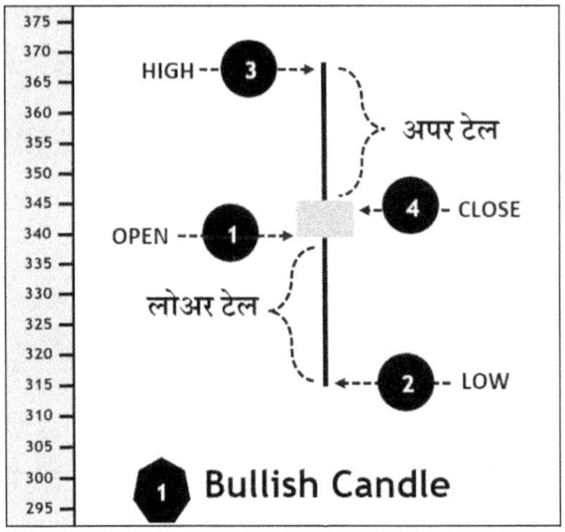

इस कैंडल को देखकर स्टॉक की प्राइस मूवमेंट को समझिए:-

स्टॉक 340 रूपये पर खुला (Open)। खुलने के बाद, सेलरों ने भारी बिकवाली की जिस कारण स्टॉक 340 रुपये से गिरकर 315 रुपये (Low) पर आ गया।

315 **रुपये** (Low) **को,** बायरों ने स्टॉक का सपोर्ट लेवल माना। इसलिए उन्होंने खरीदना शुरू किया जिस कारण स्टॉक 315 रुपये से बढ़कर 370 रुपये (High) पर पहुँच गया।

370 **रुपये** (High) **को,** सेलरों ने स्टॉक का रेजिस्टेंस लेवल माना। इसलिए उन्होंने हाई लेवल पर स्टॉक को बेचना (या शॉर्ट सेल करना) शुरू कर दिया। जिस कारण स्टॉक 370 रुपये से गिरकर 345 रुपये पर आ गया।

इस बुलिश कैंडल (1) का मतलब समझिये:

इस बुलिश कैंडल से पता चलता है बायर और सेलर की लड़ाई बराबरी पर ख़त्म हुई क्यूंकि सेलरों ने स्टॉक की कीमत को नीचे गिराने की बहुत कोशिश की और बायरों ने स्टॉक की कीमत को ऊपर ले जाने की बहुत कोशिश की लेकिन अंत में, स्टॉक जहाँ खुला था (340 रूपये) उसी कीमत के आसपास बंद **(Close)** हो गया। (345 रूपये पर)

बुलिश कैंडल: 2

इस बुलिश कैंडल में: Open: 480, Low: 435, High: 490, Close: 490

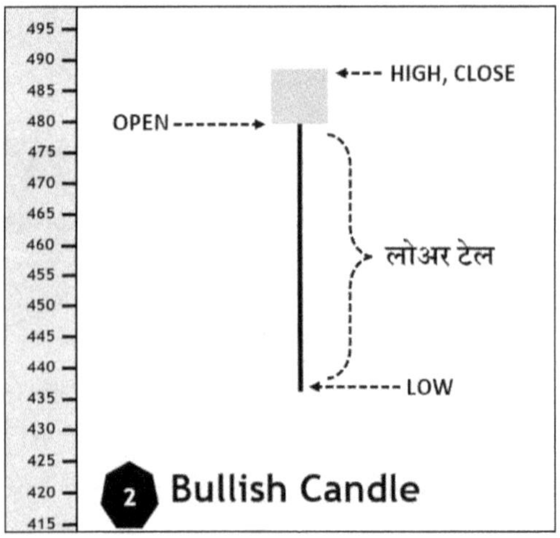

इस कैंडल को देखकर स्टॉक की प्राइस मूवमेंट को समझिए:-

स्टॉक 480 रूपये पर खुला (Open)। खुलते ही, सेलरों ने भारी बिकवाली की जिस कारण स्टॉक 480 (High) रुपये से गिरकर 435 रुपये (Low) पर आ गया।

435 **रुपये** (Low) **को**, बायरों ने स्टॉक का सपोर्ट लेवल माना। इसलिए उन्होंने खरीदना शुरू कर दिया। जिस कारण स्टॉक 435 रुपये से बढ़कर 490 रुपये (High) पर पहुँच गया।

बायरों की एकतरफा खरीदारी देखकर सेलर डर गए। इसलिए उन्होंने हाई लेवल के आसपास स्टॉक को शॉर्ट सेल नहीं किया।

इस बुलिश कैंडल (2) का मतलब समझिये:

इस बुलिश कैंडल की लोअर टेल से पता चलता है मार्केट में बायरों का प्रभुत्व (या दबदबा) है क्यूंकि सेलरों ने स्टॉक की कीमत को नीचे गिराने की बहुत कोशिश की लेकिन बायरों ने भारी खरीदारी की जिस कारण स्टॉक की कीमत नीचे नहीं गिरी। अंत में, स्टॉक अपने हाई लेवल (490 रूपये) के आसपास बंद **(Close)** हो गया।

बुलिश कैंडल: 3

इस बुलिश कैंडल में: Open: 515, Low: 515, High: 565, Close: 520

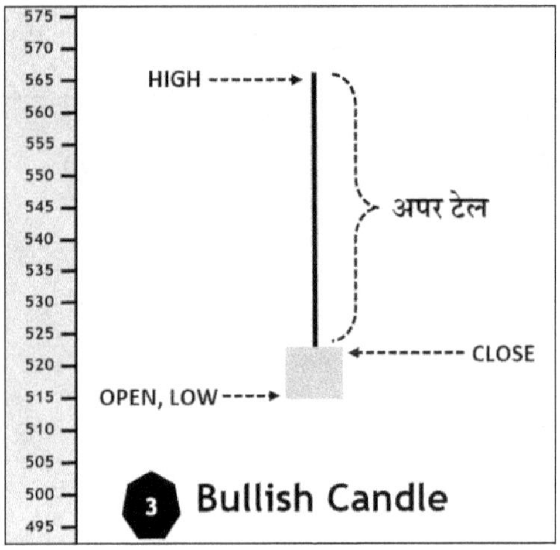

इस कैंडल को देखकर स्टॉक की प्राइस मूवमेंट को समझिए:-

स्टॉक 515 रूपये पर खुला (Open)। खुलते ही, बायरों ने भारी ख़रीदारी की जिस कारण स्टॉक 515 रुपये से बढ़कर 565 रुपये (High) पर पहुँच गया।

565 **रुपये** (High) **को**, सेलरों ने स्टॉक का रेजिस्टेंस लेवल माना। इसलिए उन्होंने बेचना (या शॉर्ट सेल करना) शुरू कर दिया। जिस कारण स्टॉक 565 रुपये से गिरकर 520 रुपये पर आ गया। सेलरों की एकतरफा बिकवाली देखकर बायर डर गए। इसलिए उन्होंने लो लेवल के आसपास स्टॉक को नहीं ख़रीदा।

इस बुलिश कैंडल (3) का मतलब समझिये:

इस बुलिश कैंडल की अपर टेल से पता चलता है अब सेलर, बायर पर हावी होने लगे हैं क्यूंकि 515 रूपये पर स्टॉक के खुलते ही, बायरों ने स्टॉक की कीमत को ऊपर ले जाने की बहुत कोशिश की लेकिन हाई लेवल पर, सेलरों ने भारी बिकवाली की जिस कारण स्टॉक की कीमत गिर गई। अंत में, स्टॉक 520 रुपये पर बंद **(Close)** हो गया।

बुलिश कैंडल: 4

इस बुलिश कैंडल में: Open: 340, Low: 315, High: 365, Close: 340

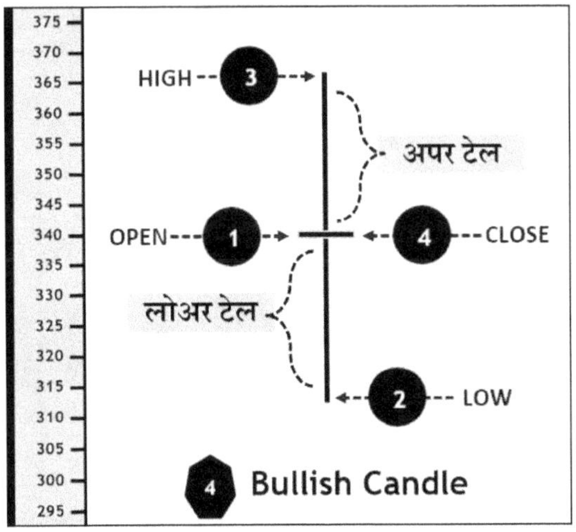

इस बुलिश कैंडल का मतलब समझिये: -

इस बुलिश कैंडल से पता चलता है बायर और सेलर की लड़ाई बराबरी पर ख़त्म हुई क्यूंकि 340 रूपये पर स्टॉक के खुलते ही, सेलरों ने स्टॉक की कीमत को नीचे गिराने की बहुत कोशिश की और बायरों ने स्टॉक की कीमत को ऊपर ले जाने की बहुत कोशिश की लेकिन अंत में, स्टॉक जहाँ खुला था (340 रूपये) उसी कीमत के आसपास बंद (Close) हो गया।

बुलिश कैंडल: 5

इस बुलिश कैंडल में: Open: 485, Low: 440, High: 485, Close: 485

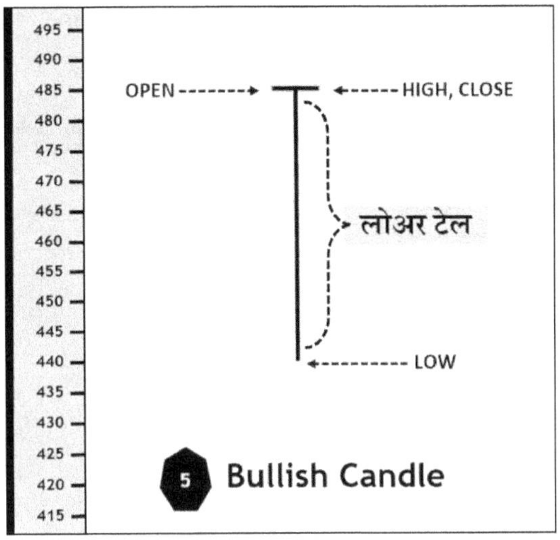

इस बुलिश कैंडल का मतलब समझिये: -

इस बुलिश कैंडल की लोअर टेल से पता चलता है मार्केट में बायरों का प्रभुत्व (या दबदबा) है क्यूंकि 485 रूपये पर स्टॉक के खुलते ही, सेलरों ने स्टॉक की कीमत को नीचे गिराने की बहुत कोशिश की लेकिन बायरों ने भारी खरीदारी की जिस कारण स्टॉक की कीमत नीचे नहीं गिरी। अंत में, स्टॉक अपने हाई (High) के आसपास बंद (Close) हो गया।

बुलिश कैंडल: 6

इस बुलिश कैंडल में: Open: 515, Low: 515, High: 560, Close: 515

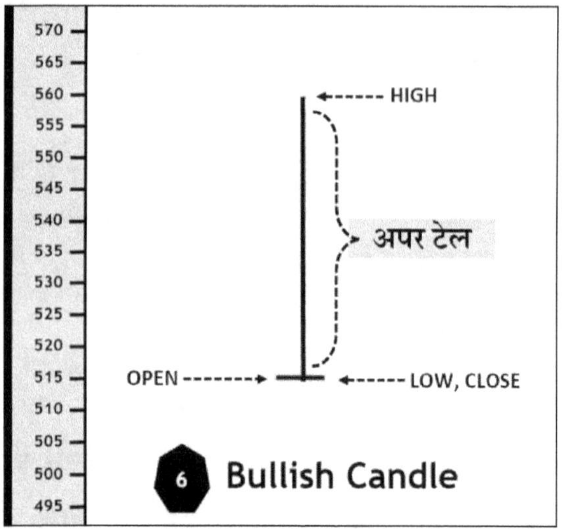

इस बुलिश कैंडल का मतलब समझिये:-

इस बुलिश कैंडल की अपर टेल से पता चलता है अब सेलर, बायर पर हावी होने लगे हैं क्यूंकि 515 रूपये पर स्टॉक के खुलते ही, बायरों ने स्टॉक की कीमत को ऊपर ले जाने की बहुत कोशिश की लेकिन हाई लेवल पर, सेलरों ने भारी बिकवाली की जिस कारण स्टॉक की कीमत गिर गई। अंत में, स्टॉक अपने लो लेवल के आसपास बंद (Close) हो गया।

बेयरिश कैंडल: बॉडी

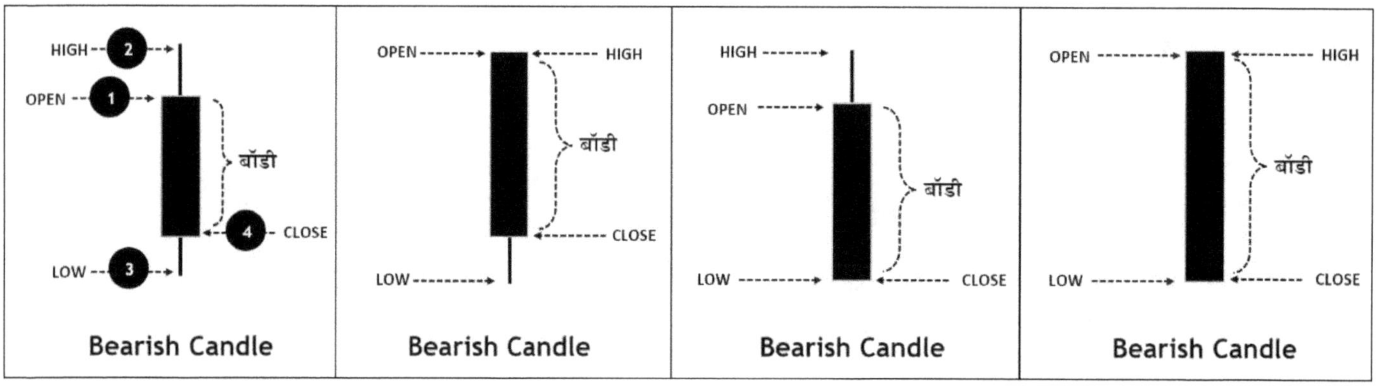

बेयरिश कैंडल की बॉडी बिकवाली को दर्शाती है। ज़्यादा बड़ी बॉडी का मतलब है स्टॉक में ज़्यादा बिकवाली हुई है। चार्ट पर, बेयरिश कैंडल आपको लाल रंग या नीला रंग या काले रंग का दिखाई देगा।

बेयरिश कैंडल: टेल

बेयरिश कैंडल की टेल सेलर के प्रभुत्व को दर्शाती है।

बेयरिश कैंडल: 1

इस बेयरिश कैंडल में: Open: 260, High: 280, Low: 230, Close: 255

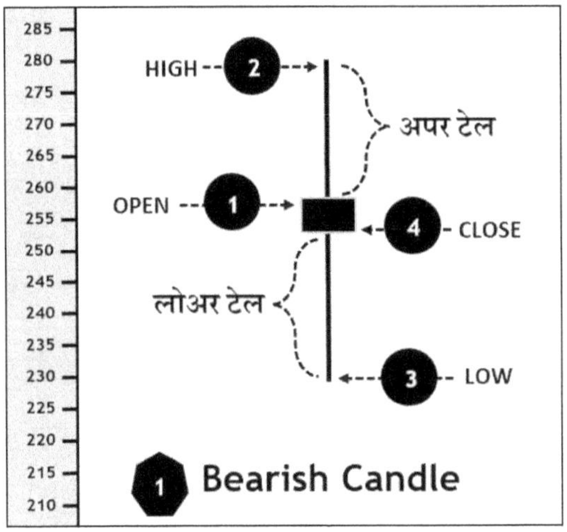

इस कैंडल को देखकर स्टॉक की प्राइस मूवमेंट को समझिए: -

स्टॉक 260 रूपये पर खुला (Open)। खुलने के बाद, बायरों ने भारी ख़रीदारी की जिस कारण स्टॉक 260 रुपये से बढ़कर 280 रुपये (High) पर पहुँच गया।

280 **रुपये** (High) **को**, सेलरों ने स्टॉक का रेजिस्टेंस लेवल माना। इसलिए उन्होंने बेचना (या शॉर्ट सेल करना) शुरू कर दिया। जिस कारण स्टॉक 280 रुपये से गिरकर 230 (Low) रुपये पर आ गया।

230 **रुपये** (Low) **को**, बायरों ने स्टॉक का सपोर्ट लेवल माना। इसलिए उन्होंने लो लेवल पर स्टॉक को खरीदना शुरू कर दिया। जिस कारण स्टॉक 230 रुपये से बढ़कर 255 रुपये पर पहुँच गया।

इस बेयरिश कैंडल (1) का मतलब समझिये:

इस बेयरिश कैंडल से पता चलता है सेलर और बायर की लड़ाई बराबरी पर ख़त्म हुई क्यूंकि बायरों ने स्टॉक की कीमत को ऊपर ले जाने की बहुत कोशिश की और सेलरों ने स्टॉक की कीमत को नीचे गिराने की बहुत कोशिश की लेकिन अंत में, स्टॉक जहाँ खुला था (260 रूपये) उसी कीमत के आसपास बंद **(Close)** हो गया। (255 रूपये पर)

बेयरिश कैंडल: 2

इस बेयरिश कैंडल में: Open: 345, High: 385, Low: 335, Close: 335

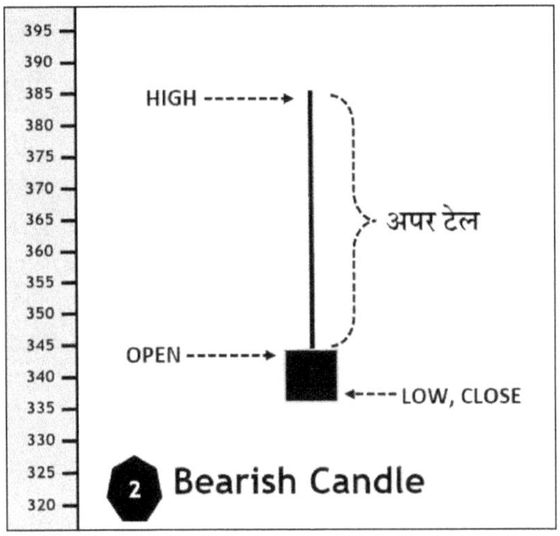

इस कैंडल को देखकर स्टॉक की प्राइस मूवमेंट को समझिए:-

स्टॉक 345 रूपये पर खुला (Open)। खुलते ही, बायरों ने भारी ख़रीदारी की जिस कारण स्टॉक 345 रुपये से बढ़कर 385 रुपये (High) पर पहुँच गया।

385 **रुपये** (High) **को**, सेलरों ने स्टॉक का रेजिस्टेंस लेवल माना। इसलिए उन्होंने बेचना (या शॉर्ट सेल करना) शुरू कर दिया। जिस कारण स्टॉक 385 रुपये से गिरकर 335 रुपये (Low) पर आ गया।

सेलरों की एकतरफा बिकवाली देखकर बायर डर गए। इसलिए उन्होंने लो लेवल के आसपास स्टॉक को नहीं ख़रीदा।

इस बेयरिश कैंडल (2) का मतलब समझिये:

इस बेयरिश कैंडल की अपर टेल से पता चलता है मार्केट में सेलरों का प्रभुत्व (या दबदबा) है क्यूंकि बायरों ने स्टॉक की कीमत को ऊपर ले जाने की बहुत कोशिश की लेकिन हाई लेवल पर, सेलरों ने भारी बिकवाली की जिस कारण स्टॉक की कीमत गिर गई। अंत में, स्टॉक अपने लो लेवल (335 रूपये) के आसपास बंद (Close) हो गया।

बेयरिश कैंडल: 3

इस बेयरिश कैंडल में: Open: 765, High: 765, Low: 720, Close: 760

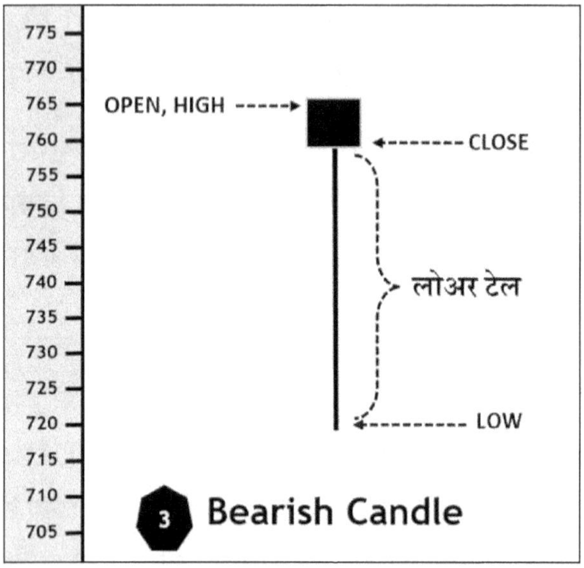

इस कैंडल को देखकर स्टॉक की प्राइस मूवमेंट को समझिए:-

स्टॉक 765 रूपये पर खुला (Open)। खुलते ही, सेलरों ने भारी बिकवाली की जिस कारण स्टॉक 765 रुपये (High) से गिरकर 720 रुपये (Low) पर आ गया।

720 **रुपये** (Low) **को**, बायरों ने स्टॉक का सपोर्ट लेवल माना। इसलिए उन्होंने खरीदना शुरू कर दिया। जिस कारण स्टॉक 720 रुपये से बढ़कर 760 रुपये पर पहुँच गया। बायरों की एकतरफा खरीदारी देखकर सेलर डर गए। इसलिए उन्होंने हाई लेवल के आसपास स्टॉक को शॉर्ट सेल नहीं किया।

इस बेयरिश कैंडल (3) का मतलब समझिये:

इस बेयरिश कैंडल की लोअर टेल से पता चलता है अब बायर, सेलर पर हावी होने लगे हैं क्यूंकि 765 रूपये पर स्टॉक के खुलते ही, सेलरों ने स्टॉक की कीमत को नीचे गिराने की बहुत कोशिश की लेकिन बायरों ने भारी खरीदारी की जिस कारण स्टॉक की कीमत नीचे नहीं गिरी। अंत में, स्टॉक 760 रूपये पर बंद **(Close)** हो गया।

बेयरिश कैंडल: 4

इस बेयरिश कैंडल में: Open: 255, High: 280, Low: 230, Close: 255

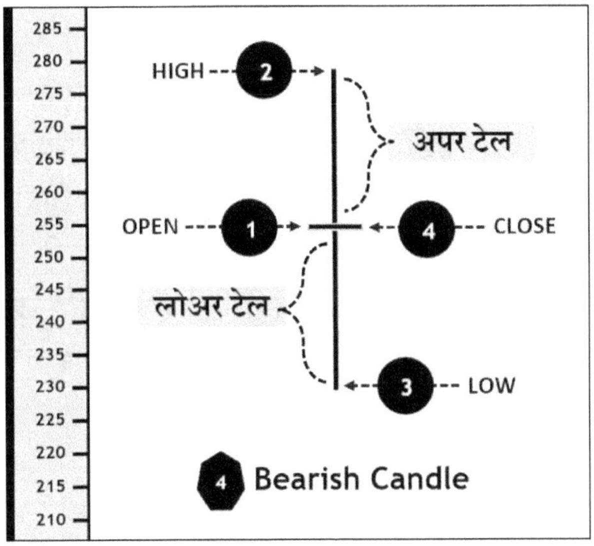

इस बेयरिश कैंडल का मतलब समझिये: -

इस बेयरिश कैंडल से पता चलता है बायर और सेलर की लड़ाई बराबरी पर ख़त्म हुई क्यूंकि 255 रूपये पर स्टॉक के खुलते ही, बायरों ने स्टॉक को ऊपर ले जाने की बहुत कोशिश की और सेलरों ने स्टॉक की कीमत को नीचे गिराने की बहुत कोशिश की लेकिन अंत में, स्टॉक जहाँ खुला था (255 रूपये) उसी कीमत के आसपास बंद (Close) हो गया।

बेयरिश कैंडल: 5

इस बेयरिश कैंडल में: Open: 335, High: 38**0**, Low: 335, Close: 335

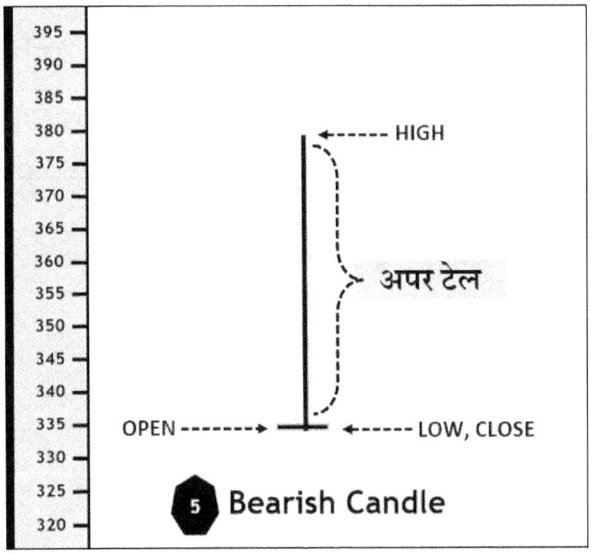

इस बेयरिश कैंडल का मतलब समझिये:-

इस बेयरिश कैंडल की अपर टेल से पता चलता है मार्केट में सेलरों का प्रभुत्व (या दबदबा) है क्यूंकि 335 रूपये पर स्टॉक के खुलते ही, बायरों ने स्टॉक की कीमत को ऊपर ले जाने की बहुत कोशिश की लेकिन हाई लेवल पर, सेलरों ने भारी बिकवाली की जिस कारण स्टॉक की कीमत गिर गई। अंत में, स्टॉक अपने लो (Low) के आसपास बंद (Close) हो गया।

बेयरिश कैंडल: 6

इस बेयरिश कैंडल में: Open: 765, High: 765, Low: 720, Close: 765

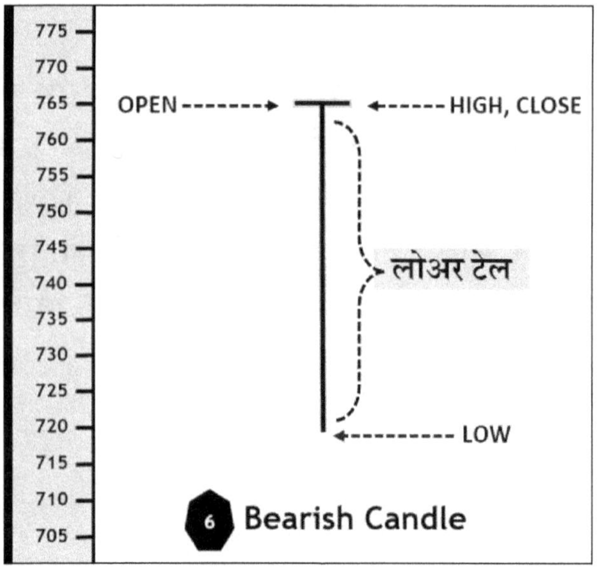

इस बेयरिश कैंडल का मतलब समझिये:-

इस बेयरिश कैंडल की लोअर टेल से पता चलता है मार्केट में अब बायर, सेलर पर हावी होने लगे हैं क्यूंकि 765 रूपये पर स्टॉक के खुलते ही, सेलरों ने स्टॉक की कीमत को नीचे गिराने की बहुत कोशिश की लेकिन बायरों ने भारी खरीदारी की जिस कारण स्टॉक की कीमत नीचे नहीं गिरी। अंत में, स्टॉक अपने हाई (High) के आसपास बंद (Close) हो गया।

याद रखें

"ट्रेडिंग में कैंडल की कोई अहमियत नहीं होती है"

चार्ट पर, लगातार चार-पांच बुलिश कैंडल बनाने के बाद भी स्टॉक गिर सकता है और लगातार चार-पांच बेयरिश कैंडल बनाने के बाद भी स्टॉक बढ़ सकता है।

ट्रेडिंग में केवल प्राइस पैटर्न, ट्रेंड पैटर्न, सपोर्ट लेवल, रेजिस्टेंस लेवल, रेंज और रिट्रेसमेंट लेवल ही मायने रखते हैं।

आपको हर प्रकार की कैंडल का मतलब पता होना चाहिए इसलिए इस अध्याय में मैंने कैंडल के बारे में विस्तार से समझाया है।

ट्रेडिंग में, कैंडलस्टिक चार्ट का उपयोग नीचे लिखी बातों को समझने के लिए किया जाता।

1. कैंडलस्टिक चार्ट का उपयोग प्राइस पैटर्न को समझने के लिए किया जाता है।
2. कैंडलस्टिक चार्ट का उपयोग ट्रेंड का एनालिसिस करने के लिए किया जाता है।
3. कैंडलस्टिक चार्ट का उपयोग रिट्रेसमेंट लेवल को समझने के लिए किया जाता है।
4. कैंडलस्टिक चार्ट का उपयोग स्टॉक के रेंज का एनालिसिस करने के लिए किया जाता है।

5. कैंडलस्टिक चार्ट का उपयोग स्टॉक के सपोर्ट लेवल का एनालिसिस करने के लिए किया जाता है।
6. कैंडलस्टिक चार्ट का उपयोग स्टॉक के रेजिस्टेंस लेवल का एनालिसिस करने के लिए किया जाता है।
7. कैंडलस्टिक चार्ट का उपयोग, बार-बार अपर और लोअर सर्किट लगाने वाले स्टॉक को पहचानने के लिए किया जाता है।

हम इन टॉपिक को, आने वाले अध्यायों में विस्तार से समझेंगे।

अध्याय: 4

मार्केट के प्रकार

अपट्रेंड मार्केट

अपट्रेंड मार्केट में, स्टॉक हायर हाई (HH) और हायर लो (HL) बनाते हैं।

हायर हाई (HH) **का मतलब है**: प्रत्येक नया हाई, पहले हाई से ऊपर बनता है।

हायर लो (HL) **का मतलब है**: प्रत्येक नया लो, पहले लो से ऊपर बनता है।

हायर हाई (HH) **को स्विंग हाई** (Swing High) **और हायर लो** (HL) **को स्विंग लो** (Swing Low) **भी कहते हैं।**

डाउनट्रेंड मार्केट

डाउनट्रेंड मार्केट में स्टॉक, लोअर हाई (LH) और लोअर लो (LL) बनाते हैं।

लोअर हाई (LH) **का मतलब है**: प्रत्येक नया हाई, पहले हाई से नीचे बनता है।

लोअर लो (LL) **का मतलब है**: प्रत्येक नया लो, पहले लो से नीचे बनता है।

लोअर हाई (LH) **को स्विंग हाई** (Swing High) **और लोअर लो** (LL) **को स्विंग लो** (Swing Low) **भी कहते हैं।**

साइड वेज़ मार्केट

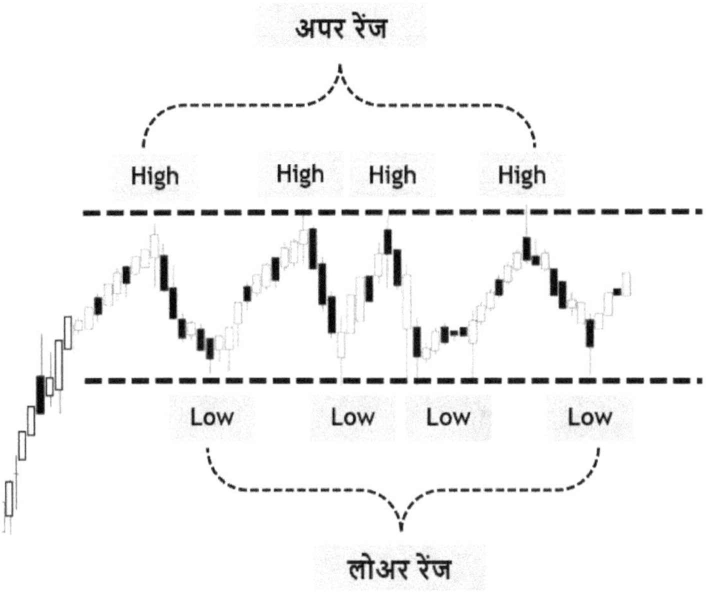

साइड वेज़ मार्केट में स्टॉक, एक रेंज में ही घूमता रहता है।

प्रत्येक नया हाई, पहले हाई के आसपास बनता है और

प्रत्येक नया लो, पहले लो के आसपास बनता है।

अपट्रेंड मार्केट के बाद साइड वेज़ मार्केट

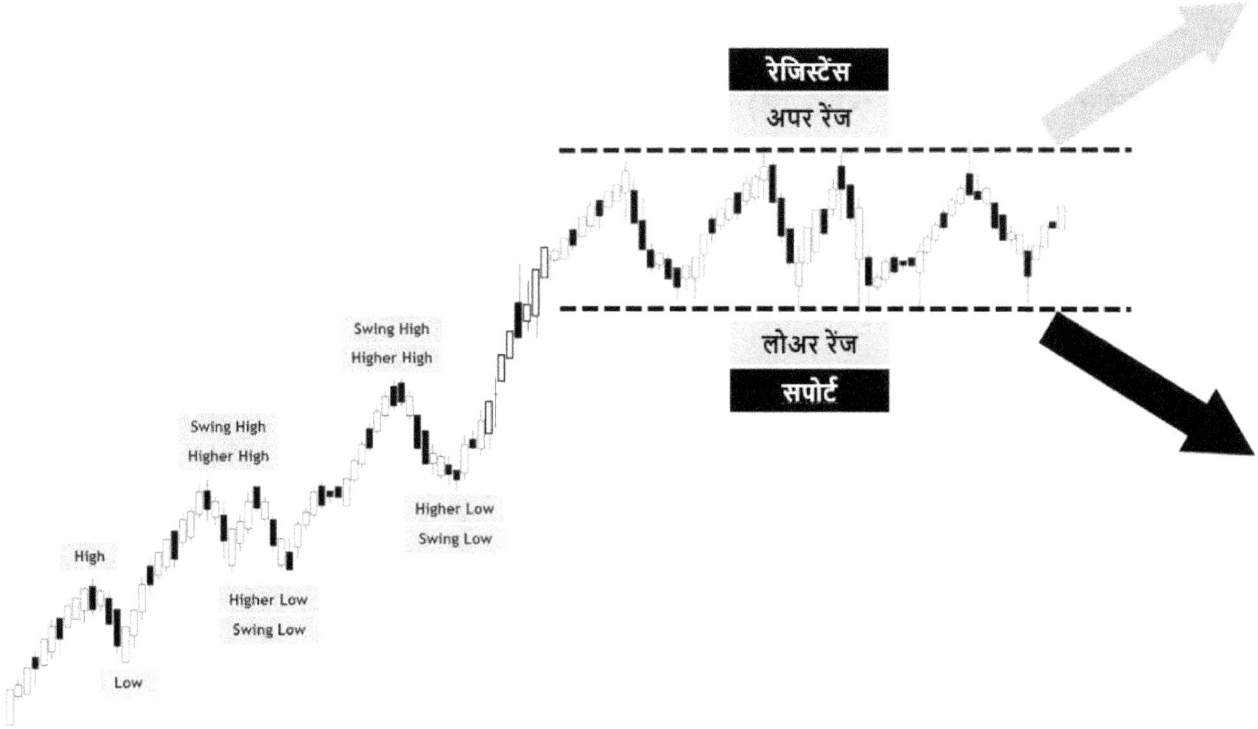

साइड वेज़ मार्केट हमेशा ट्रेंडिंग मार्केट (अपट्रेंड और डाउनट्रेंड) के बाद आता ही है। जैसा की आप चार्ट में देख सकते हो अपट्रेंड मार्केट के बाद, साइड वेज़ मार्केट आ गया। साइड वेज़ मार्केट में, अपर (Upper) रेंज को स्टॉक का रेजिस्टेंस माना जाता है और लोअर (Lower) रेंज को स्टॉक का सपोर्ट माना जाता है।

डाउनट्रेंड मार्केट के बाद साइड वेज़ मार्केट

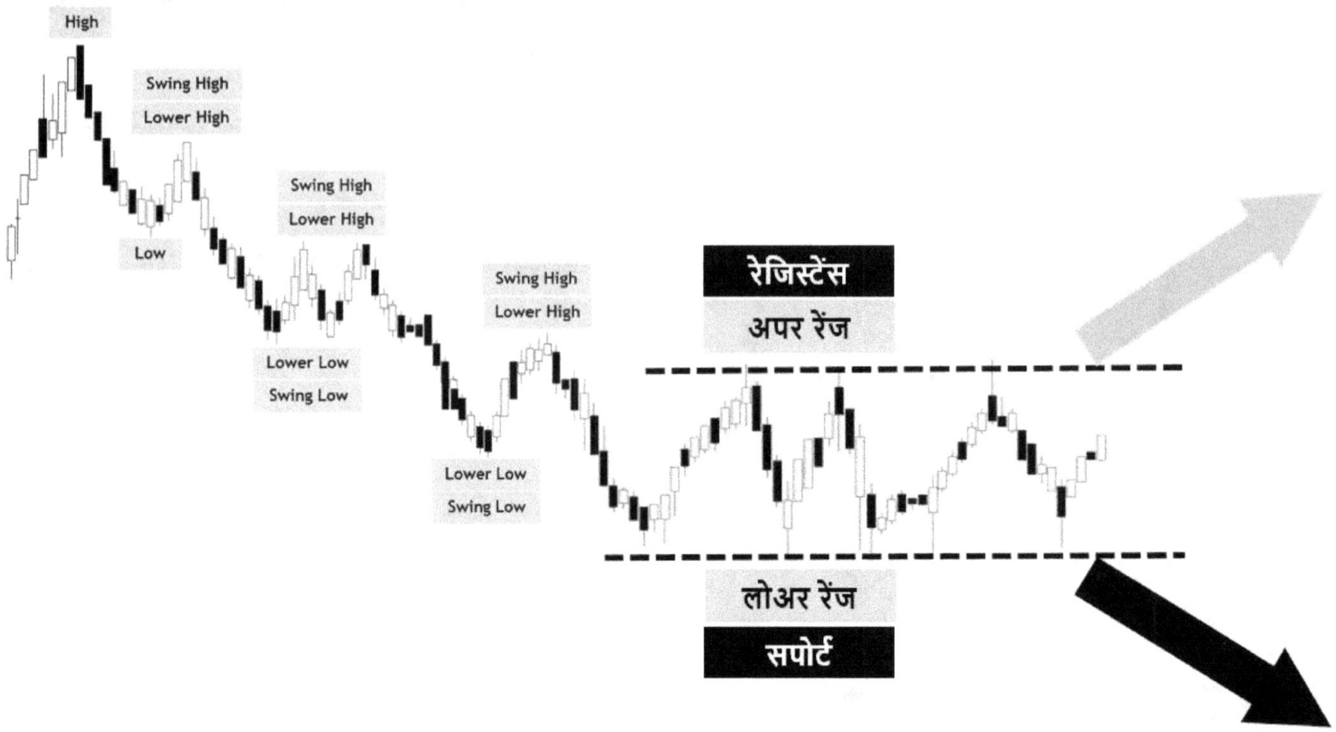

आप चार्ट में देख सकते हो यहाँ, डाउनट्रेंड मार्केट के बाद, साइड वेज़ मार्केट आ गया।

साइड वेज़ मार्केट में, स्टॉक अपर रेंज (रेजिस्टेंस) को तोड़ कर ऊपर भी बढ़ सकता है और लोअर रेंज (सपोर्ट) को तोड़ कर नीचे भी गिर सकता है।

अध्याय: 5

सपोर्ट

करेक्शन किसे कहते हैं?

जब स्टॉक में गिरावट होती है तो उस गिरावट को करेक्शन Correction) **कहते हैं।**

करेक्शन सपोर्ट किसे कहते हैं?

- **करेक्शन (गिरावट) के दौरान,** ज़्यादातर स्टॉक अपने पिछले हाई लेवल और पिछले लो लेवल पर सपोर्ट लेते हैं।
- **करेक्शन (गिरावट) के दौरान,** स्टॉक के पिछले हाई लेवल और पिछले लो लेवल को ही उसका करेक्शन सपोर्ट माना जाता है।
- **करेक्शन (गिरावट) के दौरान,** जब स्टॉक अपने **सपोर्ट** के पास पहुँचता है तब ज़्यादातर ट्रेडर स्टॉक को ख़रीदने लगते हैं।

सपोर्ट के प्रकार

1......सपोर्ट: पिछला हाई

चार्ट में देखकर समझिये।

करेक्शन (गिरावट) के दौरान, जब कोई स्टॉक अपने पिछले हाई लेवल के करीब पहुँचता है तब ज़्यादातर ट्रेडरों को लगता है "**स्टॉक अपने पिछले हाई लेवल से नीचे नहीं गिरगा।**" इसी सोच के साथ वे स्टॉक को ख़रीदने लगते हैं।

यहाँ, स्टॉक ने पहला हाई 415 रूपये का बनाया। दूसरा हाई 435 रूपये का बनाया। दूसरा हाई लेवल (435 रूपये) बनाने के बाद, जब स्टॉक में गिरावट हुई तब पहला हाई लेवल (415 रूपये) उसका स्ट्रांग सपोर्ट बना।

2......सपोर्ट: पिछला लो

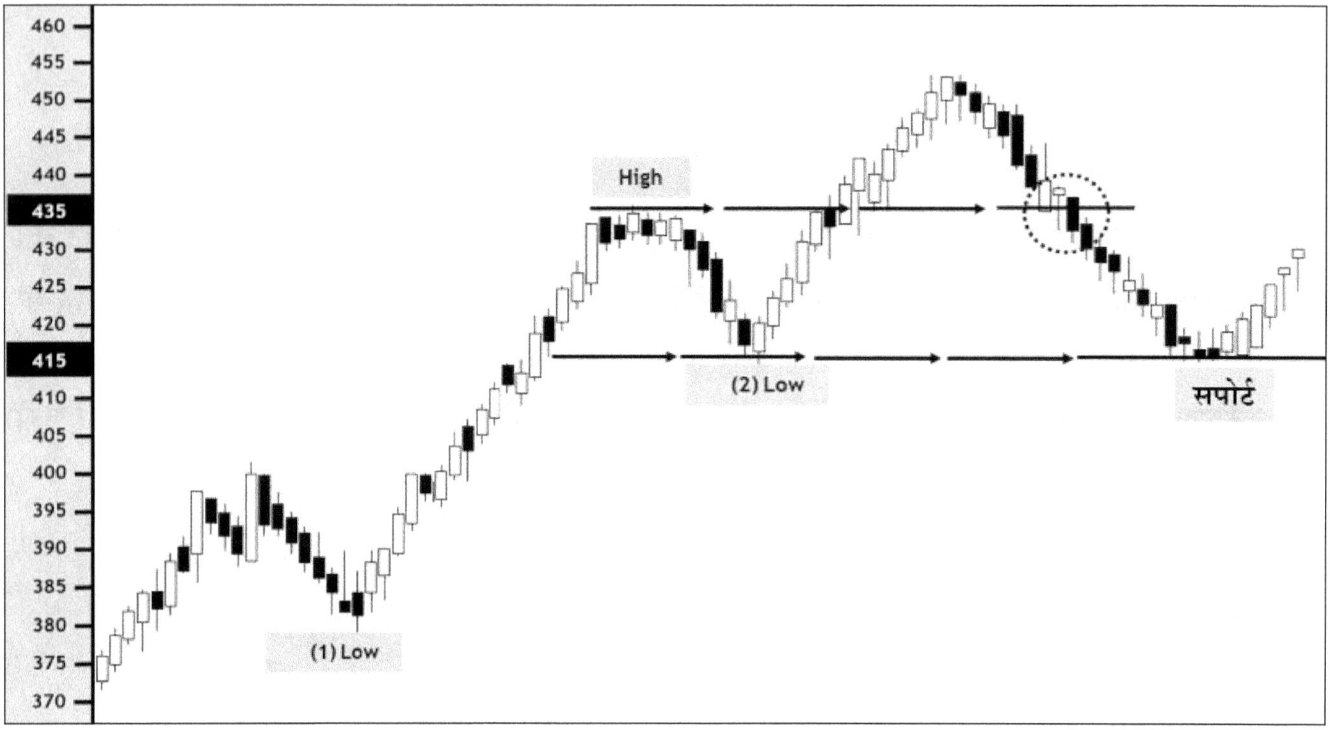

चार्ट में देखकर समझिये। **करेक्शन (गिरावट) के दौरान,** स्टॉक के पिछले हाई लेवल को, स्ट्रांग सपोर्ट माना जाता है लेकिन अगर पिछले हाई लेवल का सपोर्ट टूट जाए तब पिछले लो लेवल को स्ट्रांग सपोर्ट माना जाता है।

जैसे यहाँ, गिरावट होने पर, स्टॉक ने हाई लेवल (435 रूपये) पर सपोर्ट नहीं लिया। बल्कि दूसरे लो लेवल (415 रूपये) पर सपोर्ट लिया।

3......सपोर्ट: लोअर रेंज

जैसा की हमने पिछले अध्याय में पढ़ा,

साइड वेज़ मार्केट में स्टॉक एक रेंज में ही घूमता रहता है। इसलिए साइड वेज़ मार्केट में, लोअर रेंज को स्टॉक का स्ट्रांग सपोर्ट माना जाता है।

4......सपोर्ट: अपट्रेंड लाइन

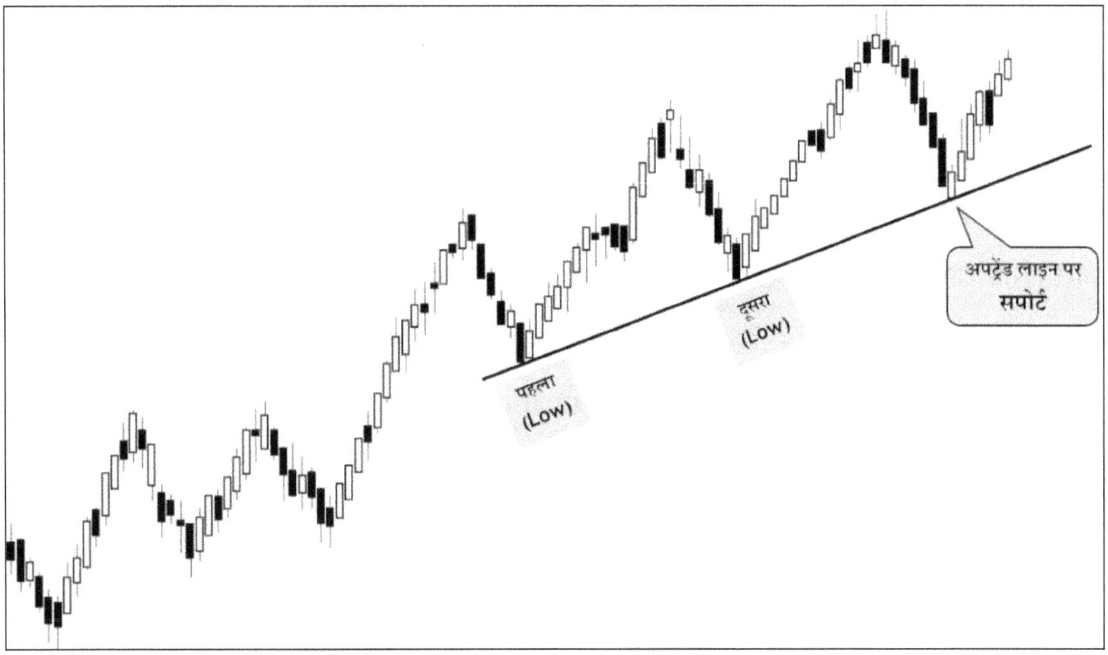

चार्ट में देखकर समझिये। **करेक्शन (गिरावट) के दौरान,** स्टॉक हर बार अपने पिछले हाई लेवल पर या पिछले लो लेवल पर सपोर्ट लेकर बढ़ने लगे, ऐसा हमेशा नहीं होता है। कई बार स्टॉक, एक लाइन पर सपोर्ट लेकर बढ़ते है। जिसे ट्रेंड लाइन या अपट्रेंड लाइन कहा जाता है। अपट्रेंड लाइन हमेशा स्टॉक के लिए सपोर्ट का काम करती है।

इसलिए गिरावट के बाद, जब कोई स्टॉक अपट्रेंड लाइन के पास पहुंचता है तो ज्यादातर ट्रेडर शेयर को ख़रीदने लगते हैं। **स्टॉक के चार्ट पर अपट्रेंड लाइन खींचने के लिए आपको कम से कम दो लो (Low) लेवल चाहिए।**

अपट्रेंड लाइन: रेजिस्टेंस

अपट्रेंड लाइन हमेशा स्टॉक के लिए सपोर्ट का काम करती है। अगर स्टॉक अपट्रेंड लाइन को काटकर नीचे आ जाये तब उसमें गिरावट होने की संभावना बढ़ जाती है लेकिन कभी-कभी ऐसा भी होता है की स्टॉक अपट्रेंड लाइन को काटकर नीचे गिरने की बजाय बढ़ने लगता है। इस प्रकार की स्थिति में, **अपट्रेंड लाइन स्टॉक के लिए रेजिस्टेंस का काम करती है। (चार्ट में देखकर समझिये)**

अंत में,

1. करेक्शन (गिरावट) के दौरान, स्टॉक के पिछले हाई लेवल को उसका सपोर्ट माना जाता है।
2. करेक्शन (गिरावट) के दौरान, स्टॉक के पिछले लो लेवल को उसका सपोर्ट माना जाता है।
3. साइडवेज़ मार्केट में, स्टॉक के लोअर रेंज को उसका सपोर्ट माना जाता है।
4. करेक्शन (गिरावट) के दौरान, अपट्रेंड लाइन को स्टॉक का सपोर्ट माना जाता है।
5. कई बार, अपट्रेंड लाइन स्टॉक के लिए रेजिस्टेंस का काम भी करती है।

अध्याय: 6

रेजिस्टेंस

करेक्शन किसे कहते हैं?

नया हाई लेवल बनाने के बाद, जब स्टॉक में गिरावट होती है तो उस गिरावट को करेक्शन Correction) कहते हैं।

करेक्शन रेजिस्टेंस किसे कहते हैं?

- **करेक्शन (गिरावट) के बाद, जब स्टॉक बढ़ने लगता है** तब कई बार अपने पिछले हाई लेवल और पिछले लो लेवल तक पहुँच कर गिर जाता है।
- **करेक्शन (गिरावट) के बाद, जब स्टॉक बढ़ने लगता है** तब उसके पिछले हाई लेवल और पिछले लो लेवल को ही उसका करेक्शन रेजिस्टेंस माना जाता है।
- **करेक्शन (गिरावट) के बाद,** जब स्टॉक बढ़कर अपने **रेजिस्टेंस** के पास पहुँचता है तब ज़्यादातर ट्रेडर स्टॉक को बेचने या शॉर्ट सेल करने लगते हैं।

रेजिस्टेंस के प्रकार

1......रेजिस्टेंस: पिछला हाई लेवल

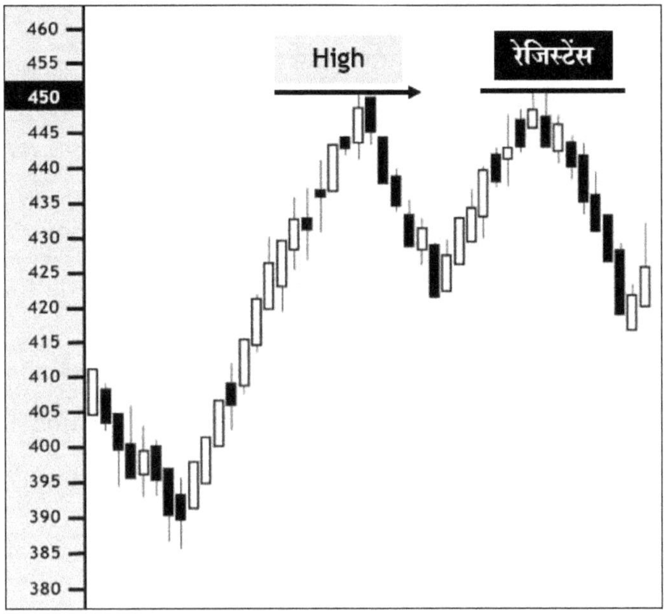

चार्ट में देखकर समझिये।

करेक्शन (गिरावट) के बाद, जब स्टॉक बढ़कर अपने पिछले हाई लेवल के करीब पहुँचता है तब ज़्यादातर ट्रेडरों को लगता है **"स्टॉक अपने पिछले हाई लेवल से ऊपर नहीं जाएगा।"** इसी सोच के साथ वे स्टॉक को बेचने या शॉर्ट सेल करने लगते हैं।

यहाँ, स्टॉक ने पहली बार 450 रूपये का हाई बनाया। एक करेक्शन के बाद, जब स्टॉक दुबारा बढ़कर 450 रूपये तक पहुंचा तब उसमें दुबारा गिरावट हुई क्यूंकि पहला हाई लेवल (450 रूपये) उसका स्ट्रांग रेजिस्टेंस बना।

2……रेजिस्टेंस: पिछला लो लेवल

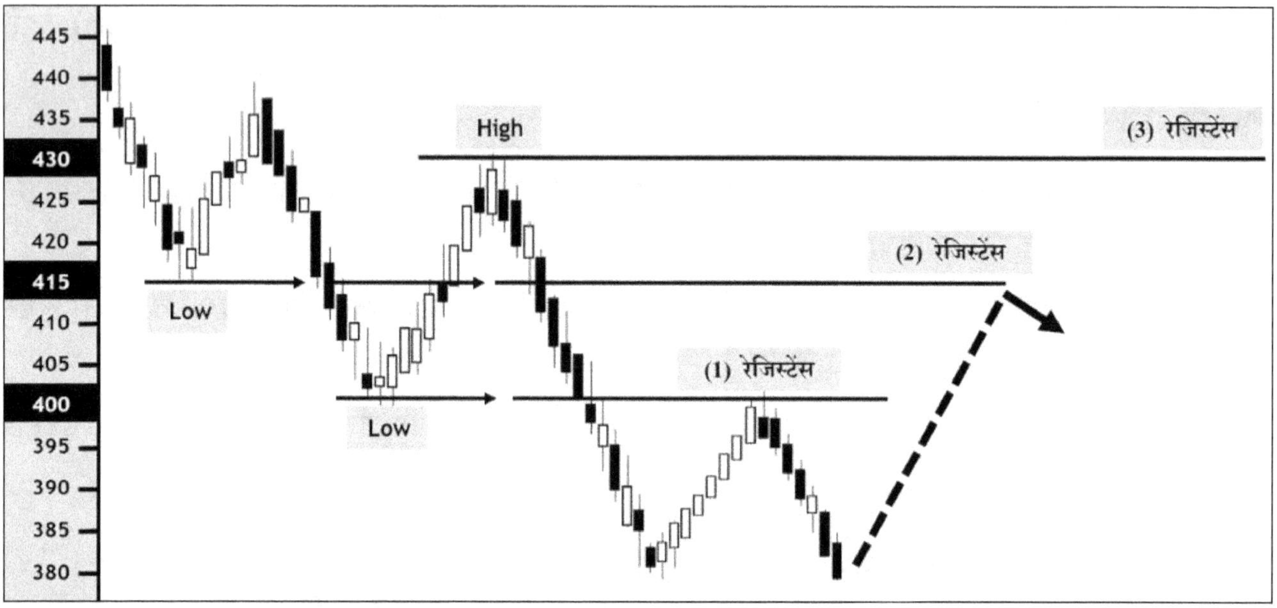

चार्ट में देखकर समझिये। **करेक्शन (गिरावट) के बाद, जब स्टॉक बढ़ने लगता है** तब उसके पिछले लो लेवल और पिछले हाई लेवल को स्ट्रांग रेजिस्टेंस माना जाता है। **यहाँ,**

- स्टॉक का पिछला लो लेवल (400 रूपये) उसका पहला रेजिस्टेंस है।
- 415 रूपये उसका दूसरा रेजिस्टेंस है।
- पिछला हाई लेवल (430 रूपये) उसका तीसरा रेजिस्टेंस है।

3……रेजिस्टेंस: अपर रेंज

जैसा की हमने अध्याय 4 में पढ़ा,

साइड वेज़ मार्केट में स्टॉक एक रेंज में ही घूमता रहता है। इसलिए साइड वेज़ मार्केट में, अपर रेंज को स्टॉक का स्ट्रांग रेजिस्टेंस माना जाता है।

4......डाउनट्रेंड लाइन: रेजिस्टेंस

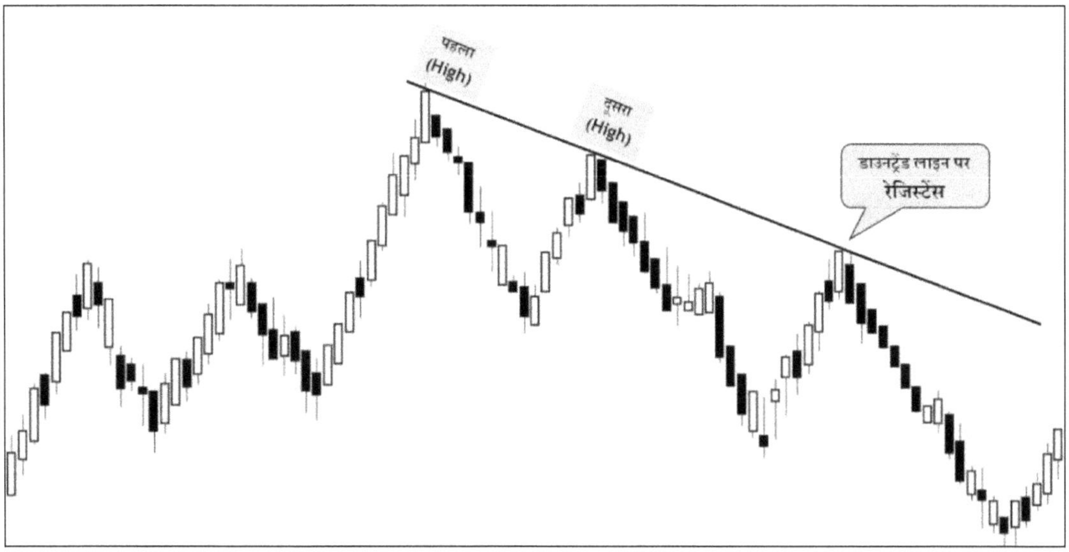

चार्ट में देखकर समझिये।

करेक्शन (गिरावट) के बाद, जब स्टॉक बढ़ने लगता है तो हर बार स्टॉक अपने पिछले हाई लेवल तक या पिछले लो लेवल तक पहुँच कर गिरे, ऐसा हमेशा नहीं होता है। कई बार स्टॉक, एक लाइन पर रेजिस्टेंस लेकर गिरते हैं। जिसे डाउनट्रेंड लाइन कहा जाता है। डाउनट्रेंड लाइन हमेशा स्टॉक के लिए रेजिस्टेंस लाइन का काम करती है।

करेक्शन के बाद, जब कोई स्टॉक बढ़कर डाउनट्रेंड लाइन के पास पहुँचता है तब ज़्यादातर ट्रेडर स्टॉक को बेचने या शॉर्ट सेल करने लगते हैं।

स्टॉक के चार्ट पर डाउनट्रेंड लाइन खींचने के लिए आपको कम से कम दो हाई लेवल चाहिए।

डाउनट्रेंड लाइन: सपोर्ट

डाउनट्रेंड लाइन हमेशा स्टॉक के लिए रेजिस्टेंस का काम करती है। अगर स्टॉक डाउनट्रेंड लाइन को काटकर ऊपर आ जाये तब उसमें बढ़ोतरी होने की संभावना बढ़ जाती है लेकिन कभी-कभी ऐसा भी होता है की स्टॉक डाउनट्रेंड लाइन को काटकर बढ़ने की बाजय गिरने लगता है। इस प्रकार की स्थिति में, **डाउनट्रेंड लाइन स्टॉक के लिए सपोर्ट का काम करती है। (चार्ट में देखकर समझिये)**

अंत में,

1. करेक्शन (गिरावट) के बाद, जब स्टॉक बढ़ने लगता है तब पिछले हाई लेवल को उसका रेजिस्टेंस माना जाता है।
2. करेक्शन (गिरावट) के बाद, जब स्टॉक बढ़ने लगता है तब पिछले लो लेवल को उसका रेजिस्टेंस माना जाता है।
3. साइडवेज़ मार्केट में, स्टॉक के अपर रेंज को उसका रेजिस्टेंस माना जाता है।
4. करेक्शन (गिरावट) के बाद, जब स्टॉक बढ़ने लगता है तब डाउनट्रेंड लाइन को उसका रेजिस्टेंस माना जाता है।
5. कई बार, डाउनट्रेंड लाइन स्टॉक के लिए सपोर्ट का काम भी करती है।

अध्याय: 7

प्राइस या भाव

प्राइस या भाव क्या है?

चालू मार्केट में, स्टॉक या इंडेक्स की जो कीमत (LTP) आपको LCD स्क्रीन पर दिखाई देती है। वही प्राइस या भाव होता है।

Exchange	Symbol	LTP	Net Change	Prev. Close Price	Open Price	Bid Rate	Ask Rate	Volume
NSE	HDFCBANK	1413.00	-1.50	1414.50	1422.00	1413.50	1414.60	9661278
NSE	RELIANCE	1934.00	30.00	1904.00	1934.65	1334.45	1335.15	9004016
BSE	SBIN	344.10	8.50	336.60	339.20	344.05	344.10	19007121
BSE	TATASTEEL	940.70	10.00	925.70	935.45	940.50	940.75	8390573
NFO	NIFTY FUTURE	14490.00	50.00	14440.00	14470.15	14490.00	14491.25	9840800
NFO	BANKNIFTY FUTURE	32290.00	390.00	31900.00	32000.00	32292.00	32296.05	3755000
CDS	EURINR FUTURE	90.4000	0.0475	90.4475	90.5500	90.4000	90.4050	163178
CDS	USDINR FUTURE	69.7225	0.0750	69.6475	69.7000	69.7200	69.7250	2226516
MCX	CRUDEOIL FUTURE	4080.00	43.00	4037.00	4060.00	4079.00	4080.00	90048
MCX	GOLD FUTURE	47500.00	-100.00	47600.00	47750.00	47495.00	47505.00	10965

प्राइस को भगवान क्यों माना जाता है?

भगवान और प्राइस में एक समानता होती है। भगवान हमें कभी नुकसान नहीं पहुंचाते। हमारे सुख और दुख का कारण हमारा अपना कर्म है।

ऐसे ही,

किसी भी स्टॉक की कीमत हमें कभी नुकसान नहीं पहुँचाती है क्योंकि:

- आप चार्ट पर बुलिश और बेयरिश प्राइस पैटर्न को समझकर स्टॉक के बढ़ने या गिरने का अनुमान लगा सकते हो।
- स्टॉक हमेशा एक ट्रेंड पैटर्न का अनुसरण (Follow) करता है।
- सपोर्ट लेवल पर बुलिश प्राइस पैटर्न बनाकर, स्टॉक होने वाली तेज़ी के संकेत देता है।
- रेजिस्टेंस लेवल पर बेयरिश प्राइस पैटर्न बनाकर, स्टॉक में होने वाली गिरावट के संकेत देता है।

अंततः शेयर मार्केट को समझने में जुनून (Passion) की कमी और शेयर मार्केट में, दूसरों का आँख बंद करके अनुसरण करने के कारण हमें ट्रेडिंग में नुक्शान होता है। शायद इसी समानता के कारण प्राइस को भगवान माना जाता है।

प्राइस पैटर्न किसे कहते हैं?

हर क्षण, स्टॉक की क़ीमत (प्राइस) में होने वाले उतार-चढ़ाव को प्राइस मूवमेंट कहा जाता है। आप कह सकते हैं स्टॉक की प्राइस मूवमेंट, प्राइस पैटर्न बनाती है। इसलिए **प्राइस पैटर्न, स्टॉक की प्राइस मूवमेंट के अलावा और कुछ नहीं है।**

प्राइस पैटर्न से हमें क्या पता चलता है?

हम केवल LCD स्क्रीन पर, स्टॉक की LTP को देखकर उसके बढ़ने या गिरने का सटीक अनुमान नहीं लगा सकते हैं। सटीक अनुमान लगाने के लिए, हमें कैंडलस्टिक चार्ट पर, स्टॉक के प्राइस पैटर्न को समझना पड़ता है। **स्टॉक बढ़ेगा या गिरगा? प्राइस पैटर्न हमें ये बताता है।**

प्राइस पैटर्न कितने प्रकार के हैं?

प्राइस पैटर्न मुख्यतः दो प्रकार के हैं:

बेयरिश प्राइस पैटर्न और **बुलिश प्राइस पैटर्न।**

अध्याय: 8

बेयरिश प्राइस पैटर्न

बेयरिश प्राइस पैटर्न से हमें क्या पता चलता है?

बेयरिश का अर्थ होता है मंदी। बेयरिश प्राइस पैटर्न से स्टॉक में होने वाली गिरावट (या मंदी) का पता चलता है। बेयरिश प्राइस पैटर्न कई प्रकार के होते हैं। आइये सभी को विस्तार से समझें।

1......डबल टॉप पैटर्न

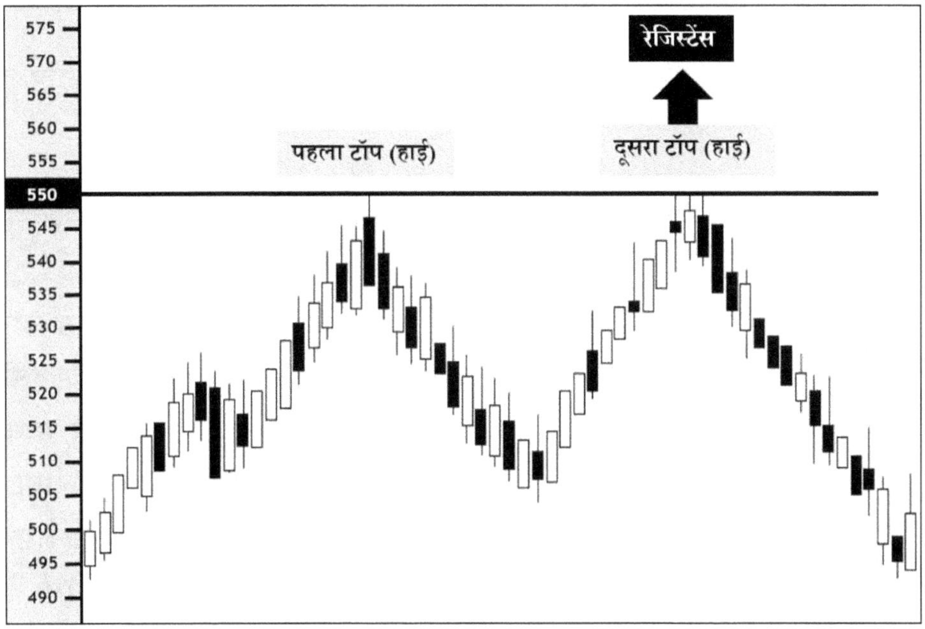

डबल टॉप पैटर्न में, स्टॉक दो बार हाई बनाता है। **पहले हाई लेवल (550 रुपये) को स्टॉक का, स्ट्रांग रेजिस्टेंस माना जाता है।** इसलिए **करेक्शन (गिरावट) के बाद,** जब भी स्टॉक बढ़कर अपने पहले हाई लेवल के पास पहुंचता है, तो उसमें गिरावट होने की संभावना बढ़ जाती है।

डबल टॉप पैटर्न में स्टॉक को कहाँ शॉर्ट करना चाहिए?

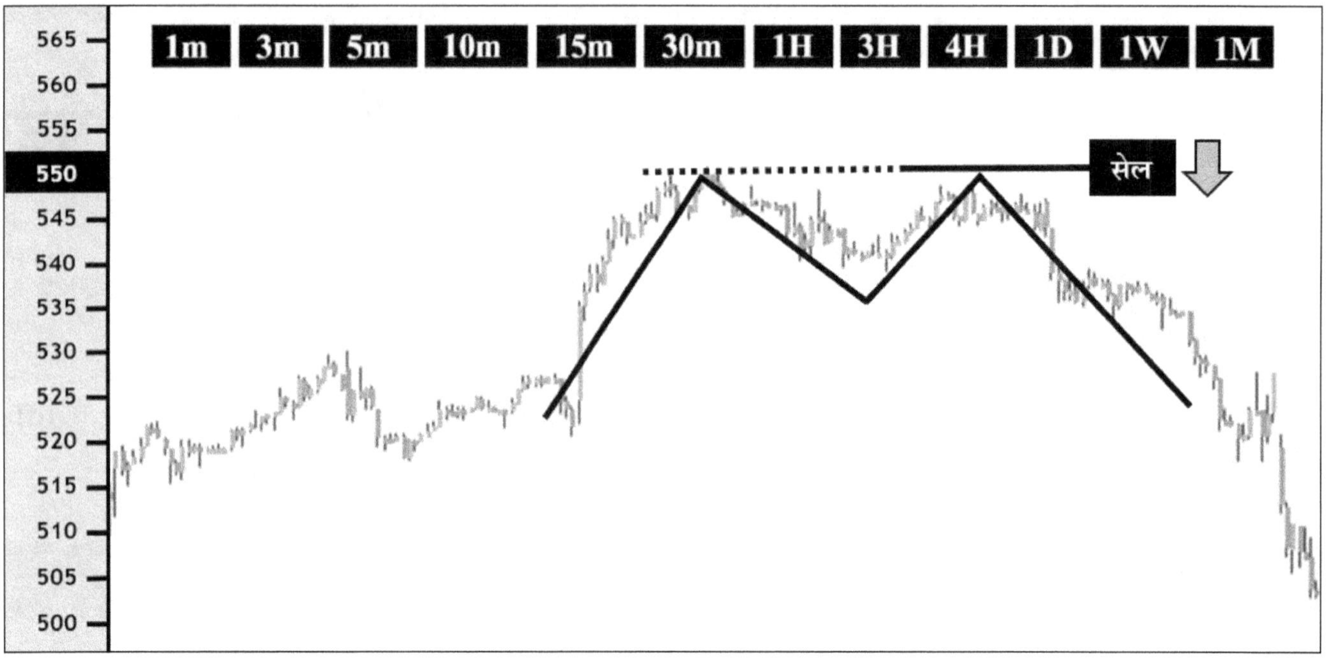

चार्ट में देखकर समझिये। डबल टॉप पैटर्न में, हम पहला टॉप या पहले हाई लेवल (550 रुपये) के आसपास स्टॉक को शॉर्ट (सेल) करते हैं।

2......ट्रिपल टॉप पैटर्न

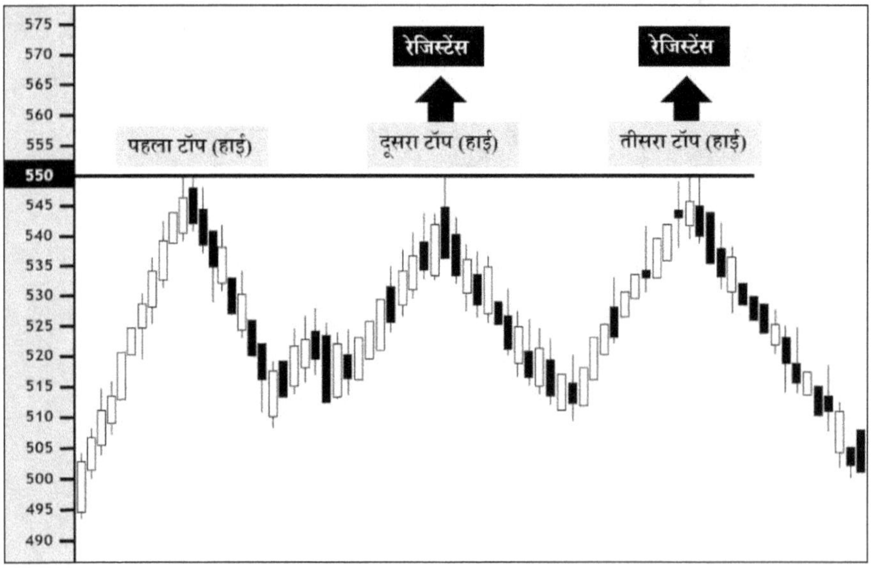

ट्रिपल टॉप पैटर्न में, स्टॉक तीन बार हाई लेवल बनाता है। **पहले और दूसरे हाई लेवल को स्ट्रांग रेजिस्टेंस माना जाता है।** इसलिए **करेक्शन (गिरावट) के बाद,** जब भी स्टॉक बढ़कर अपने पिछले हाई लेवल के पास पहुंचता है, तो उसमें गिरावट होने की संभावना बढ़ जाती है।

ट्रिपल टॉप पैटर्न में स्टॉक को कहाँ शॉर्ट करना चाहिए?

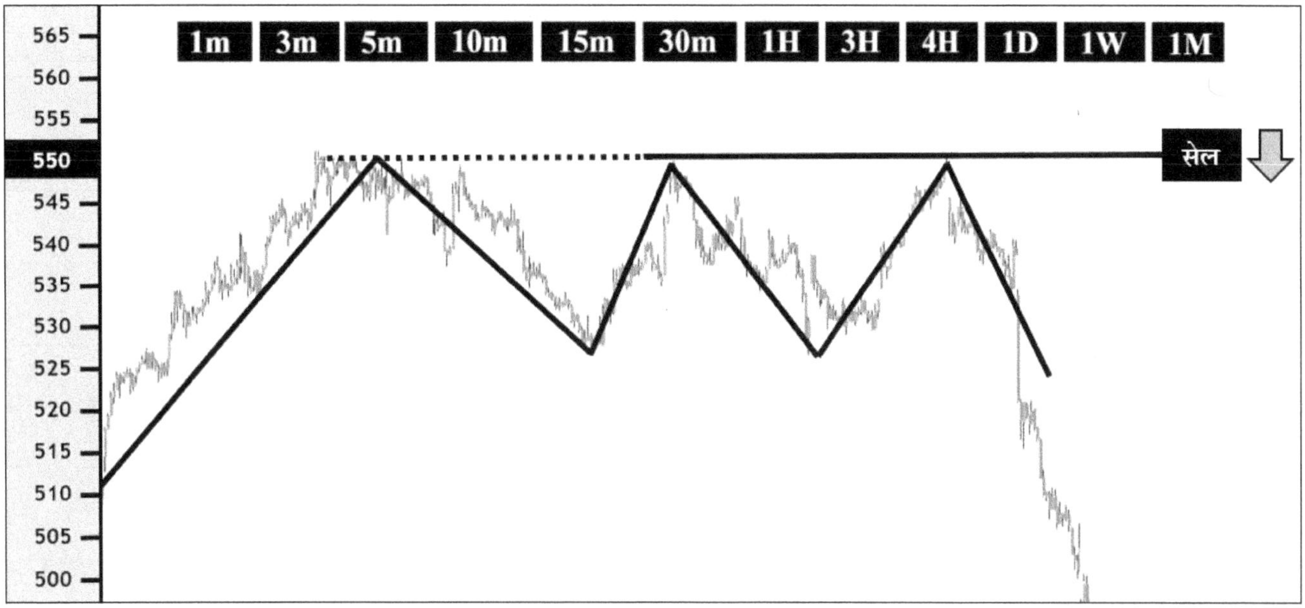

चार्ट में देखकर समझिये। ट्रिपल टॉप पैटर्न में, हम पहले हाई या दूसरे हाई लेवल के आसपास स्टॉक को शॉर्ट (सेल) करते हैं।

3......हेड एंड शोल्डर पैटर्न

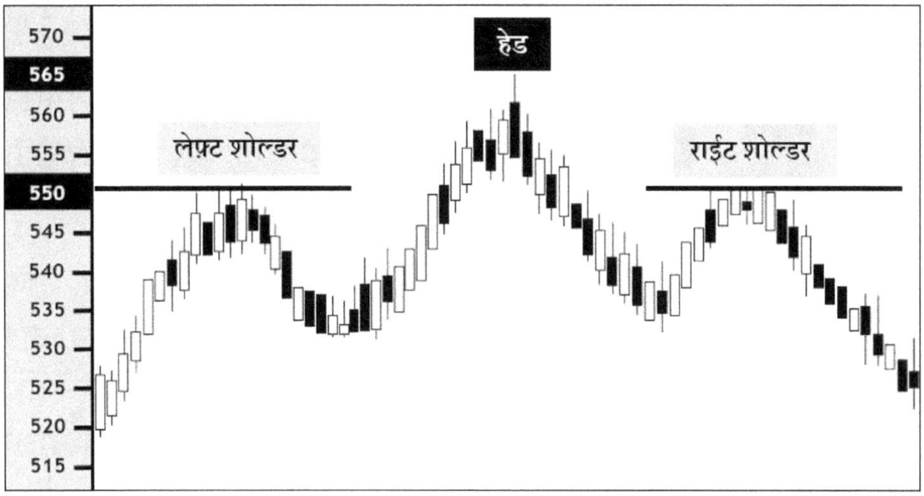

हेड एंड शोल्डर पैटर्न हमारे शरीर के ऊपरी हिस्से जैसा दिखाई देता है। ये बहुत ही अलग और जबरदस्त बेयरिश प्राइस पैटर्न है।

हेड एंड शोल्डर पैटर्न में स्टॉक को कहाँ शॉर्ट करना चाहिए?

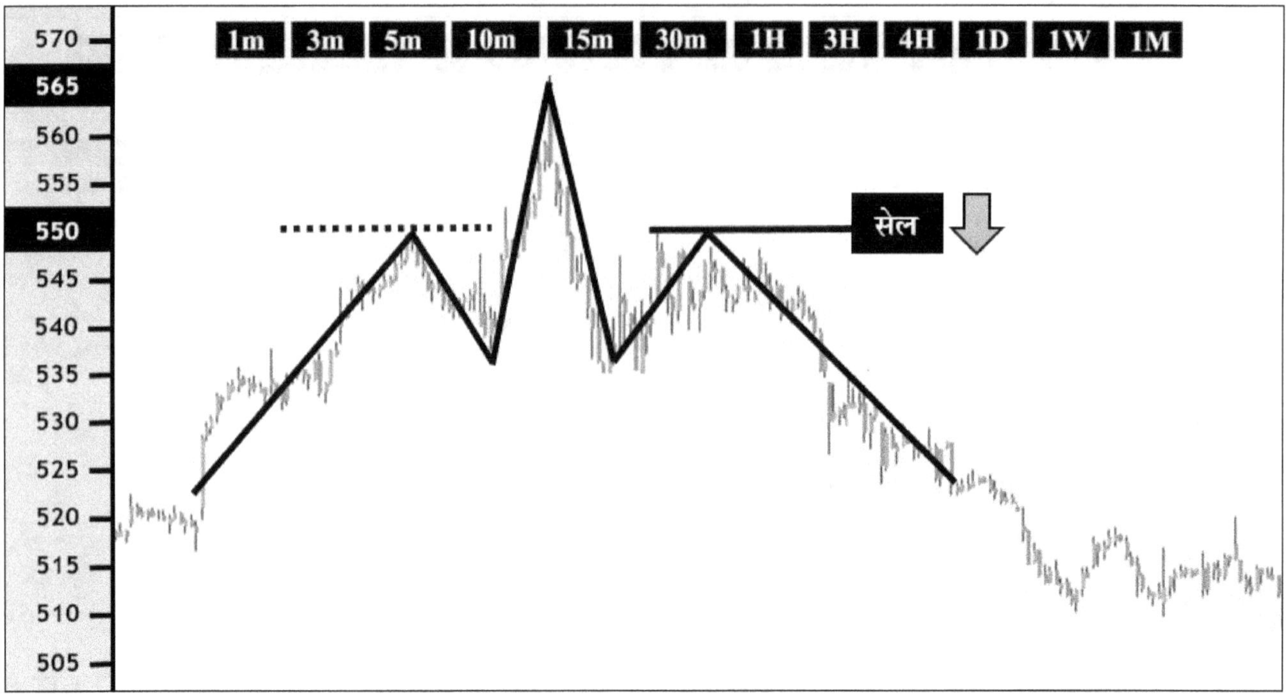

चार्ट में देखकर समझिये। हेड एंड शोल्डर पैटर्न में हम, लेफ़्ट शोल्डर के हाई लेवल (550 रूपये) के आसपास स्टॉक को शॉर्ट (सेल) करते हैं।

4...... लोअर हाई (LH) पैटर्न

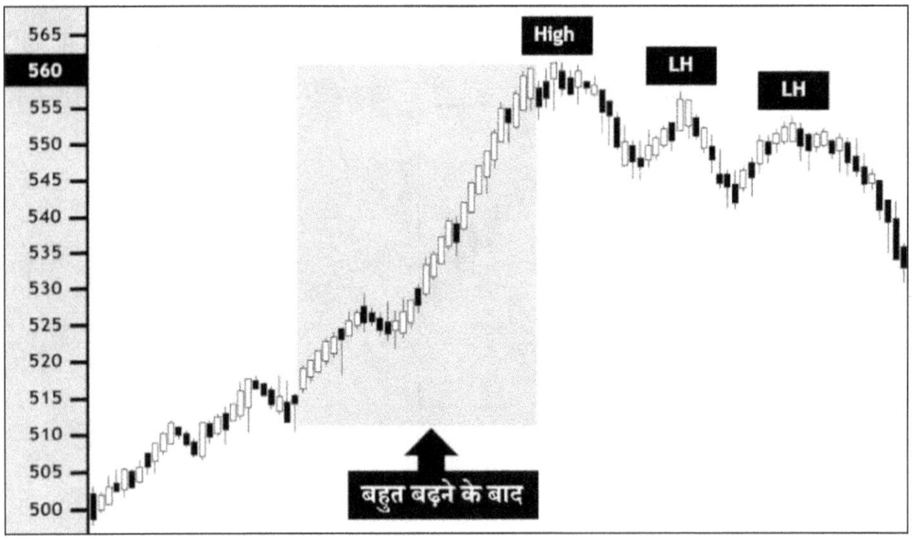

.... स्टॉक में बड़ी अपसाइड रैली होने के बाद, लोअर हाई (LH) पैटर्न बनाता है।

.... कई बार जब कुछ सकारात्मक खबरों के कारण स्टॉक बहुत गैप (अप) के साथ खुलता है तब स्टॉक के चार्ट पर ऐसा लोअर हाई (LH) पैटर्न बनता है।

लोअर हाई (LH) पैटर्न में स्टॉक को कहाँ शॉर्ट करना चाहिए?

चार्ट में देखकर समझिये। एक अपसाइड रैली के बाद, जब कोई स्टॉक लोअर हाई पैटर्न बनाते हुए नीचे गिरता है तब हमें **सेलिंग ज़ोन** का पता लगाने के लिए FRI इंडिकेटर का उपयोग करना चाहिए।

लोअर हाई (LH) पैटर्न में, हम 61.8% या 78.6% रिट्रेसमेंट लेवल के आसपास स्टॉक को शॉर्ट (सेल) करते हैं।

हम आगे FRI इंडिकेटर के बारे में विस्तार से समझेंगे।

5...... लोअर लो (LL) पैटर्न

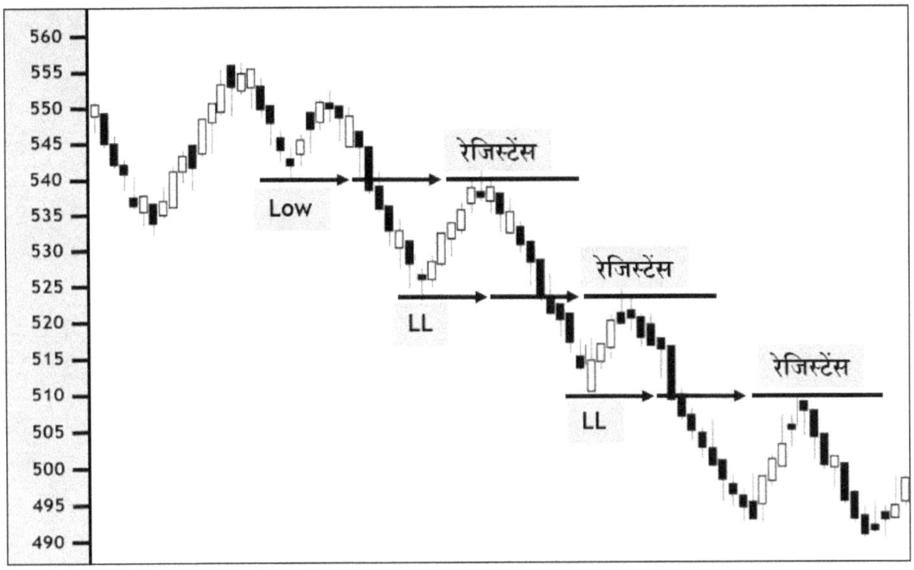

लोअर लो (LL) पैटर्न में, स्टॉक के पिछले लो लेवल को स्ट्रांग रेजिस्टेंस माना जाता है। इस प्राइस पैटर्न में,

करेक्शन (गिरावट) के बाद, जब भी स्टॉक बढ़कर अपने पिछले लो लेवल या लोअर लो लेवल तक पहुँचता है। उसमें दुबारा गिरावट होने की संभावना बढ़ जाती है।

लोअर लो (LL) पैटर्न में स्टॉक को कहाँ शॉर्ट करना चाहिए?

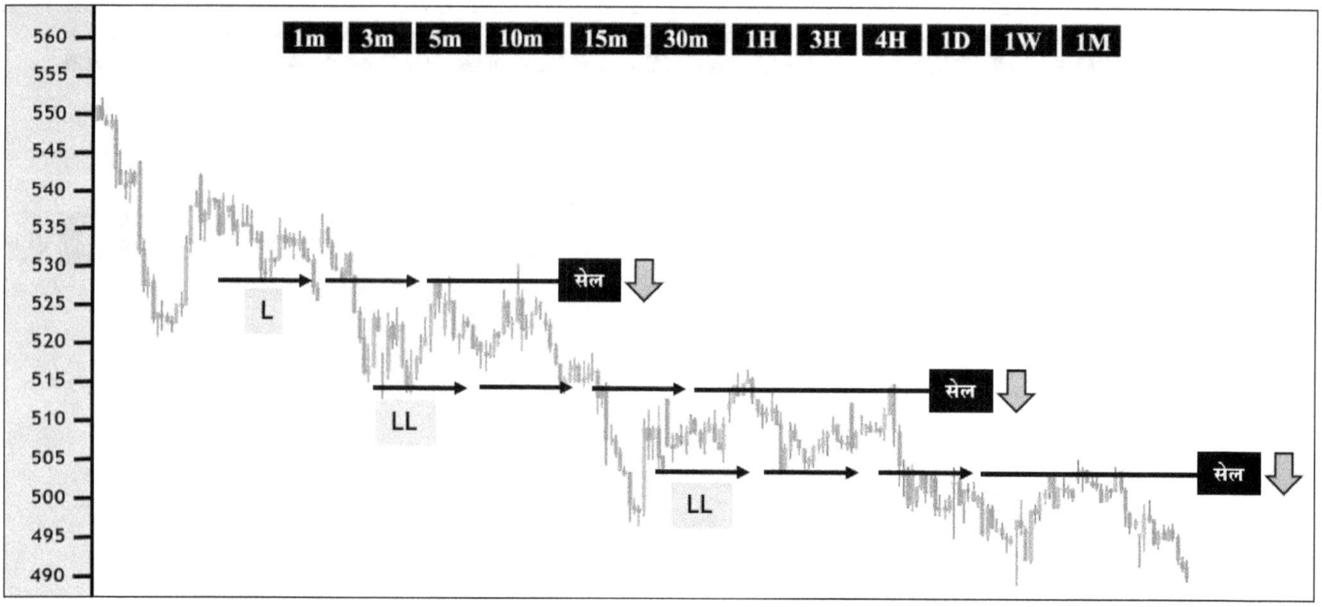

चार्ट में देखकर समझिये। लोअर लो (LL) पैटर्न में, हम पिछले लो लेवल (Low) या लोअर लो (LL) के आसपास स्टॉक को शॉर्ट (सेल) करते हैं।

6......डाउनट्रेंड लाइन

डाउनट्रेंड लाइन को स्टॉक का मजबूत रेजिस्टेंस माना जाता है। **करेक्शन (गिरावट) के बाद,** जब स्टॉक बढ़कर डाउनट्रेंड लाइन के पास पहुंचता है। उसमें गिरावट होने की संभावना बढ़ जाती है।

डाउनट्रेंड लाइन मिलने पर स्टॉक को कहाँ शॉर्ट करना चाहिए?

चार्ट में देखकर समझिये। हम डाउनट्रेंड लाइन के आसपास स्टॉक को शॉर्ट (सेल) करते हैं लेकिन एक बात याद रखें। अगर स्टॉक, डाउनट्रेंड लाइन को काटकर ऊपर आ जाये तब इसे ट्रेंड बदलने का संकेत माना जाता है।

7......डाउनट्रेंड चैनल पैटर्न

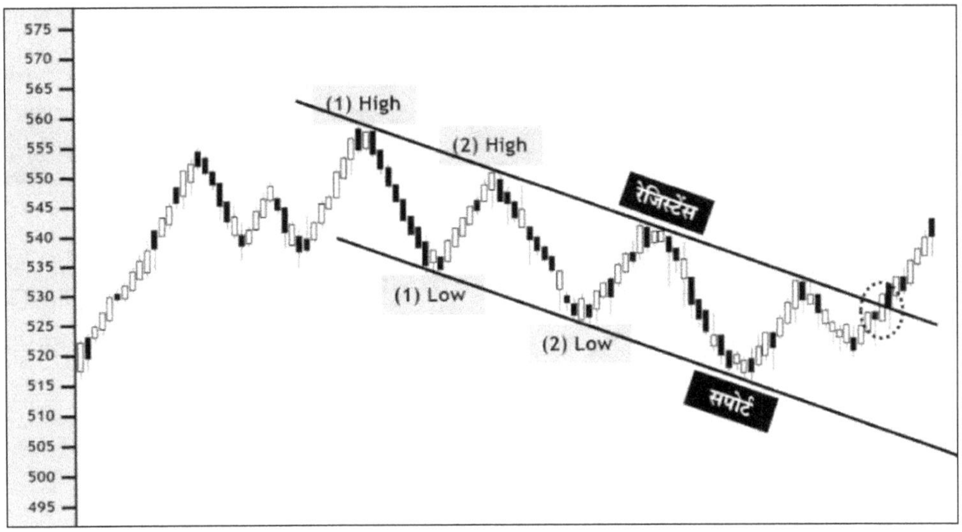

डाउनट्रेंड चैनल पैटर्न में, ऊपर की लाइन को स्ट्रांग रेजिस्टेंस माना जाता है और नीचे की लाइन को स्ट्रांग सपोर्ट माना जाता है।

डाउनट्रेंड चैनल पैटर्न में स्टॉक को कहाँ शॉर्ट करना चाहिए?

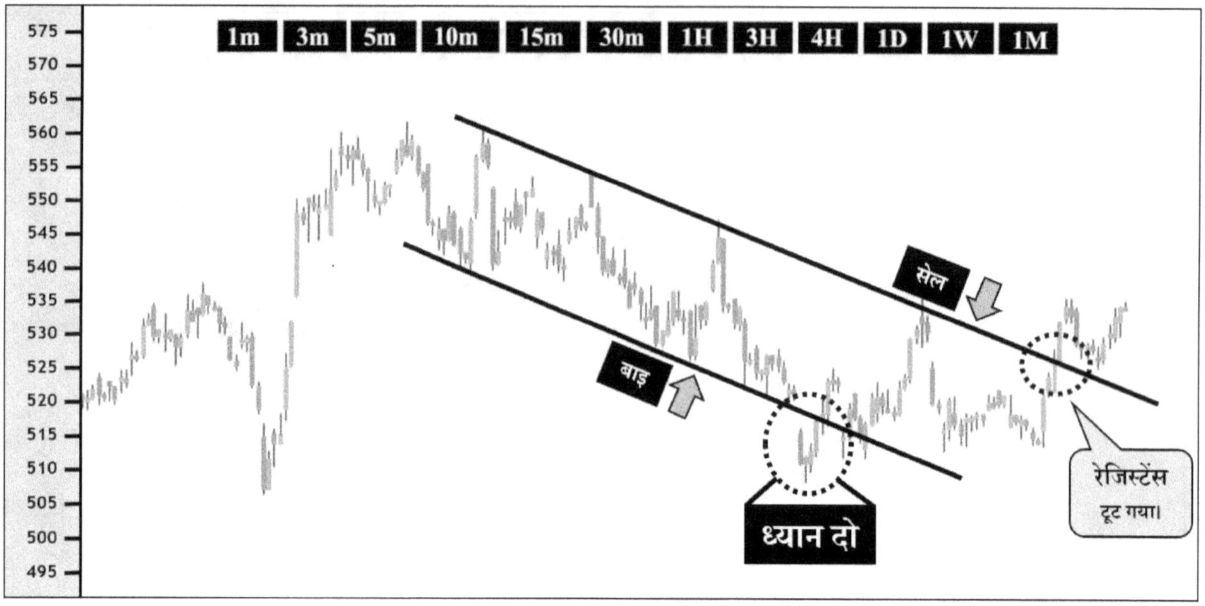

चार्ट में देखकर समझिये। डाउनट्रेंड चैनल पैटर्न में हम, ऊपर की लाइन के आसपास स्टॉक को शॉर्ट (सेल) करते हैं और नीचे की लाइन के आसपास स्टॉक को बाइ (खरीदते) करते हैं। लेकिन दो बातें याद रखें।

पहली, अगर स्टॉक डाउनट्रेंड चैनल पैटर्न के ऊपर की लाइन (रेजिस्टेंस लाइन) को काटकर बढ़ने लगे तब इसे ट्रेंड बदलने का संकेत माना जाता है।

दूसरी, कभी-कभी स्टॉक, नीचे की लाइन (सपोर्ट लाइन) को काटकर और ज्यादा नीचे गिर जाते हैं। इसलिए **ट्रेडिंग में हमेशा स्टॉप लॉस ऑर्डर का उपयोग करें।**

8......राउंडिंग टॉप पैटर्न

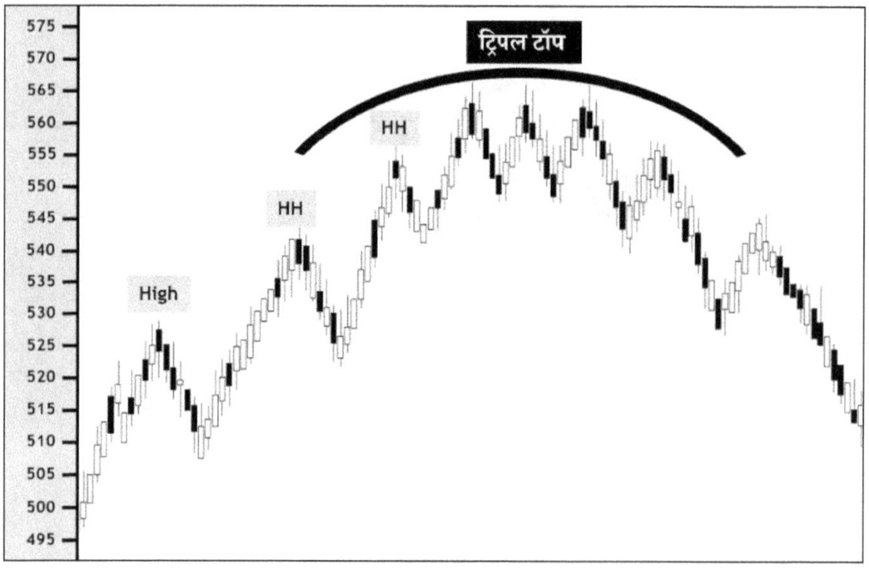

पहली बात,

राउंडिंग टॉप पैटर्न, ज़्यादातर तब बनते हैं जब स्टॉक हायर हाई (HH) बनाते हुए बढ़ता है।

दूसरी बात,

जब स्टॉक हायर हाई (HH) बनाते हुए बढ़ता है। तब अपने हाई लेवल से, स्टॉक डबल टॉप, ट्रिपल टॉप, हेड एंड शोल्डर या लोअर हाई (LH) पैटर्न बनाते हुए नीचे गिरता है।

राउंडिंग टॉप पैटर्न में स्टॉक को कहाँ शॉर्ट करना चाहिए?

चार्ट में देखकर समझिये। राउंडिंग टॉप पैटर्न में हम स्टॉक को, उसके हाई लेवल के आसपास या पिछला लो लेवल (सपोर्ट) टूटने पर शॉर्ट (सेल) करते हैं।

अध्याय: 9

बुलिश प्राइस पैटर्न

बुलिश प्राइस पैटर्न से हमें क्या पता चलता है?

बुलिश का अर्थ होता है तेज़ी। बुलिश प्राइस पैटर्न से, स्टॉक में होने वाली तेज़ी का पता चलता है। बुलिश प्राइस पैटर्न कई प्रकार के होते हैं। आइये सभी को विस्तार से समझें।

1......डबल बॉटम पैटर्न

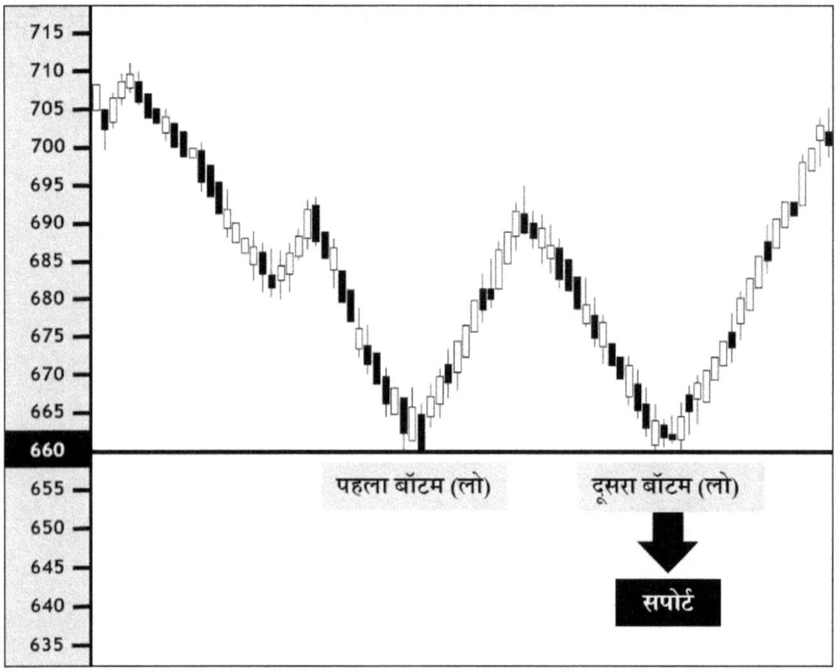

डबल बॉटम पैटर्न में, स्टॉक दो बार लो लेवल बनाता है। **पहले लो लेवल (660 रुपये) को स्टॉक का स्ट्रांग सपोर्ट माना जाता है। इसलिए करेक्शन (गिरावट) के दौरान,** जब स्टॉक गिरकर अपने पहले लो लेवल के पास पहुंचता है, उसमें बढ़ोतरी होने की संभावना बढ़ जाती है।

डबल बॉटम पैटर्न में स्टॉक को कहाँ खरीदना चाहिए?

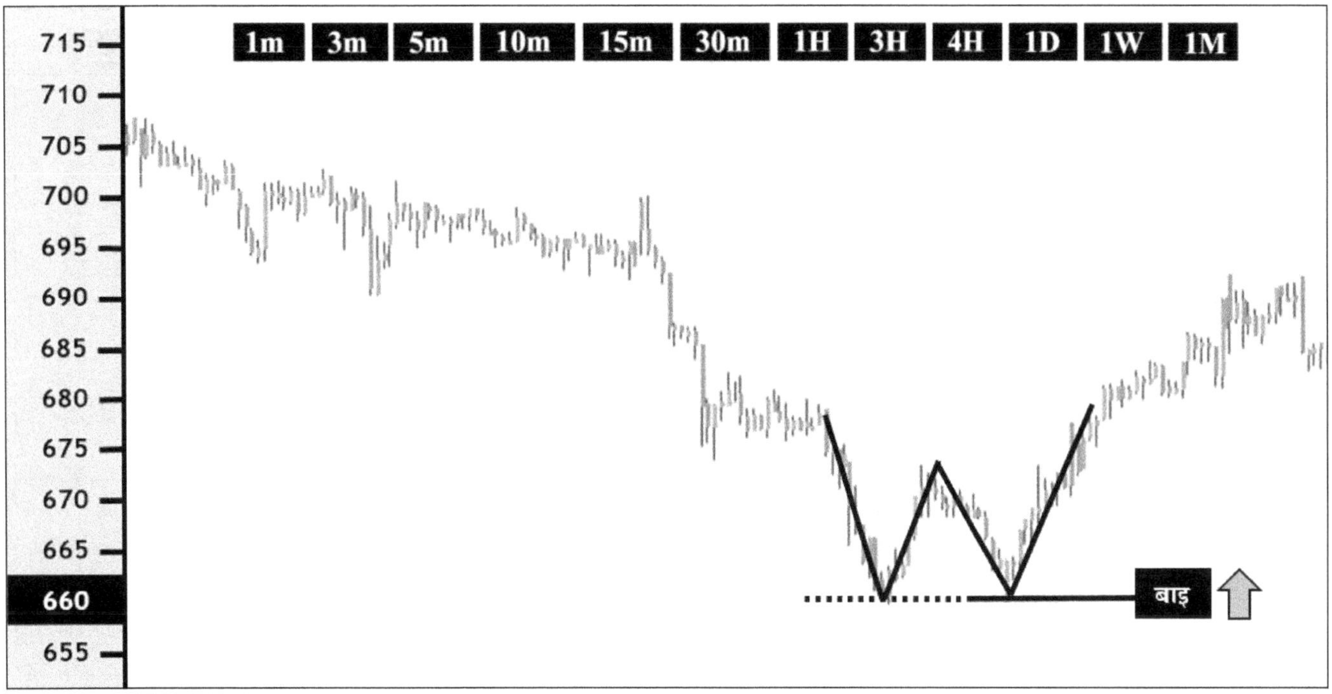

चार्ट में देखकर समझिये। डबल बॉटम पैटर्न में, हम पहले बॉटम या पहले लो लेवल के आसपास स्टॉक को खरीदते (बाइ) हैं।

2......ट्रिपल बॉटम पैटर्न

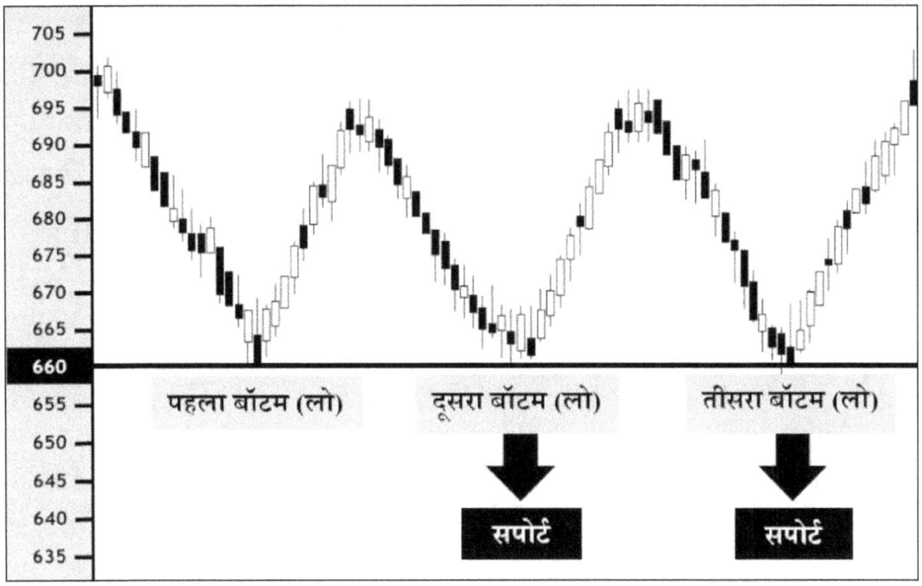

ट्रिपल बॉटम पैटर्न में, स्टॉक तीन बार लो लेवल बनाता है। **पहले और दूसरे लो लेवल को स्ट्रांग सपोर्ट माना जाता है।** इसलिए **करेक्शन (गिरावट) के दौरान,**

जब भी स्टॉक गिरकर अपने पिछले लो लेवल के पास पहुंचता है, तो उसमें बढ़ोतरी होने की संभावना बढ़ जाती है।

ट्रिपल बॉटम पैटर्न में स्टॉक को कहाँ खरीदना चाहिए?

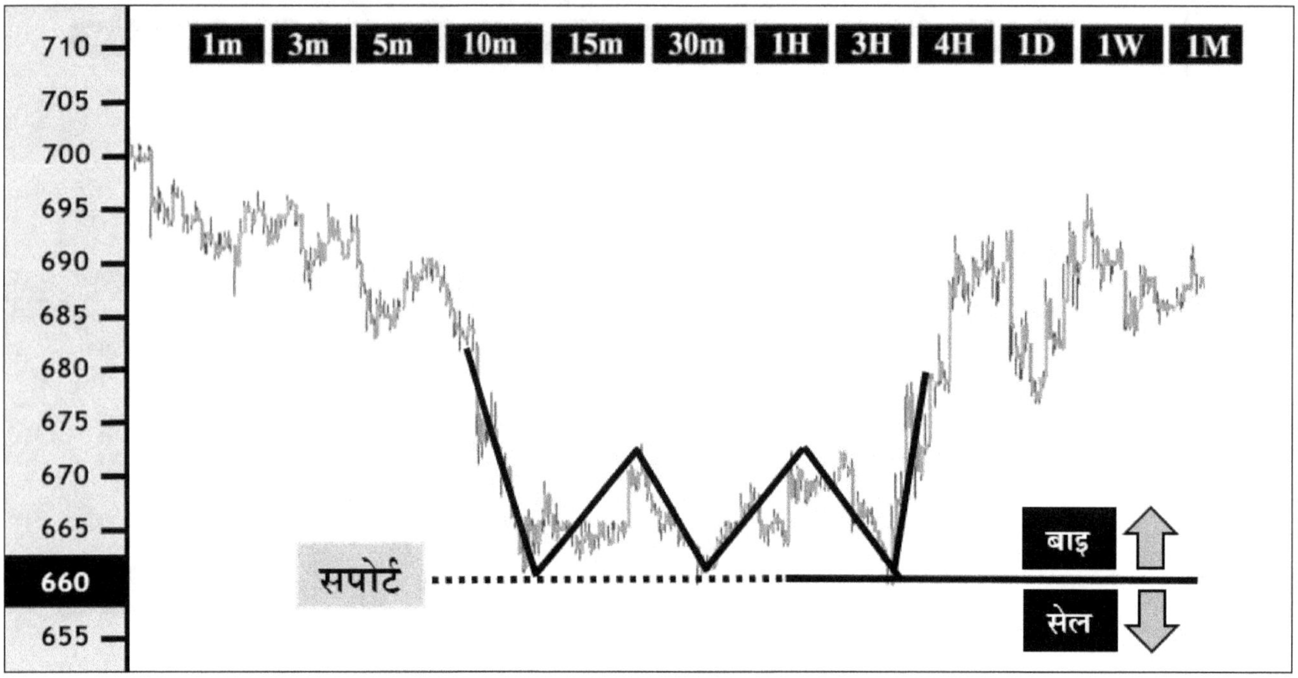

चार्ट में देखकर समझिये। ट्रिपल बॉटम पैटर्न में, हम पहले लो लेवल या दूसरे लो लेवल के आसपास स्टॉक को खरीदते (बाइ) हैं। यहाँ एक और बात पर ध्यान दीजिये। "अगर स्टॉक पिछले लो लेवल (सपोर्ट) को तोड़ दे तब हम स्टॉक को शॉर्ट (सेल) कर सकते हैं।"

3......उल्टा हेड एंड शोल्डर पैटर्न

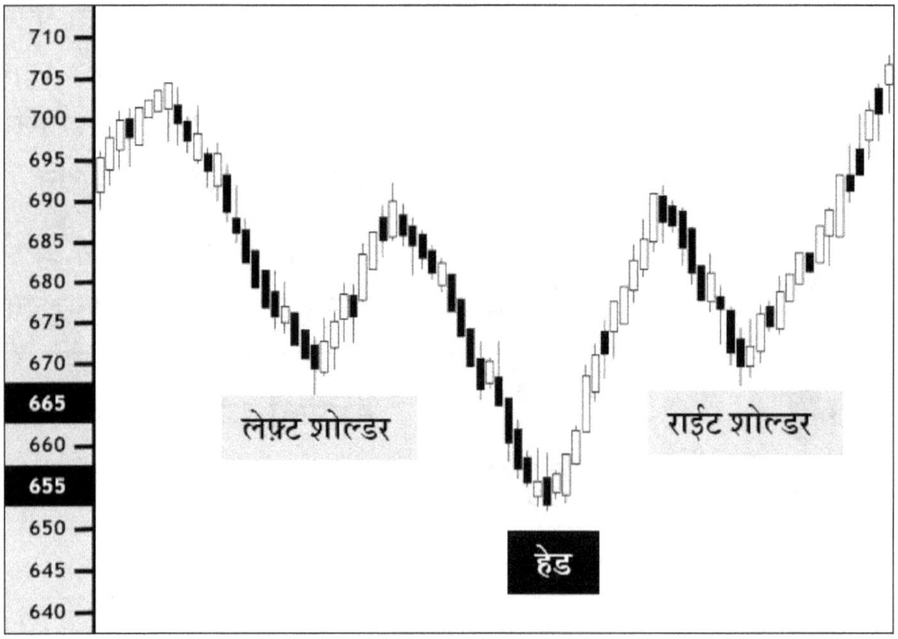

उल्टा हेड एंड शोल्डर पैटर्न बहुत ही जबरदस्त बुलिश प्राइस पैटर्न है। अक्सर स्टॉक में बहुत गिरावट होने के बाद, ये पैटर्न बनता है।

उल्टा हेड एंड शोल्डर पैटर्न में स्टॉक को कहाँ खरीदना चाहिए?

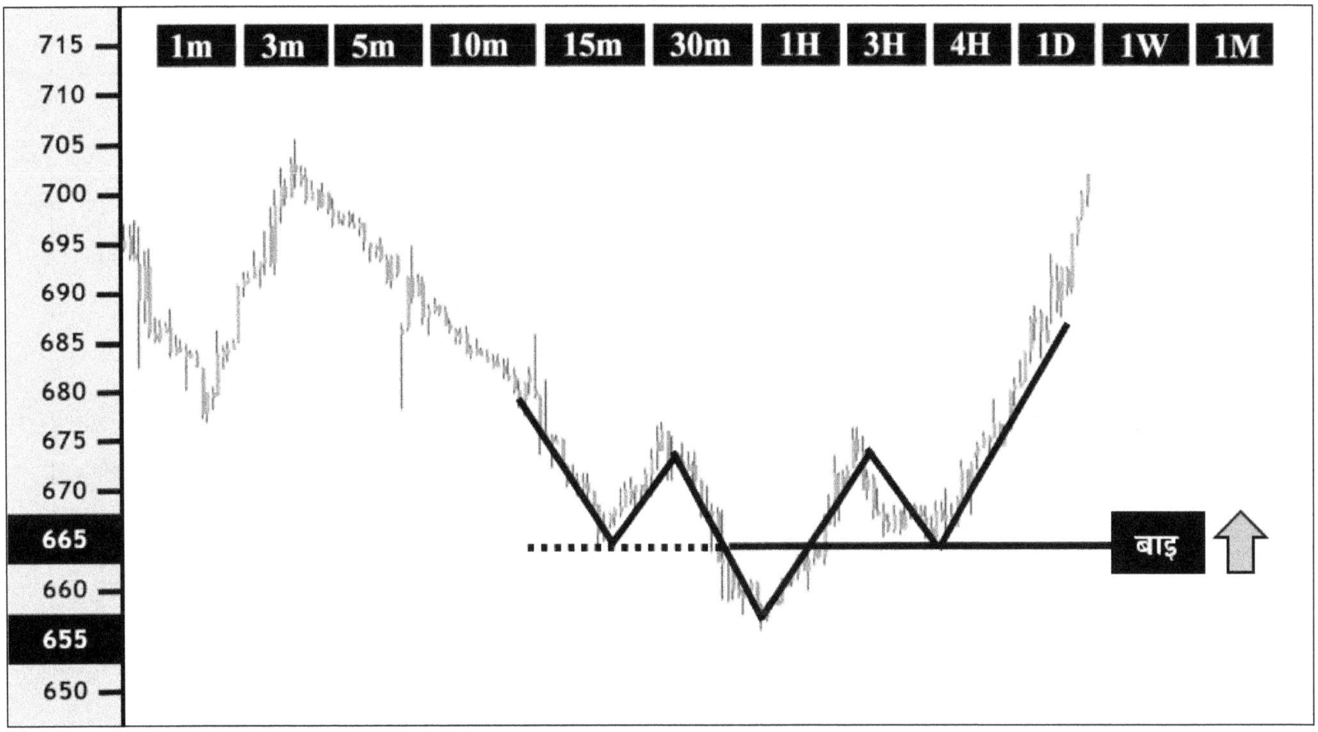

चार्ट में देखकर समझिये। उल्टा हेड एंड शोल्डर पैटर्न में, हम लेफ़्ट शोल्डर के लो लेवल (665 रूपये) के आसपास स्टॉक को खरीद सकते हैं।

4...... हायर लो (HL) पैटर्न

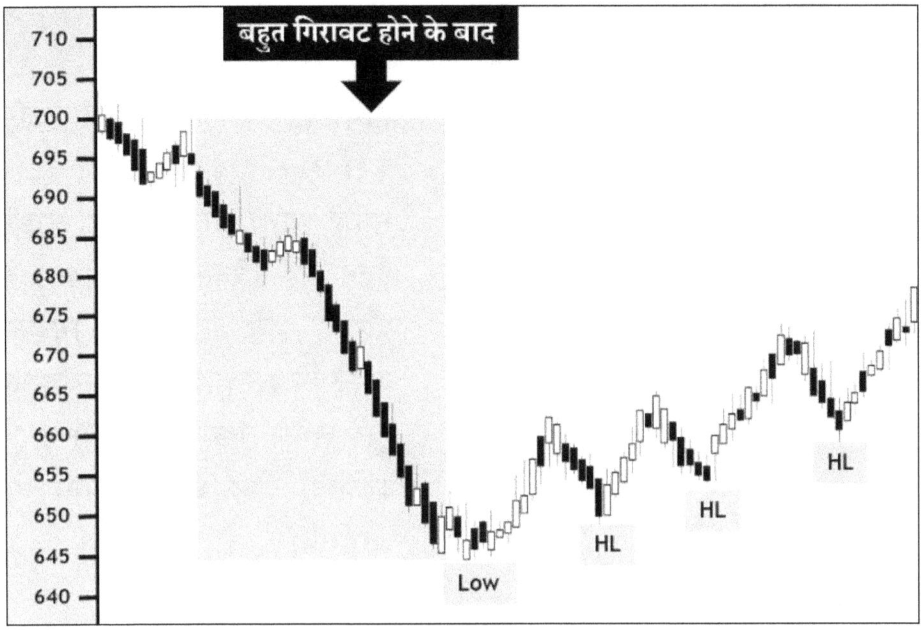

......स्टॉक में बड़ी गिरावट होने के बाद, हायर लो (HL) पैटर्न बनाता है।

......कई बार जब नकारात्मक खबरों के कारण स्टॉक बहुत गैप (डाउन) के साथ खुलता है तब स्टॉक के चार्ट पर ऐसा हायर लो (HL) पैटर्न बनता है।

हायर लो (HL) पैटर्न में स्टॉक को कहाँ खरीदना चाहिए?

चार्ट में देखकर समझिये। बड़ी गिरावट होने के बाद, जब कोई स्टॉक हायर लो (HL) पैटर्न बनाते हुए बढ़ता है तब हमें **बाईंग ज़ोन** का पता लगाने के लिए FRI इंडिकेटर का उपयोग करना चाहिए।

हायर लो (HL) पैटर्न में, हम 61.8% या 78.6% रिट्रेसमेंट लेवल के आसपास स्टॉक को खरीद सकते हैं।

हम आगे FRI इंडिकेटर के बारे में विस्तार से समझेंगे।

5……हायर हाई (HH) पैटर्न

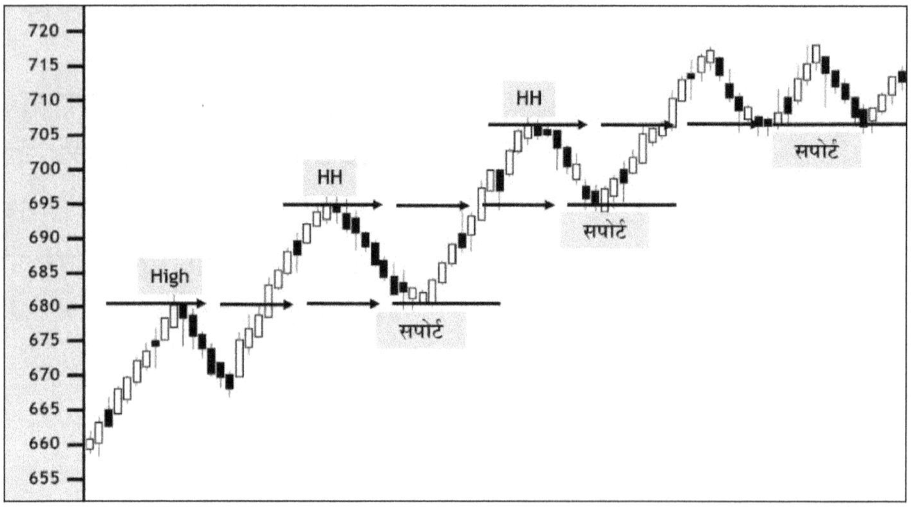

हायर हाई (HH) पैटर्न में, स्टॉक के पिछले हाई लेवल को स्ट्रांग सपोर्ट माना जाता है। इस प्राइस पैटर्न में, **करेक्शन (गिरावट) के दौरान,** जब भी स्टॉक गिरकर अपने पिछले हाई लेवल या हायर हाई लेवल तक पहुँचता है। उसमें बढ़ोतरी होने की संभावना बढ़ जाती है।

हायर हाई (HH) पैटर्न में स्टॉक को कहाँ खरीदना चाहिए?

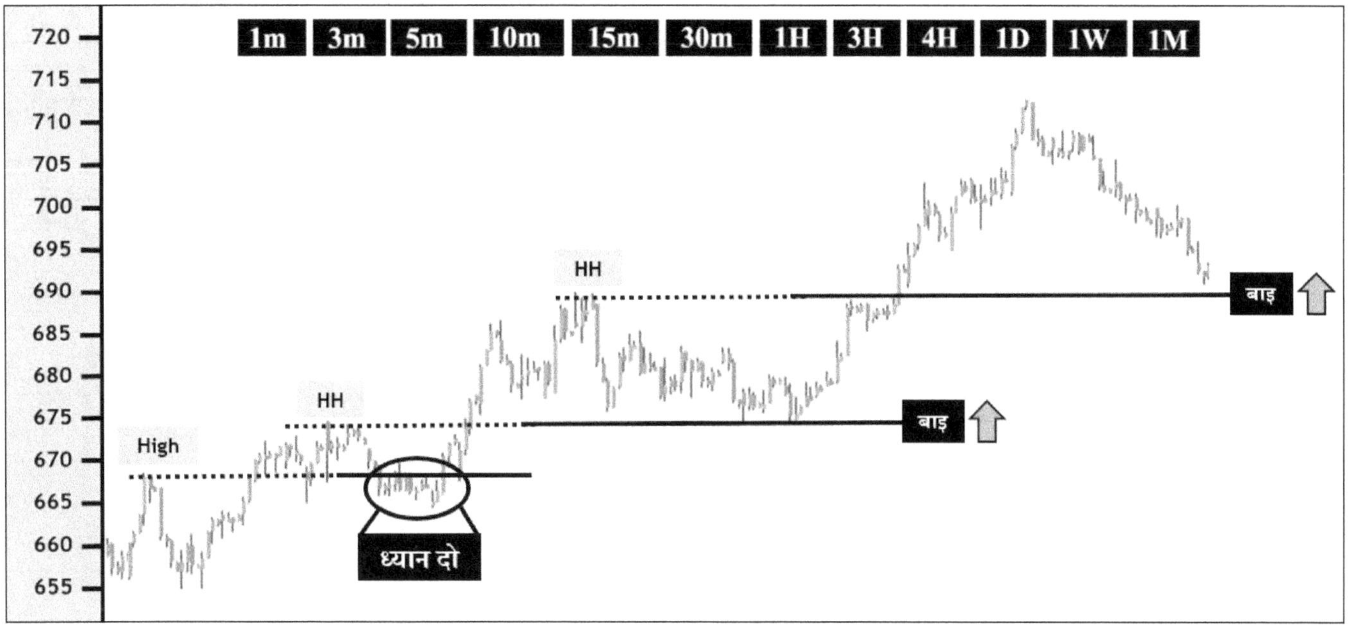

चार्ट में देखकर समझिये। हायर हाई (HH) पैटर्न में, हम पिछले हाई लेवल (High) या हायर हाई (HH) के आसपास स्टॉक को खरीद सकते हैं लेकिन एक बात याद रखें। कभी कभी स्टॉक अपने पिछले हाई लेवल (High) या हायर हाई (HH) लेवल पर सपोर्ट नहीं लेते हैं। इसलिए शेयर खरीदने के बाद, **सेल स्टॉप लॉस ऑर्डर** का उपयोग जरूर करें।

6……अपट्रेंड लाइन

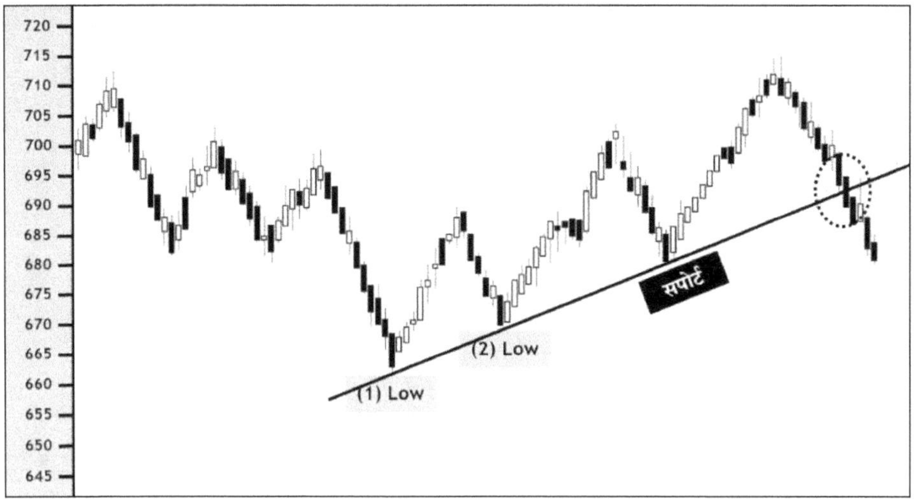

अपट्रेंड लाइन को स्टॉक का मजबूत सपोर्ट माना जाता है। **करेक्शन (गिरावट) के दौरान,** जब भी स्टॉक गिरकर अपट्रेंड लाइन के पास पहुंचता है। उसमें बढ़ोतरी होने की संभावना बढ़ जाती है।

अपट्रेंड लाइन मिलने पर स्टॉक को कहाँ खरीदना चाहिए?

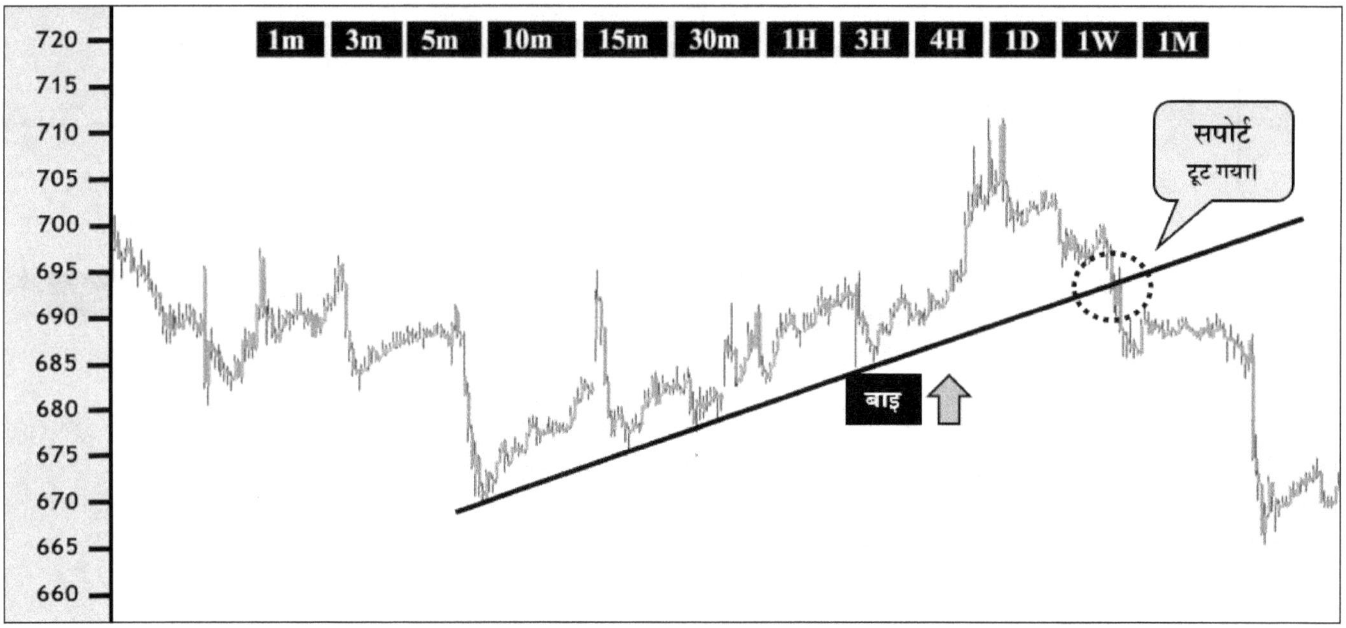

चार्ट में देखकर समझिये। हम अपट्रेंड लाइन के आसपास स्टॉक को खरीदते हैं लेकिन एक बात याद रखें। अगर स्टॉक, अपट्रेंड लाइन को काटकर नीचे आ जाये तब इसे ट्रेंड बदलने का संकेत माना जाता है।

7......अपट्रेंड चैनल पैटर्न

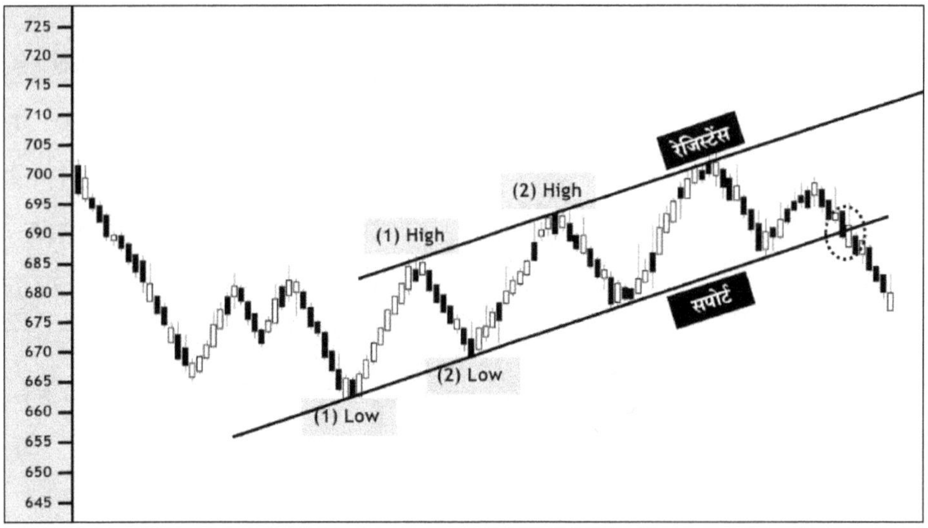

अपट्रेंड चैनल पैटर्न में, ऊपर की लाइन को स्ट्रांग रेजिस्टेंस माना जाता है और नीचे की लाइन को स्ट्रांग सपोर्ट माना जाता है।

अपट्रेंड चैनल पैटर्न में स्टॉक को कहाँ खरीदना चाहिए?

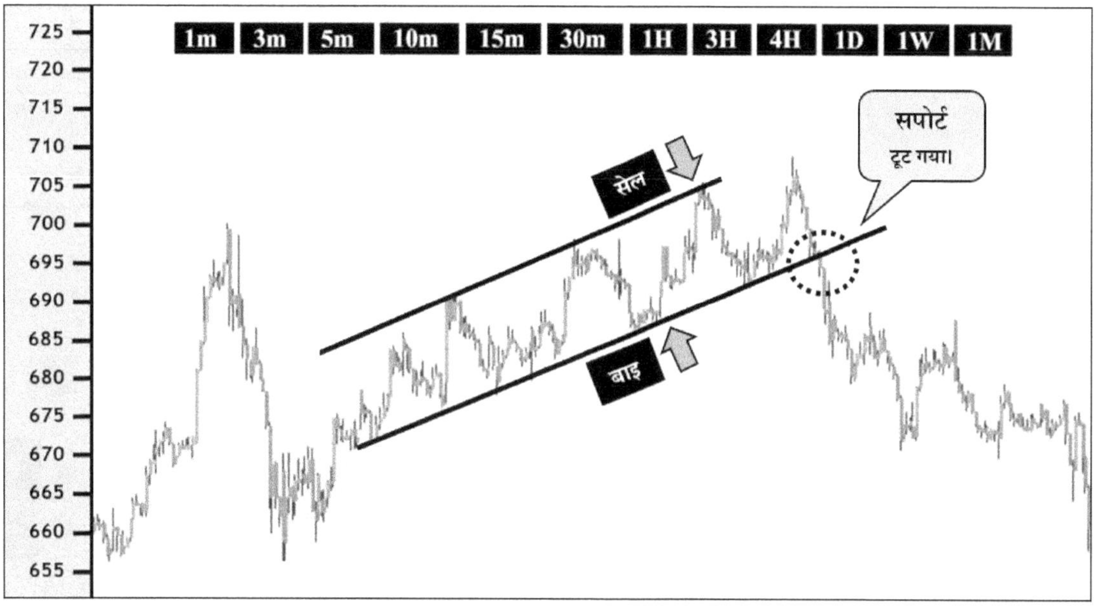

चार्ट में देखकर समझिये। अपट्रेंड चैनल पैटर्न में हम, ऊपर की लाइन के आसपास स्टॉक को शॉर्ट (सेल) करते हैं और नीचे की लाइन के आसपास स्टॉक को खरीदते हैं लेकिन दो बातें याद रखें।

पहली, अगर स्टॉक अपट्रेंड चैनल पैटर्न के नीचे की लाइन (सपोर्ट लाइन) को काटकर गिरने लगे तब इसे ट्रेंड बदलने का संकेत माना जाता है।

दूसरी, कभी-कभी स्टॉक, रेजिस्टेंस लाइन को काटकर और ज्यादा ऊपर बढ़ जाता है। इसलिए **ट्रेडिंग के दौरान हमेशा स्टॉप लॉस ऑर्डर का उपयोग करें।**

8......राउंडिंग बॉटम पैटर्न

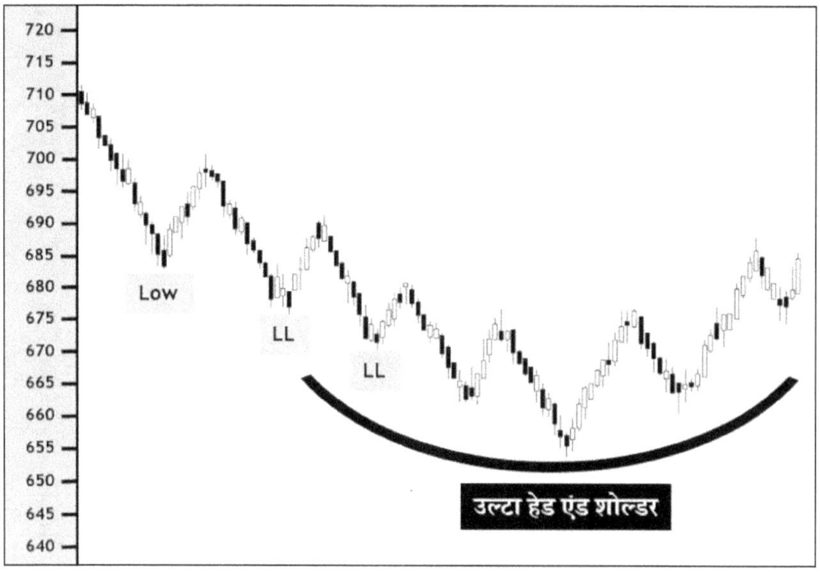

पहली बात,

राउंडिंग बॉटम पैटर्न ज़्यादातर तब बनते हैं जब स्टॉक लोअर लो (LL) बनाते हुए गिरता है।

दूसरी बात,

जब स्टॉक लोअर लो (LL) बनाते हुए गिरता है। तब अपने लो लेवल से, स्टॉक डबल बॉटम, ट्रिपल बॉटम, उल्टा हेड एंड शोल्डर या हायर लो (HL) पैटर्न बनाते हुए ऊपर बढ़ने लगता है।

राउंडिंग बॉटम पैटर्न में स्टॉक को कहाँ खरीदना चाहिए?

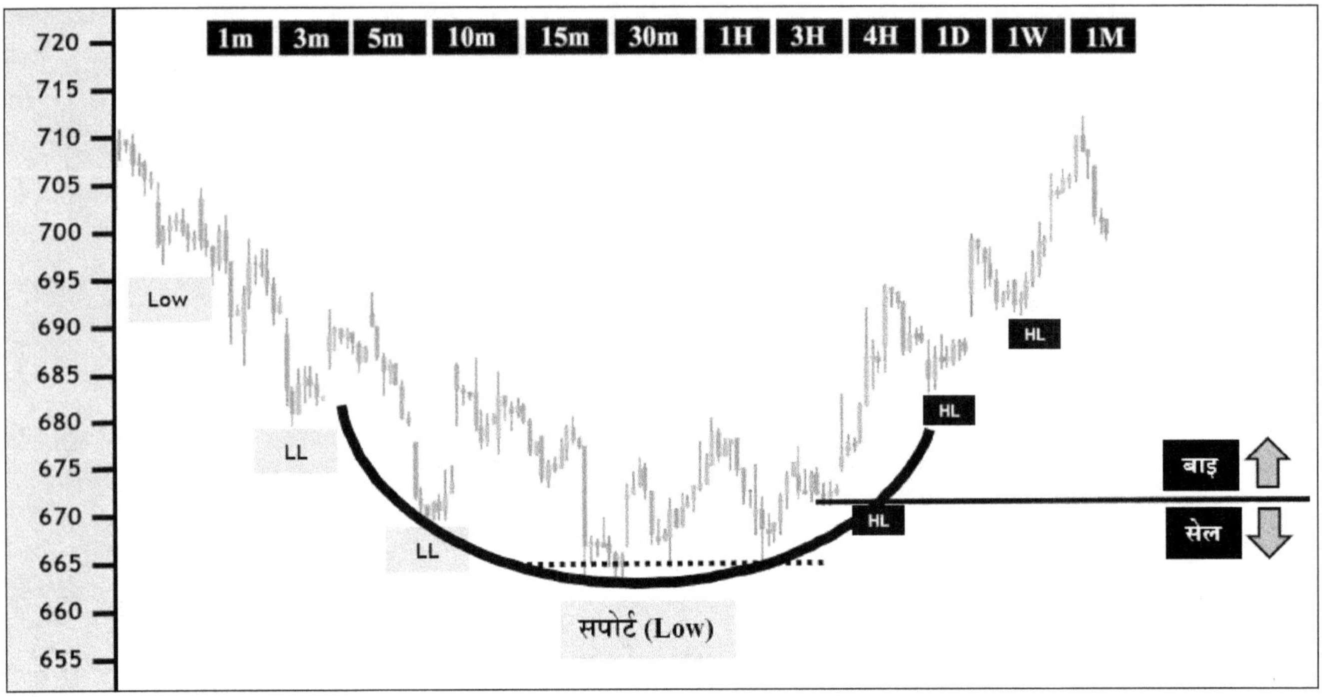

चार्ट में देखकर समझिये। राउंडिंग बॉटम पैटर्न में हमें स्टॉक को तब खरीदना चाहिए जब स्टॉक के चार्ट पर हायर लो (HL) प्राइस पैटर्न बनने लगे।

अध्याय: 10

सबसे ख़तरनाक प्राइस पैटर्न

पृष्ठभूमि

आपने बेयरिश प्राइस पैटर्न और बुलिश प्राइस पैटर्न के बारे में जान लिया है। अब हम तीन ऐसे प्राइस पैटर्न को समझेंगे जो बेयरिश और बुलिश दोनों हो सकते हैं।

पहला त्रिकोण प्राइस पैटर्न

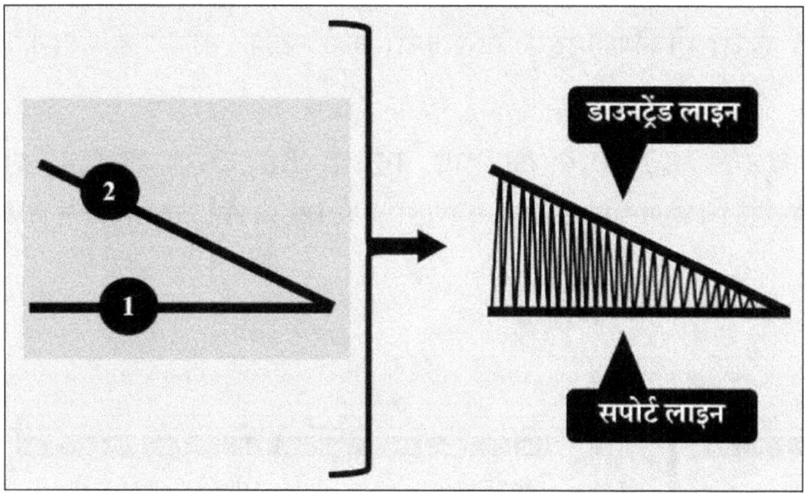

इस त्रिकोण प्राइस पैटर्न में, पहली लाइन **सपोर्ट लाइन** है और दूसरी लाइन, **डाउनट्रेंड लाइन** है।

ये प्राइस पैटर्न ख़तरनाक क्यों है?

जब भी स्टॉक के चार्ट पर ऐसा त्रिकोण प्राइस पैटर्न बनता है तब कुछ ट्रेडर सोचते हैं **"स्टॉक सपोर्ट लाइन को तोड़ कर नीचे गिरेगा।"** और कुछ ट्रेडर सोचते हैं **"स्टॉक डाउनट्रेंड लाइन को काटकर ऊपर बढ़ेगा।"**

वास्तव में क्या होता है? आइये इसे उदाहरण से समझें।

उदाहरण: बहुत बढ़ने पर

चार्ट में देखकर समझिये।

- **पहला स्टॉक**: स्टॉक 480 रूपये पर खुला। 510 रूपये का हाई बनाया। 30 रूपये बढ़ने के बाद (510 रूपये - 480 रूपये = 30 रूपये) पहला त्रिकोण प्राइस पैटर्न बना। यहाँ स्टॉक, डाउनट्रेंड लाइन को काटकर ऊपर बढ़ने लगा।
- **दूसरा स्टॉक**: स्टॉक 710 रूपये पर खुला। 760 रूपये का हाई बनाया। 50 रूपये बढ़ने के बाद (760 रूपये - 710 रूपये = 50 रूपये) पहला त्रिकोण प्राइस पैटर्न बना। यहाँ स्टॉक, सपोर्ट लाइन को काटकर नीचे गिरने लगा।

उदाहरण: बहुत गिरावट होने पर

चार्ट में देखकर समझिये।

- **तीसरा स्टॉक**: स्टॉक 590 रूपये पर खुला। 610 रूपये का हाई बनाया। 570 रूपये का लो बनाया। 40 रूपये गिरने के बाद (610 रूपये हाई से - 570 रूपये लो तक = 40 रूपये) पहला त्रिकोण प्राइस पैटर्न बना। यहाँ स्टॉक, सपोर्ट लाइन को काटकर नीचे गिरने लगा।
- **चौथा स्टॉक**: स्टॉक 375 रूपये पर खुला। 320 रूपये का लो बनाया। 55 रूपये गिरने के बाद (375 रूपये - 320 रूपये = 55 रूपये) पहला त्रिकोण प्राइस पैटर्न बना। यहाँ स्टॉक, डाउनट्रेंड लाइन को काटकर ऊपर बढ़ने लगा।

उम्मीद है अब आप समझ गये होंगे ये प्राइस पैटर्न ख़तरनाक क्यों है? इस प्राइस पैटर्न में, स्टॉक की मूवमेंट का सटीक अंदाज़ा लगाना मुश्किल होता है। कभी स्टॉक सपोर्ट लाइन से ऊपर बढ़ने लगता है और कभी स्टॉक सपोर्ट लाइन को काटकर नीचे गिरने लगता है। इसी तरह, कभी स्टॉक डाउनट्रेंड लाइन को रेजिस्टेंस मानकर नीचे गिरने लगता है और कभी स्टॉक डाउनट्रेंड लाइन को काटकर ऊपर बढ़ने लगता है।

स्टॉक के चार्ट पर, ऐसा त्रिकोण पैटर्न मिलने पर कब और कैसे ट्रेड करें?

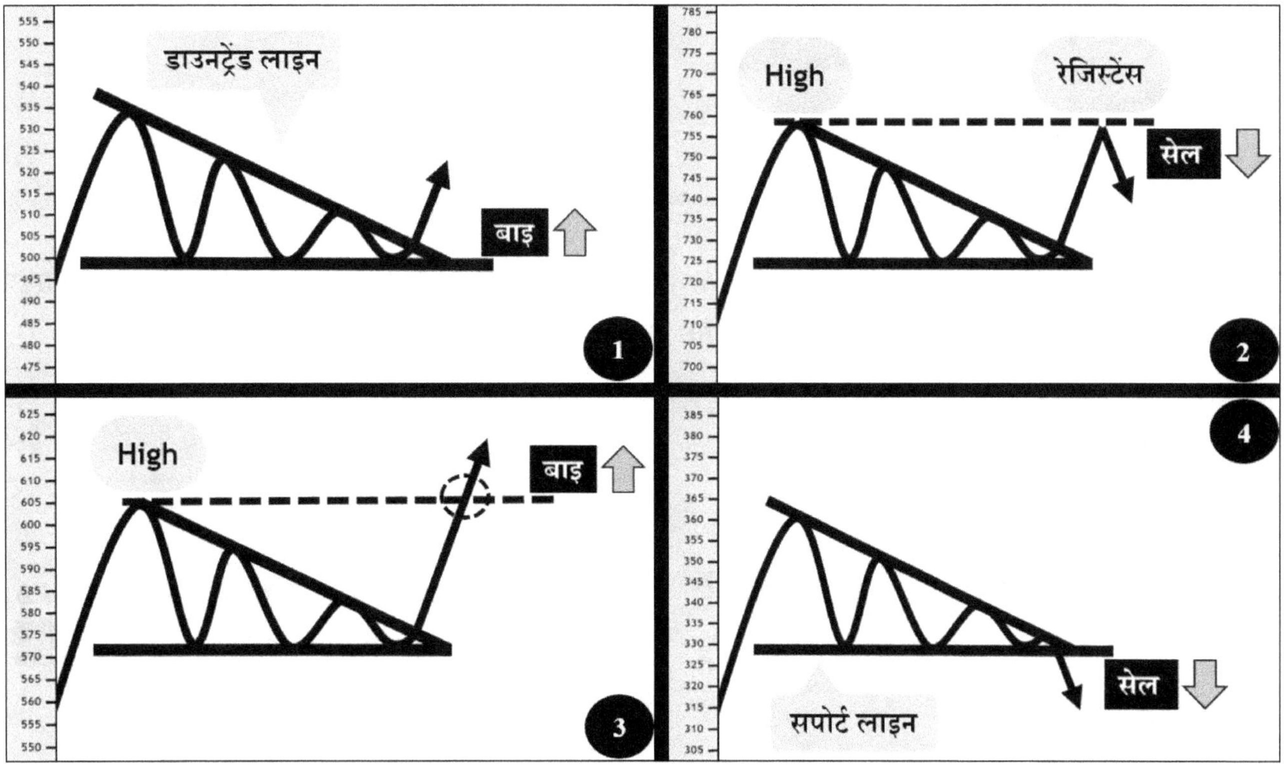

बहुत बढ़ोतरी होने के बाद या बहुत गिरावट होने के बाद, जब आपको स्टॉक के चार्ट पर ऐसा त्रिकोण पैटर्न मिले तब कुछ विशेष स्तिथि में आप स्टॉक को खरीद सकते हो या शॉर्ट सेल कर सकते हो। वह कौन-सी स्तिथियाँ हैं? इसे चार्ट देखकर समझें।

पहली स्तिथि (1): अगर स्टॉक डाउनट्रेंड लाइन को काटकर ऊपर बढ़ने लगे तब स्टॉक को खरीदें।

दूसरी स्तिथि (2): अगर स्टॉक अपने पहले हाई लेवल के आसपास हो तब आप उसे शॉर्ट (सेल) कर सकते हैं क्यूँकि पहले हाई लेवल के पास पहुंच कर स्टॉक, डबल टॉप पैटर्न बना सकता है।

तीसरी स्तिथि (3): अगर स्टॉक अपने पहले हाई लेवल को काटकर ऊपर बढ़ने लगे तब स्टॉक को खरीदें।

चौथी स्तिथि (4): अगर स्टॉक सपोर्ट लाइन को काटकर नीचे गिरने लगे तब स्टॉक को शॉर्ट (सेल) करें।

दूसरा त्रिकोण प्राइस पैटर्न

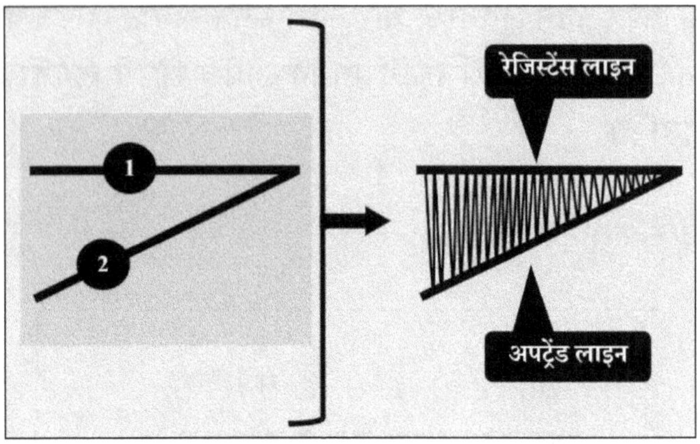

इस त्रिकोण प्राइस पैटर्न में, **पहली लाइन** रेजिस्टेंस लाइन है और **दूसरी लाइन**, अपट्रेंड लाइन है।

ये प्राइस पैटर्न ख़तरनाक क्यों है?

जब भी स्टॉक के चार्ट पर ऐसा त्रिकोण प्राइस पैटर्न बनता है तब कुछ ट्रेडर सोचते हैं **"स्टॉक रेजिस्टेंस लाइन को काटकर ऊपर बढ़ेगा।"** और कुछ ट्रेडर सोचते हैं **"स्टॉक अपट्रेंड लाइन को काटकर नीचे गिरेगा।"**

वास्तव में क्या होता है? आइये इसे उदाहरण से समझें।

उदाहरण: बहुत बढ़ने पर

चार्ट में देखकर समझिये।

- **पहला स्टॉक**: स्टॉक 480 रूपये पर खुला। 515 रूपये का हाई बनाया। 35 रूपये बढ़ने के बाद (515 रूपये - 480 रूपये = 30 रूपये) दूसरा त्रिकोण प्राइस पैटर्न बना। यहाँ स्टॉक, रेजिस्टेंस लाइन को काटकर ऊपर बढ़ने लगा।
- **दूसरा स्टॉक**: स्टॉक 705 रूपये पर खुला। 765 रूपये का हाई बनाया। 60 रूपये बढ़ने के बाद (765 रूपये - 705 रूपये = 60 रूपये) दूसरा त्रिकोण प्राइस पैटर्न बना। यहाँ स्टॉक, अपट्रेंड लाइन को काटकर नीचे गिरने लगा।

उदाहरण: बहुत गिरावट होने पर

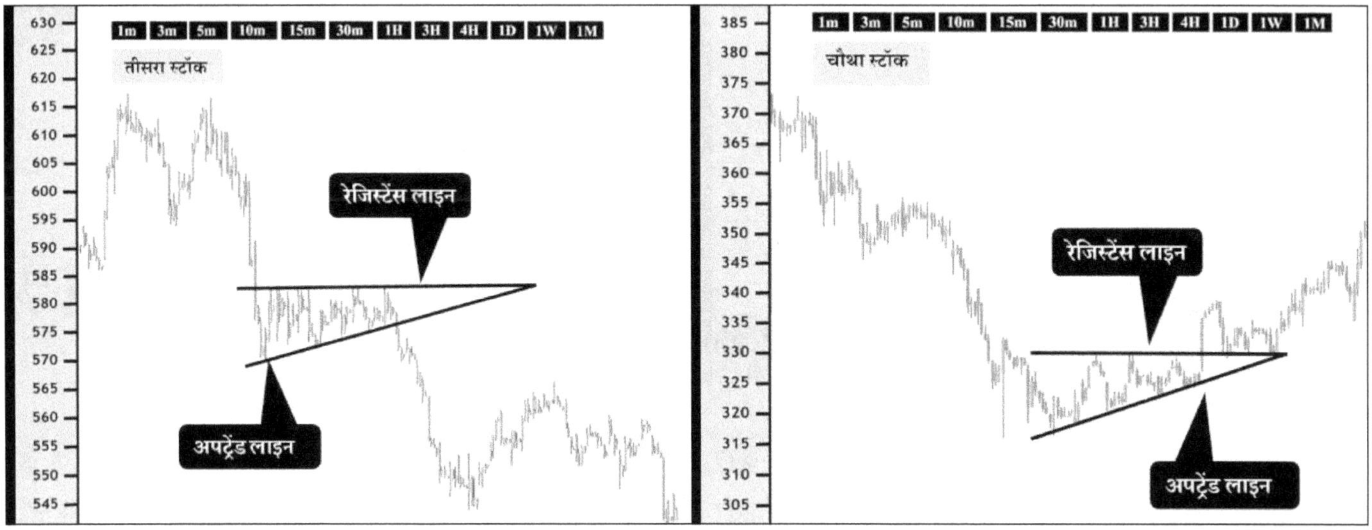

चार्ट में देखकर समझिये।

- **तीसरा स्टॉक**: स्टॉक 590 रूपये पर खुला। 615 रूपये का हाई बनाया। 570 रूपये का लो बनाया। 45 रूपये गिरने के बाद (615 रूपये हाई से - 570 रूपये लो तक = 45 रूपये) दूसरा त्रिकोण प्राइस पैटर्न बना। यहाँ स्टॉक, अपट्रेंड लाइन को काटकर नीचे गिरने लगा।
- **चौथा स्टॉक**: स्टॉक 370 रूपये पर खुला। 315 रूपये का लो बनाया। 55 रूपये गिरने के बाद (370 रूपये - 315 रूपये = 55 रूपये) दूसरा त्रिकोण प्राइस पैटर्न बना। यहाँ स्टॉक, रेजिस्टेंस लाइन को काटकर ऊपर बढ़ने लगा।

उम्मीद है अब आप समझ गये होंगे ये प्राइस पैटर्न ख़तरनाक क्यों है? इस प्राइस पैटर्न में, स्टॉक की मूवमेंट का सटीक अंदाज़ा लगाना मुश्किल होता है। कभी स्टॉक रेजिस्टेंस लाइन को काटकर कर ऊपर बढ़ने लगता है और कभी स्टॉक रेजिस्टेंस लाइन से नीचे गिरने लगता है। इसी तरह, कभी स्टॉक अपट्रेंड लाइन को काटकर नीचे गिरने लगता है और कभी स्टॉक अपट्रेंड लाइन पर सपोर्ट लेकर ऊपर बढ़ने लगता है।

स्टॉक के चार्ट पर, ऐसा त्रिकोण पैटर्न मिलने पर कब और कैसे ट्रेड करें?

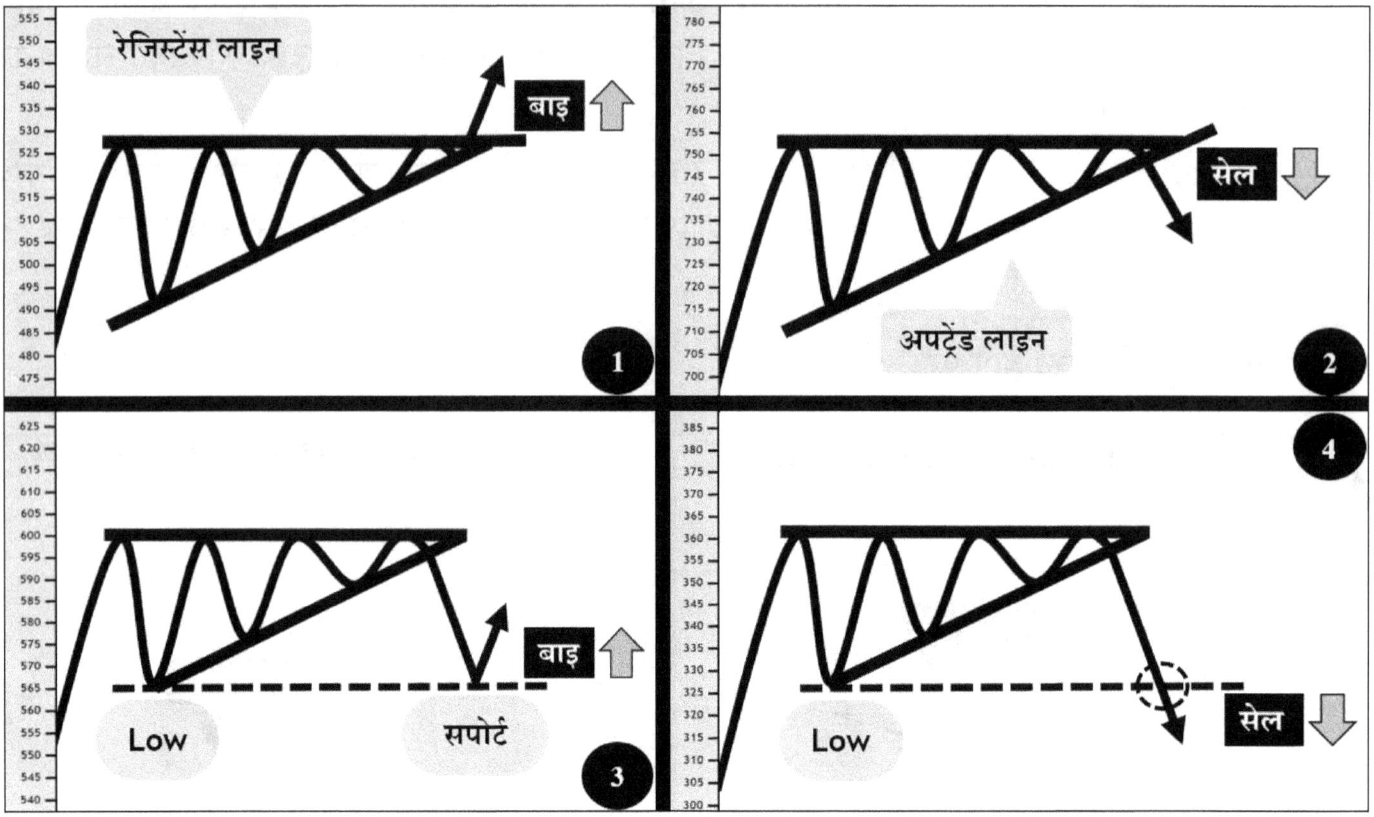

बहुत बढ़ोतरी होने के बाद या बहुत गिरावट होने के बाद, जब आपको स्टॉक के चार्ट पर ऐसा त्रिकोण पैटर्न मिले तब कुछ विशेष स्तिथि में आप स्टॉक को खरीद सकते हो या शॉर्ट सेल कर सकते हो। वह कौन-सी स्तिथियाँ हैं? इसे चार्ट देखकर समझें।

पहली स्तिथि (1): अगर स्टॉक रेजिस्टेंस लाइन को काटकर ऊपर बढ़ने लगे तब स्टॉक को खरीदें।

दूसरी स्तिथि (2): अगर स्टॉक अपट्रेंड लाइन को काटकर नीचे गिरने लगे तब स्टॉक को शॉर्ट (सेल) करें।

तीसरी स्तिथि (3): अगर स्टॉक अपने सबसे पहले लो लेवल के आसपास हो तब हम स्टॉक को खरीद सकते हैं क्यूँकि पहले लो लेवल के पास पहुंच कर स्टॉक, डबल बॉटम पैटर्न बना सकता है।

चौथी स्तिथि (4): अगर स्टॉक अपने पहले लो लेवल को काटकर नीचे गिरने लगे तब स्टॉक को शॉर्ट (सेल) करें

तीसरा त्रिकोण प्राइस पैटर्न

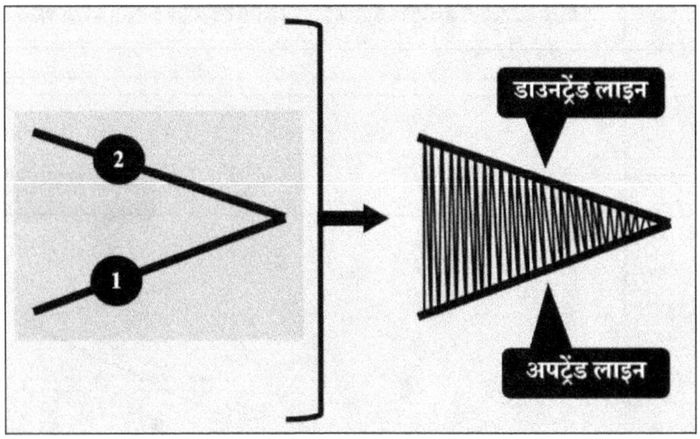

इस त्रिकोण प्राइस पैटर्न में, पहली लाइन **डाउनट्रेंड लाइन** है और दूसरी लाइन, **अपट्रेंड लाइन** है।

ये प्राइस पैटर्न ख़तरनाक क्यों है?

जब भी स्टॉक के चार्ट पर ऐसा त्रिकोण पैटर्न बनता है तब कुछ ट्रेडर सोचते हैं **"स्टॉक डाउनट्रेंड लाइन को काटकर ऊपर बढ़ेगा।"** और कुछ ट्रेडर सोचते हैं **"स्टॉक अपट्रेंड लाइन को काटकर नीचे गिरेगा।"**

वास्तव में क्या होता है? आइये इसे उदाहरण से समझें।

उदाहरण: बहुत बढ़ने पर

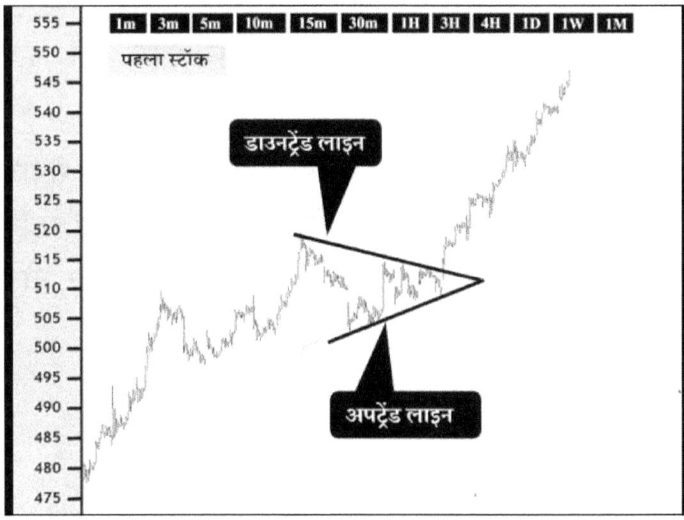

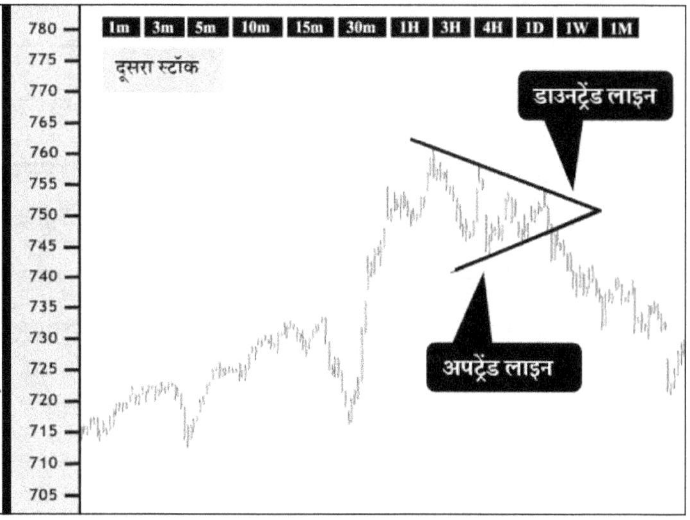

चार्ट में देखकर समझिये।

- **पहला स्टॉक**: स्टॉक 480 रूपये पर खुला। 520 रूपये का हाई बनाया। 40 रूपये बढ़ने के बाद (520 रूपये - 480 रूपये = 40 रूपये) तीसरा त्रिकोण प्राइस पैटर्न बना। यहाँ स्टॉक, डाउनट्रेंड लाइन को काटकर ऊपर बढ़ने लगा।
- **दूसरा स्टॉक**: स्टॉक 715 रूपये पर खुला। 760 रूपये का हाई बनाया। 45 रूपये बढ़ने के बाद (760 रूपये - 715 रूपये = 45 रूपये) तीसरा त्रिकोण प्राइस पैटर्न बना। यहाँ स्टॉक, अपट्रेंड लाइन को काटकर नीचे गिरने लगा।

उदाहरण: बहुत गिरावट होने पर

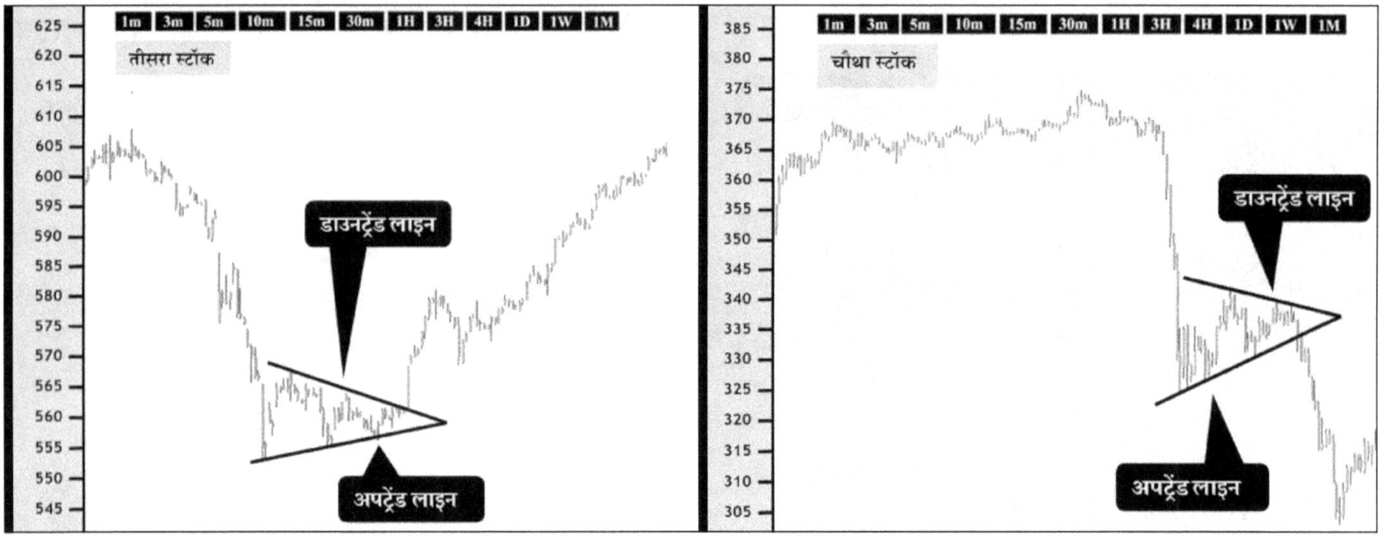

चार्ट में देखकर समझिये।

- **तीसरा स्टॉक**: स्टॉक 600 रूपये पर खुला। 605 रूपये का हाई बनाया। 555 रूपये का लो बनाया। 50 रूपये गिरने के बाद (605 रूपये हाई से - 555 रूपये लो तक = 50 रूपये) तीसरा त्रिकोण प्राइस पैटर्न बना। यहाँ स्टॉक, डाउनट्रेंड लाइन को काटकर ऊपर बढ़ने लगा।
- **चौथा स्टॉक**: स्टॉक 355 रूपये पर खुला। 370 रूपये का हाई बनाया। 325 रूपये का लो बनाया। 45 रूपये गिरने के बाद (370 रूपये हाई से - 325 रूपये लो तक = 45 रूपये) तीसरा त्रिकोण प्राइस पैटर्न बना। यहाँ स्टॉक, अपट्रेंड लाइन को काटकर नीचे गिरने लगा।

उम्मीद है अब आप समझ गये होंगे ये प्राइस पैटर्न ख़तरनाक क्यों है? इस प्राइस पैटर्न में, स्टॉक की मूवमेंट का सटीक अंदाज़ा लगाना मुश्किल होता है। कभी स्टॉक डाउनट्रेंड लाइन को काटकर कर ऊपर बढ़ने लगता है और कभी स्टॉक डाउनट्रेंड लाइन को रेजिस्टेंस मानकर नीचे गिरने लगता है। इसी तरह, कभी स्टॉक अपट्रेंड लाइन को काटकर नीचे गिरने लगता है और कभी स्टॉक अपट्रेंड लाइन पर सपोर्ट लेकर ऊपर बढ़ने लगता है।

स्टॉक के चार्ट पर, ऐसा त्रिकोण पैटर्न मिलने पर कब और कैसे ट्रेड करें?

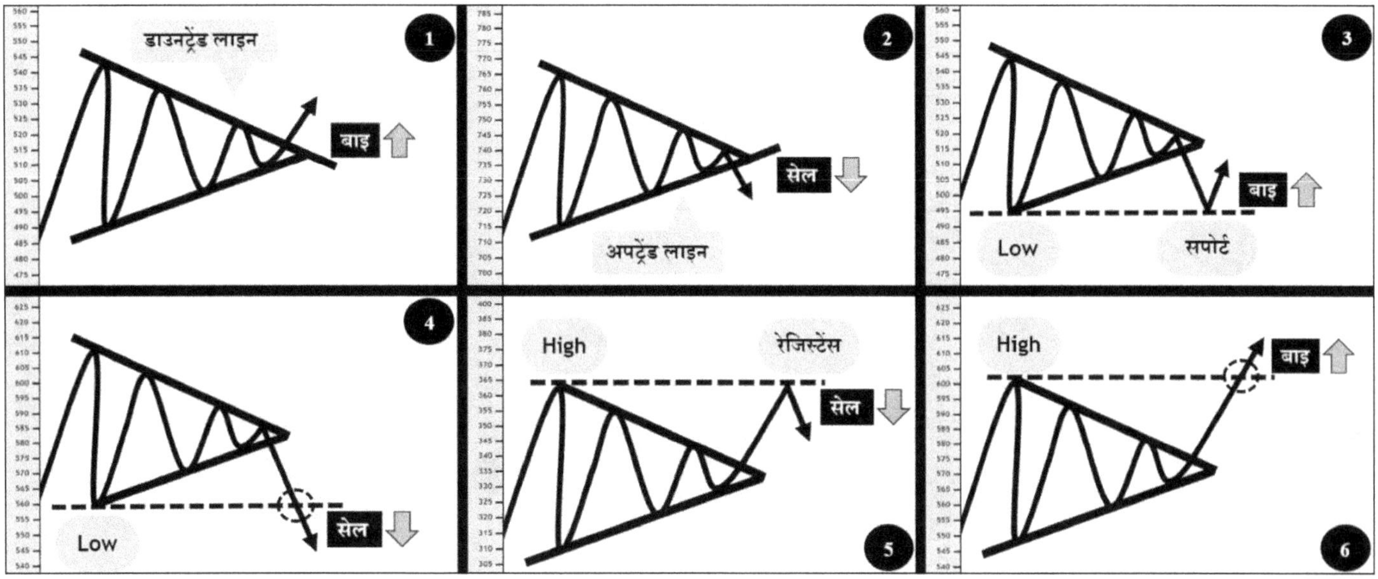

बहुत बढ़ोतरी होने के बाद या बहुत गिरावट होने के बाद, जब आपको स्टॉक के चार्ट पर ऐसा त्रिकोण पैटर्न मिले तब कुछ विशेष स्तिथि में आप स्टॉक को खरीद सकते हो या शॉर्ट सेल कर सकते हो। वह कौन-सी स्तिथियाँ हैं? इसे चार्ट देखकर समझें।

पहली स्तिथि (1): अगर स्टॉक डाउनट्रेंड लाइन को काटकर ऊपर बढ़ने लगे तब स्टॉक को खरीदें।

दूसरी स्तिथि (2): अगर स्टॉक अपट्रेंड लाइन को काटकर नीचे गिरने लगे तब स्टॉक को शॉर्ट (सेल) करें।

तीसरी स्तिथि (3): अगर स्टॉक अपने पहले लो लेवल के आसपास हो तब आप स्टॉक को खरीद सकते हैं क्यूँकि पहले लो लेवल के पास पहुंच कर स्टॉक डबल बॉटम पैटर्न बना सकता है।

चौथी स्तिथि (4): अगर स्टॉक अपने पहले लो लेवल को काटकर नीचे गिरने लगे तब उसे शॉर्ट (सेल) करें।

पाँचवी स्तिथि (5): अगर स्टॉक अपने पहले हाई लेवल के आसपास हो तब आप स्टॉक को शॉर्ट (सेल) कर सकते हैं क्यूँकि पहले हाई लेवल के पास पहुंच कर स्टॉक डबल टॉप पैटर्न बना सकता है।

छठी स्तिथि (6): अगर स्टॉक अपने पहले हाई लेवल को काटकर ऊपर बढ़ने लगे तब स्टॉक को खरीदें।

नए ट्रेडर क्या गलतियाँ करते हैं?

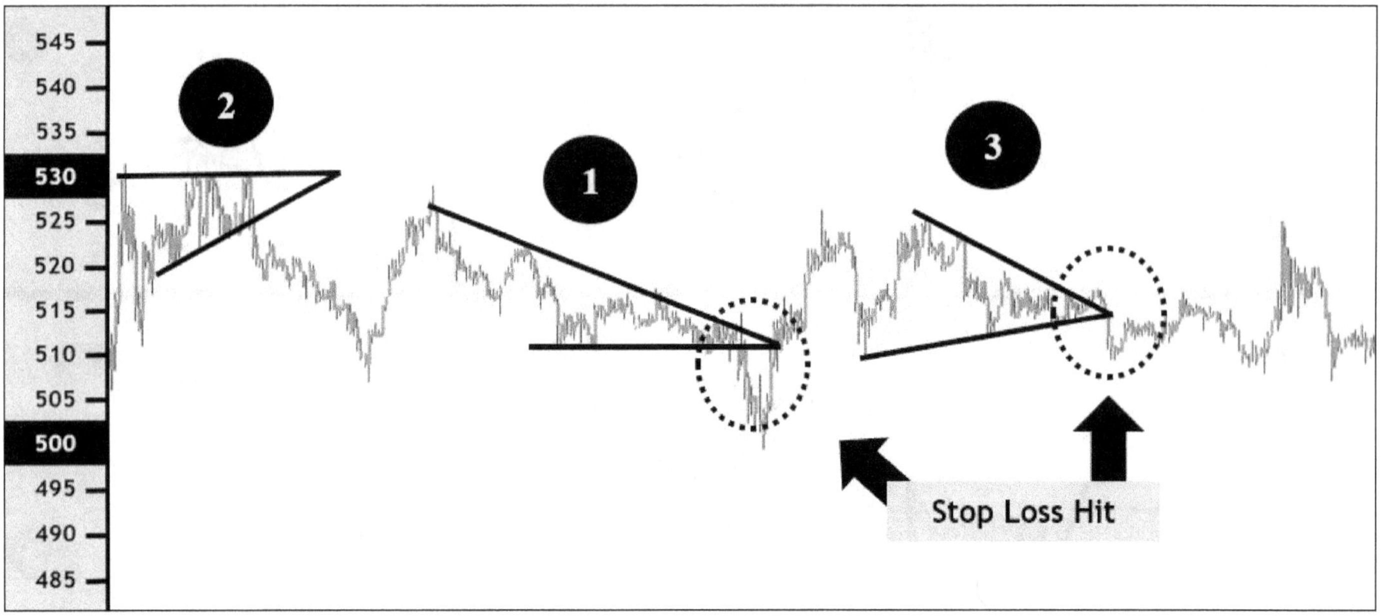

चार्ट में देखकर समझिये। ऐसे त्रिकोण प्राइस पैटर्न, साइडवेज़ मार्केट में सबसे ज़्यादा बनते हैं। जब स्टॉक एक रेंज में ही घूमता रहता है। (500 रूपये से 530 रूपये)

नए ट्रेडर केवल त्रिकोण प्राइस पैटर्न देखकर ट्रेड करते हैं। जिस करण साइडवेज़ मार्केट में बार-बार उनका स्टॉप लॉस ऑर्डर हिट होता रहता है।

इसलिए, अगर आप शेयर मार्केट में बिल्कुल नए है तब ऐसी गलती बिलकुल नहीं करें।

याद रखें। **"बहुत बढ़ोतरी होने के बाद या बहुत गिरावट होने के बाद"** जब आपको स्टॉक के चार्ट पर (तीनों में से) कोई सा भी त्रिकोण प्राइस पैटर्न मिले तब ऊपर बताई गई स्तिथियों को ध्यान में रखते हुए स्टॉक को खरीदें या शॉर्ट (सेल) करें।

अध्याय: 11

टेक्निकल इंडिकेटर

टेक्निकल इंडिकेटर क्या है?

टेक्निकल इंडिकेटर चार्टिंग टूल है। इसका इस्तेमाल ज़्यादातर कैंडलस्टिक चार्ट पर किया जाता है। एक प्रकार से टेक्निकल इंडिकेटर ट्रेडिंग का अभिन्न अंग है।

टेक्निकल इंडिकेटर का उपयोग क्यों किया जाता है?

प्रत्येक ट्रेडर अपनी सुविधानुसार टेक्निकल इंडिकेटर का उपयोग कई बातों को समझने के लिए करते हैं। मैं नीचे लिखी बातों को समझने के लिए, टेक्निकल इंडिकेटर का उपयोग करता हूँ।

- **ट्रेंड पैटर्न (अपट्रेंड या डाउनट्रेंड)**
- **सपोर्ट लेवल**
- **रेजिस्टेंस लेवल**
- **और एंट्री सेटअप**

कुछ टेक्निकल इंडिकेटर के नाम

RSI, ADX, Bollinger Band, ATR Band, Supertrand, Stochastics, Williams %R, Ichimoku Cloud, Pivot Points, MACD, Simple Moving Average, Exponential Moving Average, VWAP **और** Fibonacci Retracement.

सबसे सर्वश्रेष्ठ टॉप चार टेक्निकल इंडिकेटर ...

अपने ट्रेडिंग कैरियर की शुरुआत में, मैं चार्ट पर कई सारे टेक्निकल इंडिकेटर का उपयोग करता था लेकिन समय के साथ मुझे एक बात समझ में आ गयी **"एक कुशल ट्रेडर बनने के लिए अनेकों टेक्निकल इंडिकेटर के बारे में समझने के बजाए कुछ टेक्निकल इंडिकेटर को बहुत ही अच्छे से समझने की जरुरत होती है।"**

इस अध्याय में हम, Simple Moving Average (SMA), Exponential Moving Average (EMA), VWAP **और** Fibonacci Retracement इंडिकेटर की ही चर्चा करेंगे और **इन इंडिकेटर से हमें क्या पता चलता है? इनका उपयोग क्यों किया जाता है?** ये समझने की कोशिश करेंगे।

1……SMA इंडिकेटर से हमें क्या पता चलता है?

सिंपल मूविंग एवरेज से हमें स्टॉक की औसत कीमत का पता चलता है। आइए इसे एक उदाहरण की सहायता से समझें।

दिन	ABC शेयर की क्लोजिंग प्राइस
1	420.50
2	426
3	429
4	430
5	432
6	433
7	438.50
8	439
वर्तमान दिन	431

तालिका में, ABC शेयर के पिछले आठ दिनों से लेकर आज तक की क्लोजिंग प्राइस दी गयी है। अगर हमें पिछले आठ दिनों से अब तक की औसत कीमत निकालना हो तब हम क्या करेंगे??

हम, ABC शेयर के पिछले आठ दिनों और आज की क्लोजिंग प्राइस जोड़कर उसे नौ दिन से भाग कर देंगे।

$$\frac{420.50+426+429+430+432+433+438.50+439+431}{9} = 431$$

अंततः नौ दिनों की औसत कीमत 431 रूपये है। इस प्रकार हमें, सिंपल मूविंग एवरेज से स्टॉक की औसत कीमत का पता चलता है।

स्टॉक या इंडेक्स के चार्ट पर SMA इंडिकेटर का उपयोग क्यों किया जाता है?

चार्ट पर, सिंपल मूविंग एवरेज एक लाइन की तरह दिखाई देता है। मैंने यहाँ 50 दिनों का सिंपल मूविंग एवरेज (50 SMA) लिया गया है, ये लाइन, स्टॉक की 50 दिनों की औसत कीमत बता रही है।

चार्ट पर, **अगर स्टॉक की कैंडल**, 50 SMA **की लाइन से ऊपर बनती है** तब इसका मतलब है स्टॉक की वर्तमान कीमत (LTP), 50 दिनों के औसत कीमत से ज्यादा है।

इसके विपरीत **अगर स्टॉक की कैंडल,** 50 SMA **की लाइन से नीचे बनती है** तब इसका मतलब है स्टॉक की कीमत वर्तमान (LTP), 50 दिनों के औसत कीमत से कम है।

ट्रेडर या इन्वेस्टर, स्टॉक या इंडेक्स के चार्ट पर SMA इंडिकेटर का उपयोग तीन महत्त्वपूर्ण बातों को समझने के लिए करते हैं:

- स्टॉक की वर्तमान क़ीमत (LTP), पिछले 10, 20, 50, या 100 दिनों की औसत क़ीमत से कितनी ज़्यादा है? या कितनी कम है? इसे समझने के लिए, SMA इंडिकेटर का उपयोग करते हैं।
- सिग्नल पैटर्न को समझने के लिए, SMA इंडिकेटर का उपयोग करते हैं। (**सिग्नल पैटर्न के बारे में विस्तार से, मैंने अपने पहली किताब में लिखा है।**)
- एंट्री सेटअप को समझने के लिए, SMA इंडिकेटर का उपयोग करते हैं।

2……EMA इंडिकेटर से हमें क्या पता चलता है?

एक्स्पोनेन्शल मूविंग एवरेज से भी, हमें स्टॉक की औसत कीमत पता चलता है। SMA और EMA की केवल गणना विधि का अंतर है। (जिसकी चर्चा हम यहाँ नहीं करेंगे।)

स्टॉक या इंडेक्स के चार्ट पर EMA इंडिकेटर का उपयोग क्यों किया जाता है?

एक्स्पोनेन्शल मूविंग एवरेज भी चार्ट पर एक लाइन की तरह दिखाई देता है। इससे भी स्टॉक की औसत कीमत का पता चलता है। EMA चार्ट पर, SMA की तरह ही काम करता है। आप EMA और SMA के चार्ट की तुलना करके देख सकते हो। दोनों में आपको मामूली सा अंतर दिखाई देगा लेकिन फिर भी दोनों की कार्यप्रणाली में बहुत अंतर है।

ट्रेडर या इन्वेस्टर, स्टॉक या इंडेक्स के चार्ट पर EMA इंडिकेटर का उपयोग तीन महत्त्वपूर्ण बातों को समझने के लिए करते हैं:

- स्टॉक की वर्तमान क़ीमत (LTP), पिछले 13, 21, 34, 55, 89, 144 या 200 दिनों की औसत क़ीमत से कितनी ज़्यादा है? या कितनी कम है? इसे समझने के लिए, EMA इंडिकेटर का उपयोग करते हैं।
- ट्रेंड पैटर्न को समझने के लिए, EMA इंडिकेटर का उपयोग करते हैं।
- एंट्री सेटअप को समझने के लिए, EMA इंडिकेटर का उपयोग करते हैं।

3...... VWAP इंडिकेटर से हमें क्या पता चलता है?

VWAP या ATP इंडिकेटर का इस्तेमाल केवल इंट्राडे ट्रेडिंग में किया जाता है। शेयर मार्केट में एक ही शेयर को एक साथ अनेकों ट्रेडर अलग-अलग कीमत पर खरीदते या बेचते हैं। VWAP इंडिकेटर एक निश्चित समय में, कुल ख़रीदे या बेचे गए शेयर की औसत कीमत बताता है।

नाम	कीमत	मात्रा (खरीदा)
मिस्टर. X	429	800
मिस्टर. Y	429.50	200
मिस्टर. Z	430	300

तालिका में देखिये। मान लीजिये एक निश्चित समय में, **मिस्टर**. X ने 429 रूपये में 800 शेयर ख़रीदा है। **मिस्टर**. Y ने 429.50 रूपये में 200 शेयर ख़रीदा है और **मिस्टर**. Z ने 430 रूपये में 300 शेयर ख़रीदा है।

$$\text{VWAP} : \frac{\text{खरीदे गए शेयर की संख्या} \times \text{शेयर की कीमत}}{\text{कुल शेयर}}$$

$$\frac{(800 \times 429) + (200 \times 429.50) + (300 \times 430)}{1300}$$

$$= 558100 / 1300$$

$$= 429.30 \text{ रूपये}$$

इस प्रकार तीनों ट्रेडर द्वारा ख़रीदे गए 1300 शेयर की औसत कीमत 429 रूपये 30 पैसे है।

स्टॉक के चार्ट पर VWAP इंडिकेटर का उपयोग क्यों किया जाता है?

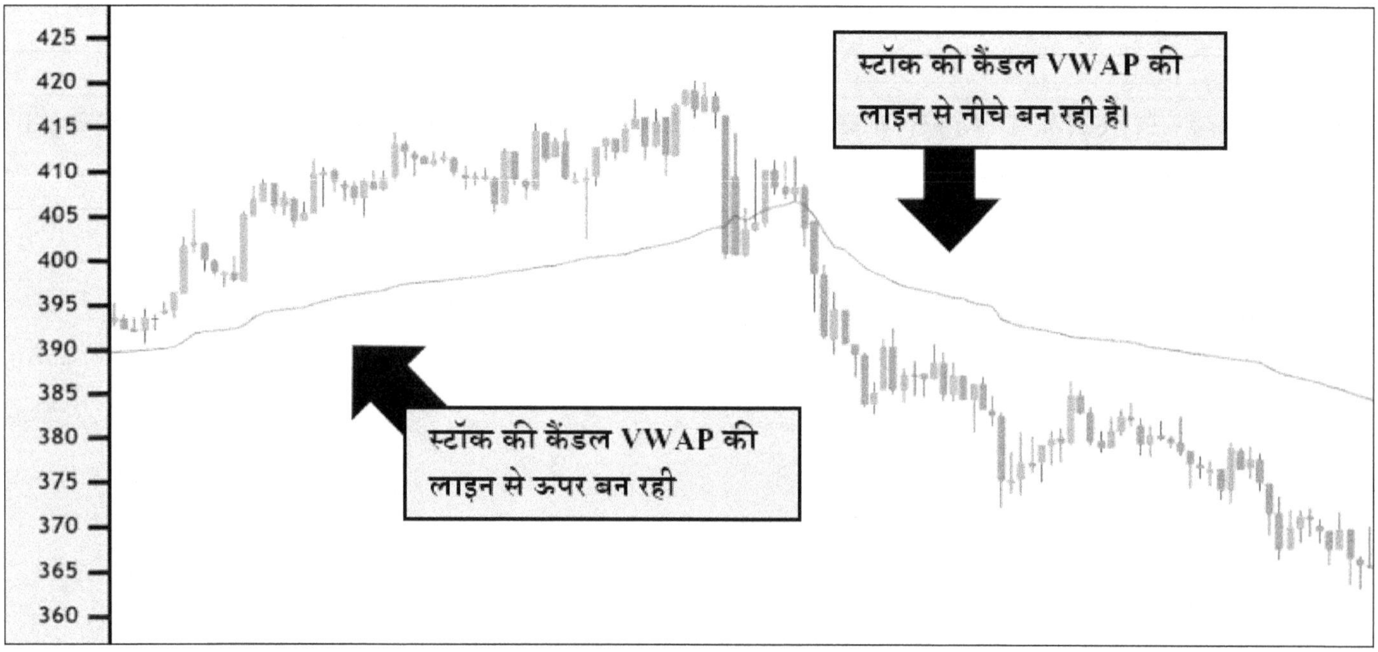

VWAP इंडिकेटर भी चार्ट पर एक लाइन की तरह दिखाई देता है। ये लाइन, प्रत्येक सेकेंड में, ख़रीदे या बेचे गए स्टॉक की औसत कीमत बताती है।

इंट्राडे ट्रेडिंग के दौरान, स्टॉक की कीमत (LTP) कभी भी औसत कीमत से कम या ज्यादा हो सकती है। इसी बात को जानने के लिये ट्रेडर चार्ट पर VWAP का उपयोग करते हैं।

चार्ट पर, **अगर स्टॉक की कैंडल**, VWAP **इंडिकेटर की लाइन से ऊपर बनती है** तब इसका मतलब है स्टॉक की वर्तमान कीमत (LTP), असौत कीमत से ज्यादा है इसके विपरीत **अगर स्टॉक की कैंडल** VWAP **इंडिकेटर की लाइन से नीचे बनती है** तब इसका मतलब है स्टॉक की वर्तमान कीमत (LTP), औसत कीमत से कम है।

ट्रेडर या इन्वेस्टर, स्टॉक या इंडेक्स के चार्ट पर VWAP इंडिकेटर का उपयोग दो महत्त्वपूर्ण बातों को समझने के लिए करते हैं:

- स्टॉक की वर्तमान क़ीमत (LTP), इंट्राडे में अपने औसत से कितनी ज़्यादा है? या कितनी कम है? इसे समझने के लिए, VWAP इंडिकेटर का उपयोग करते हैं।
- एंट्री सेटअप को समझने के लिए, VWAP इंडिकेटर का उपयोग करते हैं।

4......फिबोनाची रिट्रेसमेंट इंडिकेटर (FRI)

आगे आने वाले अध्यायों में, हम फिबोनाची रिट्रेसमेंट इंडिकेटर को विस्तार से समझेंगे।

ट्रेडर या इन्वेस्टर, स्टॉक या इंडेक्स के चार्ट पर फिबोनाची रिट्रेसमेंट इंडिकेटर का उपयोग तीन महत्त्वपूर्ण बातों को समझने के लिए करते हैं:

- स्टॉक का सपोर्ट लेवल
- स्टॉक का रेजिस्टेंस लेवल
- एंट्री सेटअप

अध्याय: 12

ट्रेंड पैटर्न और प्राइस पैटर्न

एक्स्पोनेन्शल मूविंग एवरेज (EMA) की ख़ासियत

जब हम स्टॉक के चार्ट पर केवल एक एक्स्पोनेन्शल मूविंग एवरेज (**जैसे** 50 EMA) का उपयोग करते हैं तब (50 EMA) हमें स्टॉक की पिछले 50 दिनों की औसत कीमत बताता है लेकिन जब हम एक साथ कई एक्स्पोनेन्शल मूविंग एवरेज का उपयोग करते हैं तब सभी एक्स्पोनेन्शल मूविंग एवरेज स्टॉक के चार्ट पर ट्रेंड पैटर्न बनाते हैं।

एक्स्पोनेन्शल मूविंग एवरेज का कॉम्बिनेशन

ट्रेंड पैटर्न समझने के लिए, एक्स्पोनेन्शल मूविंग एवरेज का सबसे सही कॉम्बिनेशन 13, 21, 34, 55, 89, और 144 EMA है।

इस अध्याय में, हम स्टॉक के चार्ट पर 13, 21, 34, 55, 89, और 144 EMA का उपयोग एक साथ करेंगे और इनसे बनने वाले ट्रेंड पैटर्न को समझेंगे।

ट्रेडरों को एक्स्पोनेन्शल मूविंग एवरेज के कॉम्बिनेशन का उपयोग क्यों करना चाहिए?

ट्रेंड का मतलब है स्टॉक की दिशा। ट्रेंड पहचानने का मतलब है इस बात का अनुमान लगाना की, आने वाले समय में स्टॉक बढ़ेगा या गिरेगा।

स्टॉक के ट्रेंड को समझने के लिए सबसे ज्यादा इसी इंडिकेटर का उपयोग किया जाता है। इसलिए ट्रेडरों को इसका उपयोग करना चाहिए।

ट्रेंड पैटर्न

अपट्रेंड पैटर्न

अपट्रेंड पैटर्न में सभी EMA ऊपर की दिशा की ओर जाते हुए दिखाई देते हैं। सबसे ऊपर 13 EMA होता है फिर 21, 34, 55, 89 और सबसे नीचे 144 EMA होता है। अपट्रेंड पैटर्न में स्टॉक की कैंडल 13 और 21 EMA के ऊपर बनती है।

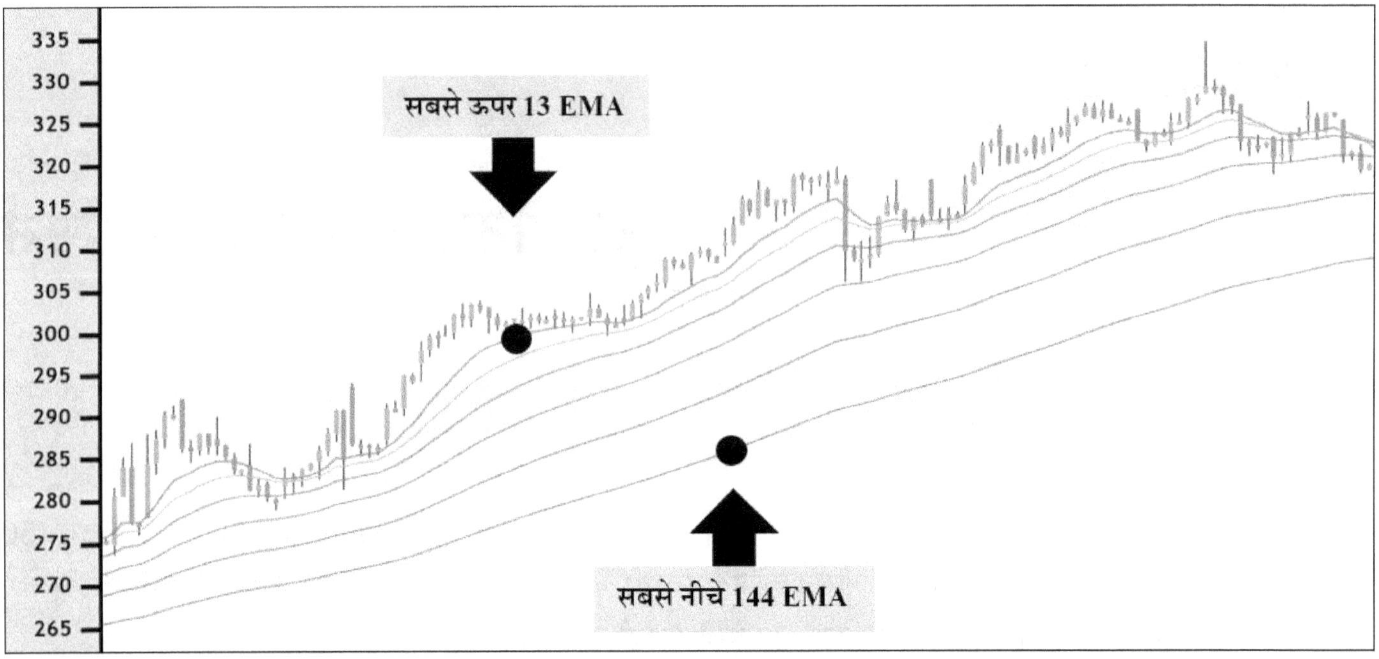

चढ़ाव ट्रेंड पैटर्न: चार्ट एक

जब स्टॉक अपट्रेंड में होते है तब कभी-कभी सभी EMA (13, 21, 34, 55, 89, और 144) मिलकर "चढ़ाव रस्ते" जैसी आकृति बनाते है। "चढ़ाव" पैटर्न के बारे में बताने को कुछ नहीं है। बस, आपको इसे पहचानना सीखना पड़ेगा। "चढ़ाव" पैटर्न स्टॉक के बढ़ने की संभावना को दर्शाता है।

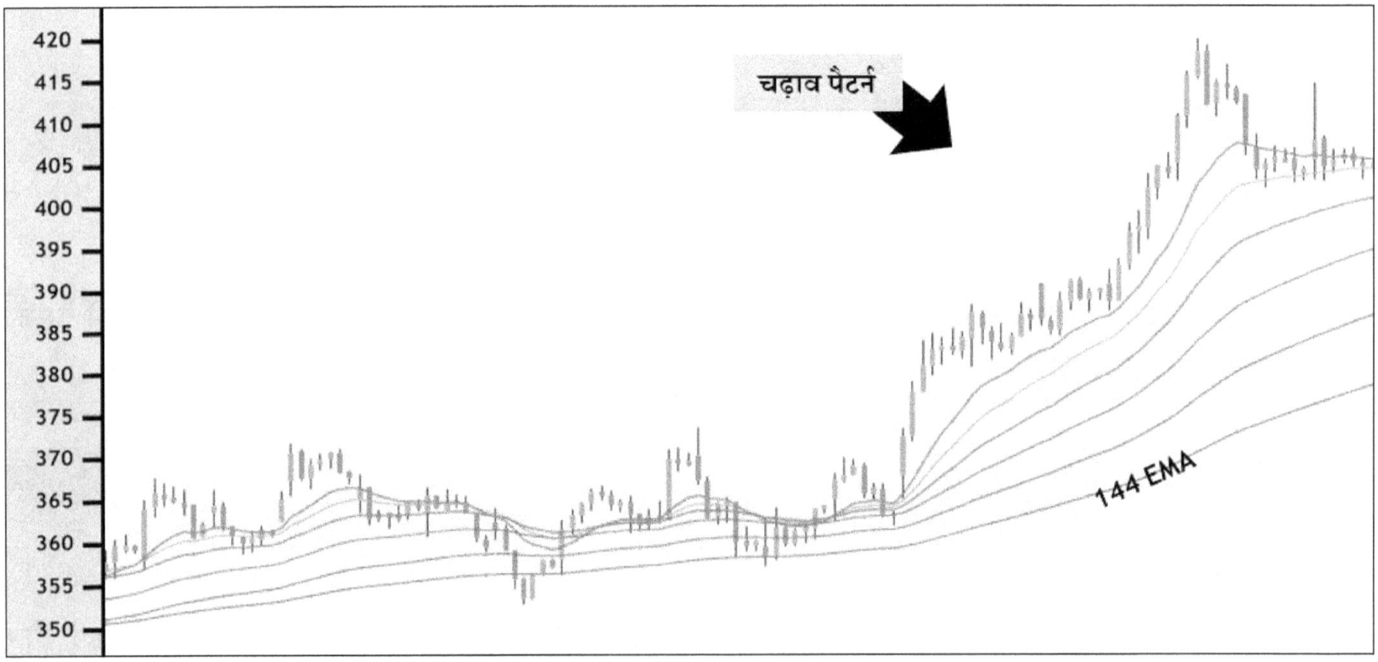

चार्ट में, सभी EMA से बनने वाली आकृति को ध्यान से देखिये। सभी EMA ऊपर की दिशा की ओर जाते हुए प्रतीत हो रहे है।

चढ़ाव ट्रेंड पैटर्न: चार्ट दो

ये "चढ़ाव" पैटर्न का दूसरा सबसे बेहतरीन उदाहरण है। सभी EMA ऊपर की दिशा की ओर जाते हुए प्रतीत हो रहे है। "चढ़ाव" पैटर्न के कई उदाहरण हैं। **जिसकी चर्चा मैं अपनी पहली किताब में कर चूका हूँ।**

अपट्रेंड में बेयरिश प्राइस पैटर्न: चार्ट एक

जब स्टॉक अपट्रेंड में होता है तब बेयरिश प्राइस पैटर्न बनाकार डाउनट्रेंड में आता है। इसलिए जब कोई भी स्टॉक या इंडेक्स अपट्रेंड में हो तब उसके चार्ट पर, ट्रेंड पैटर्न के साथ-साथ बेयरिश प्राइस पैटर्न को भी समझने का प्रयास करें।

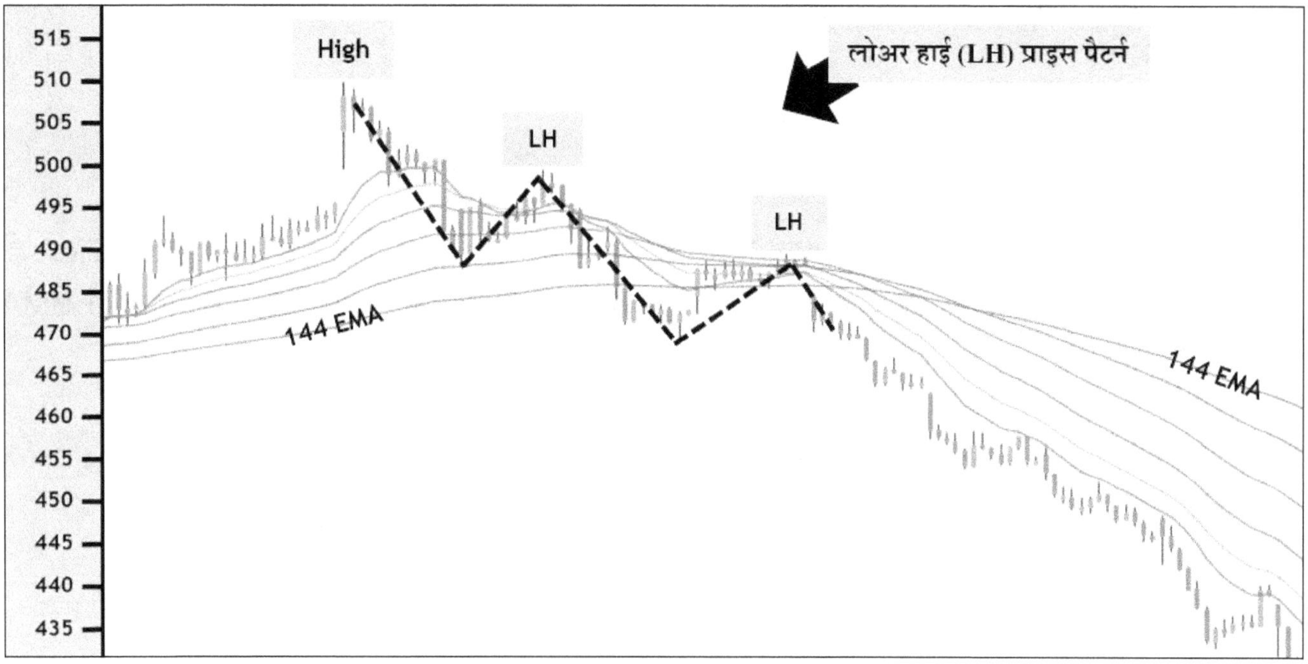

चार्ट में देखिए। शुरू में स्टॉक अपट्रेंड में है लेकिन लोअर हाई (LH) प्राइस पैटर्न बनाकर, अपट्रेंड से डाउनट्रेंड में आ रहा है।

अपट्रेंड में बेयरिश प्राइस पैटर्न: चार्ट दो

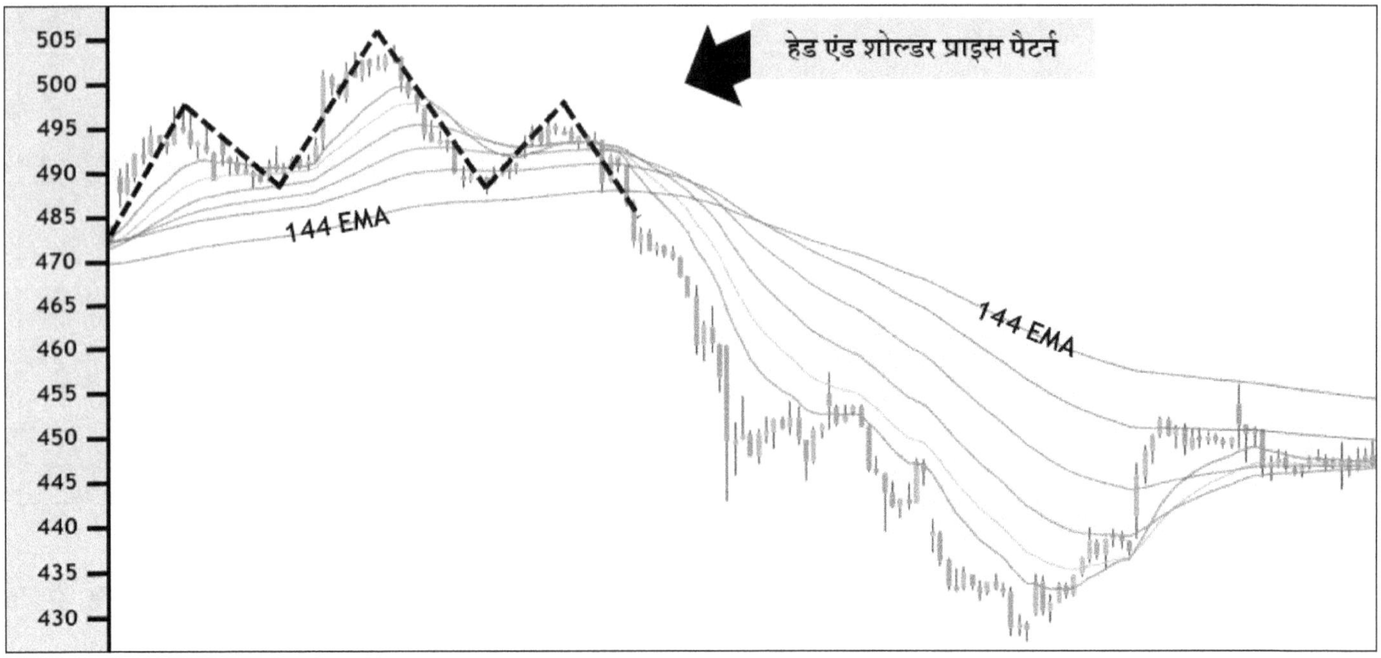

चार्ट में देखिए। शुरू में स्टॉक अपट्रेंड में है लेकिन हेड एंड शोल्डर प्राइस पैटर्न बनाकर, अपट्रेंड से डाउनट्रेंड में आ रहा है।

अपट्रेंड में बेयरिश प्राइस पैटर्न बनने पर क्या होता है?

उम्मीद है अब आप समझ चुके हैं। अपट्रेंड में बेयरिश प्राइस पैटर्न बनने पर स्टॉक का ट्रेंड बदल जाता है। स्टॉक अपट्रेंड से डाउनट्रेंड में आने लगता है।

डाउनट्रेंड पैटर्न

डाउनट्रेंड में सभी EMA नीचे की दिशा की ओर जाते हुए दिखाई देते हैं। डाउनट्रेंड में सबसे ऊपर 144 EMA होता है फिर 89, 55, 34, 21 और सबसे नीचे 13 EMA होता है। डाउनट्रेंड में स्टॉक की कैंडल 13 और 21 EMA के नीचे बनती है।

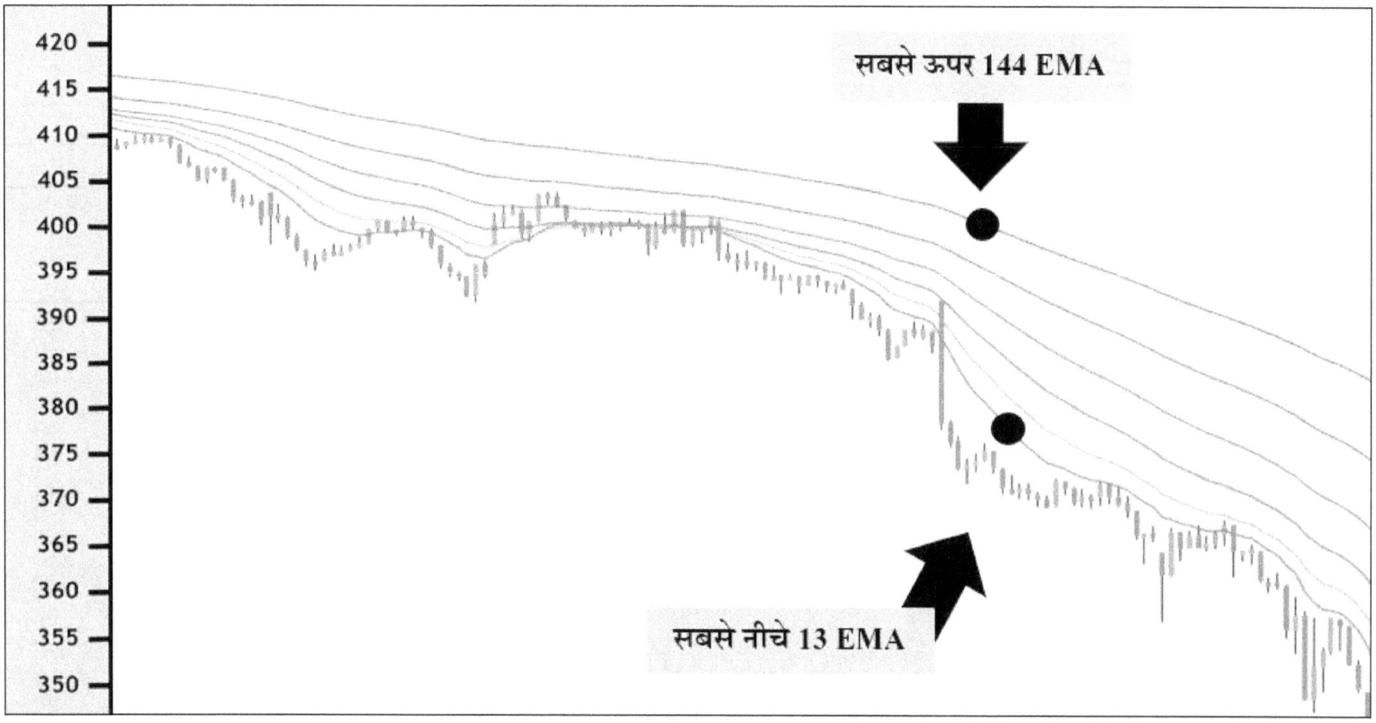

स्लाइड पैटर्न

जब स्टॉक डाउनट्रेंड में होते है तब कभी-कभी सभी EMA (13, 21, 34, 55, 89, और 144) मिलकर "स्लाइड" जैसी आकृति बनाते है। "चढ़ाव" पैटर्न की तरह ही "स्लाइड" पैटर्न के बारे में बताने को कुछ नहीं है। बस, आपको इसे पहचानना सीखना पड़ेगा। "स्लाइड" पैटर्न स्टॉक में गिरावट होने की संभावना को दर्शाता है।

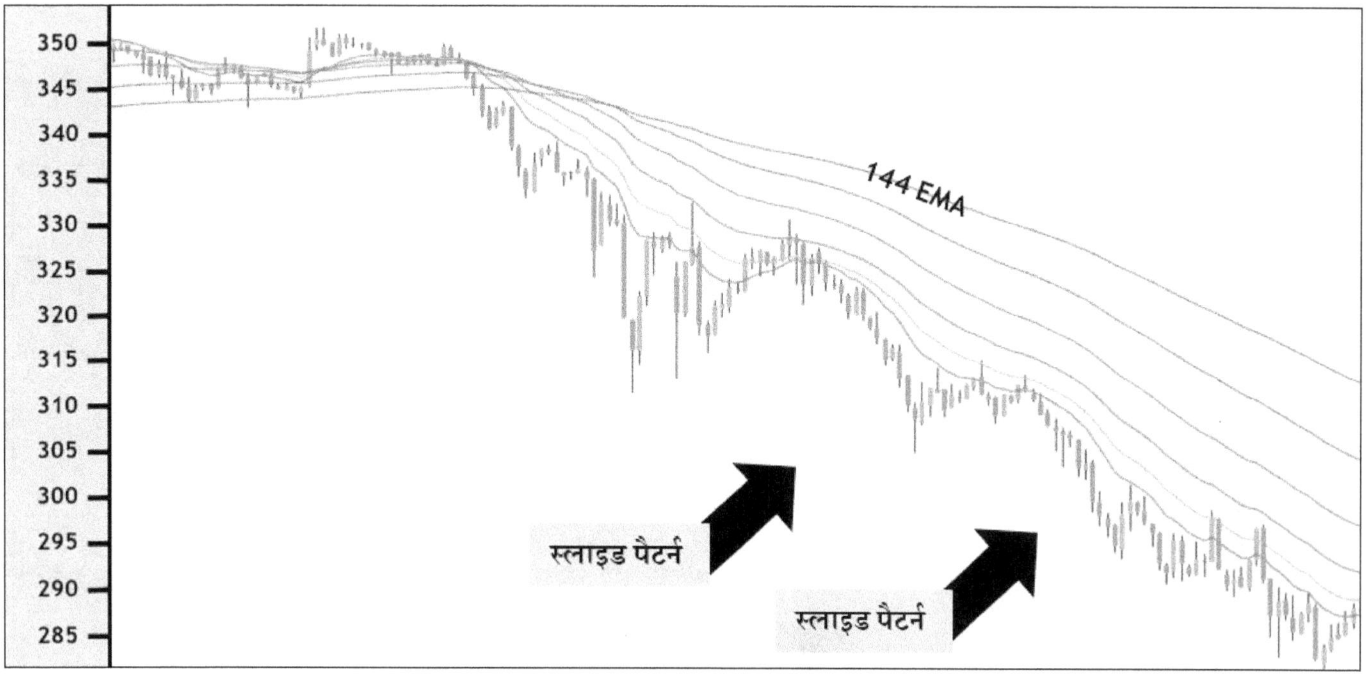

चार्ट में, सभी EMA से बनने वाली आकृति को ध्यान से देखिये। सभी EMA स्लाइड पैटर्न बनाते हुए नीचे गिर रहे हैं। “स्लाइड” पैटर्न के कई उदाहरण हैं। **जिसकी चर्चा मैं अपनी पहली किताब में कर चूका हूँ।**

डाउनट्रेंड में बुलिश प्राइस पैटर्न: चार्ट एक

जब स्टॉक डाउनट्रेंड में होता है तब बुलिश प्राइस पैटर्न बनाकार अपट्रेंड में आता है।

इसलिए जब कोई भी स्टॉक या इंडेक्स डाउनट्रेंड में हो तब उसके चार्ट पर, ट्रेंड पैटर्न के साथ-साथ बुलिस प्राइस पैटर्न को भी समझने का प्रयास करें।

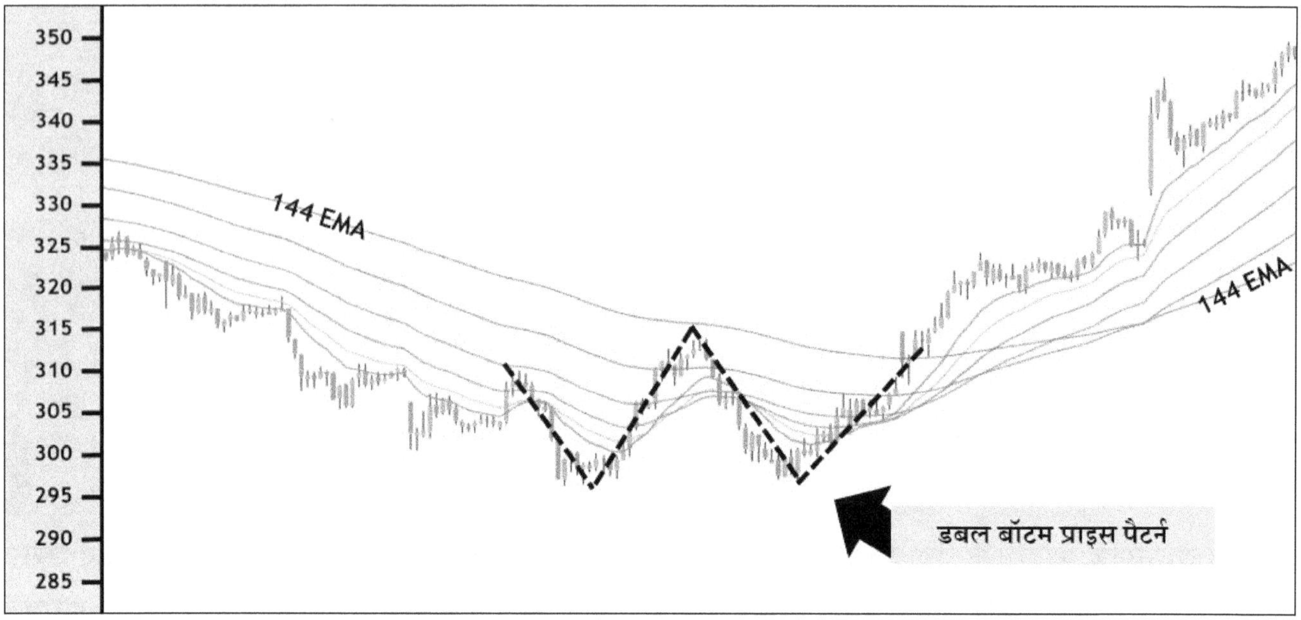

चार्ट में देखिए। शुरू में स्टॉक डाउनट्रेंड में है लेकिन डबल बॉटम प्राइस पैटर्न बनाकर, डाउनट्रेंड से अपट्रेंड में आ रहा है।

डाउनट्रेंड में बुलिश प्राइस पैटर्न: चार्ट दो

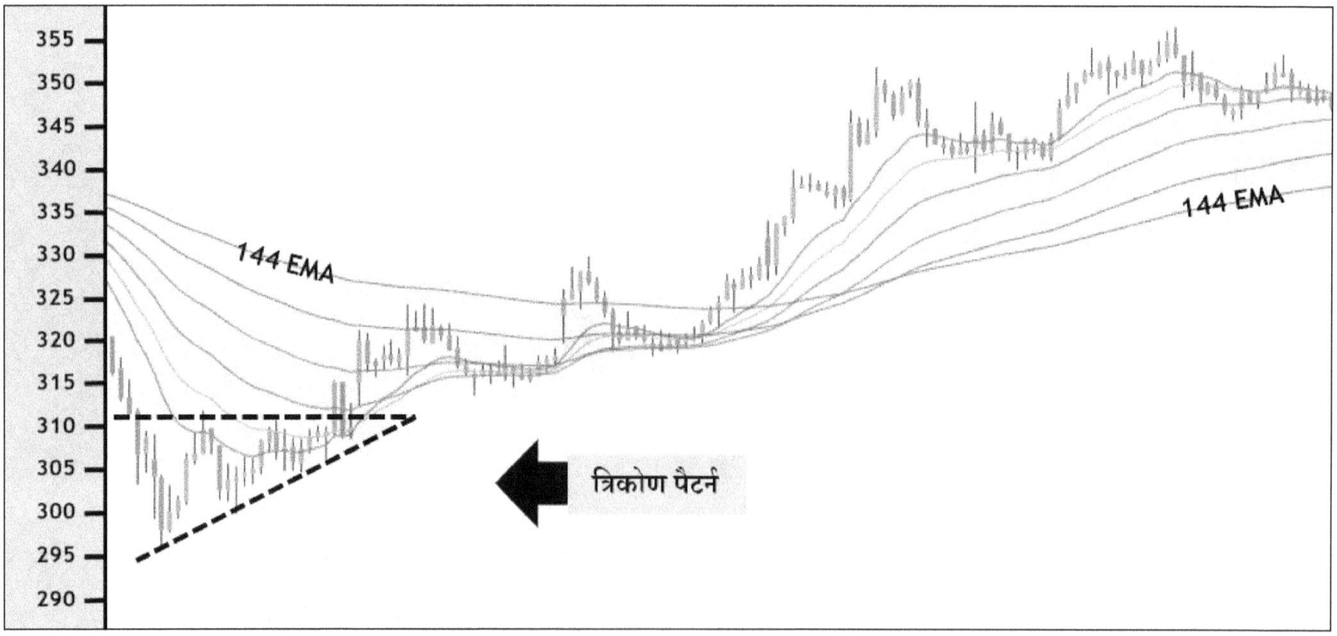

चार्ट में देखिए। शुरू में स्टॉक डाउनट्रेंड में है लेकिन त्रिकोण प्राइस पैटर्न या हायर लो (HL) प्राइस पैटर्न बनाकर, डाउनट्रेंड से अपट्रेंड में आ रहा है।

डाउनट्रेंड में बुलिश प्राइस पैटर्न बनने पर क्या होता है?

उम्मीद है अब आप समझ चुके हैं। डाउनट्रेंड में बुलिश प्राइस पैटर्न बनने पर स्टॉक का ट्रेंड बदल जाता है। स्टॉक डाउनट्रेंड से अपट्रेंड में आने लगता है।

ट्रेंड पैटर्न और प्राइस पैटर्न

अगर आप शेयर मार्केट में नए हैं तब ट्रेडिंग के दौरान, स्टॉक के चार्ट पर ट्रेंड पैटर्न के साथ-साथ प्राइस पैटर्न भी पहचानने की कोशिश करें और हमेशा याद रखें **"अगर कोई स्टॉक अपट्रेंड में है तब वह कोई न कोई बेयरिश प्राइस पैटर्न बनाकर ही डाउनट्रेंड में आता है। और अगर कोई स्टॉक डाउन ट्रेंड में है तब वह कोई न कोई बुलिश प्राइस पैटर्न बनाकर ही अपट्रेंड में जाता है।"**

अध्याय: 13

चार्ट और टाइम फ्रेम

चार्ट क्या है?

चार्ट, स्टॉक या इंडेक्स की प्राइस मूवमेंट का ग्राफीय प्रदर्शन होता है। टेक्निकल एनालिसिस मुख्यतः चार्ट पर ही किये जाते हैं।

टाइम फ्रेम...

टेक्निकल एनालिसिस मुख्यतः कैंडलस्टीक चार्ट पर किये जाते हैं लेकिन कैंडलस्टीक चार्ट के साथ-साथ, चार्ट का टाइम फ्रेम टेक्निकल एनालिसिस में अहम् भूमिका निभाते हैं। इस अध्याय में हम चार्ट के अलग-अलग टाइम फ्रेम को समझेंगे।

चार्ट के टाइम फ्रेम को कितने भागों में बांटा गया है?

चार्ट के टाइम फ्रेम को तीन भागों में बांटा गया है।

- शॉर्ट टर्म टाइम फ्रेम: **1m** (एक मिनट), **2m** (दो मिनट), **3m** (तीन मिनट), **5m** (पांच मिनट), **10m** (दस मिनट), **15m** (पंद्रह मिनट) और **30m** (तीस मिनट)
- मीडियम टर्म टाइम फ्रेम: **1H** (एक घंटा), **2H** (दो घंटा), **3H** (तीन घंटा), **4H** (चार घंटा)
- लॉन्ग टर्म टाइम फ्रेम: **1D** (एक दिन), **1W** (एक सप्ताह), **1M** (एक महीना)

शॉर्ट टर्म टाइम फ्रेम, मीडियम टर्म टाइम फ्रेम और लॉन्ग टर्म टाइम फ्रेम के चार्ट में क्या अंतर होता है? आइये इसे उदाहरण से समझें।

शॉर्ट टर्म टाइम फ्रेम का चार्ट

अगर आप किसी भी स्टॉक या इंडेक्स का **शॉर्ट टर्म टाइम फ्रेम** (जैसे 10 मिनट) का चार्ट देख रहे हो तो इसका मतलब है उस चार्ट में हर कैंडल 10 मिनट की है।

- अगर कैंडल बुलिश है तो इसका मतलब है पिछले दस मिनटों से (10m) स्टॉक में केवल खरीदारी (बाईंग) हुई है।
- और अगर कैंडल बेयरिश है तो इसका मतलब है पिछले दस मिनटों से (10m) स्टॉक में केवल बिकावली (शॉर्ट सेलिंग) हुई है।

मीडियम टर्म टाइम फ्रेम का चार्ट

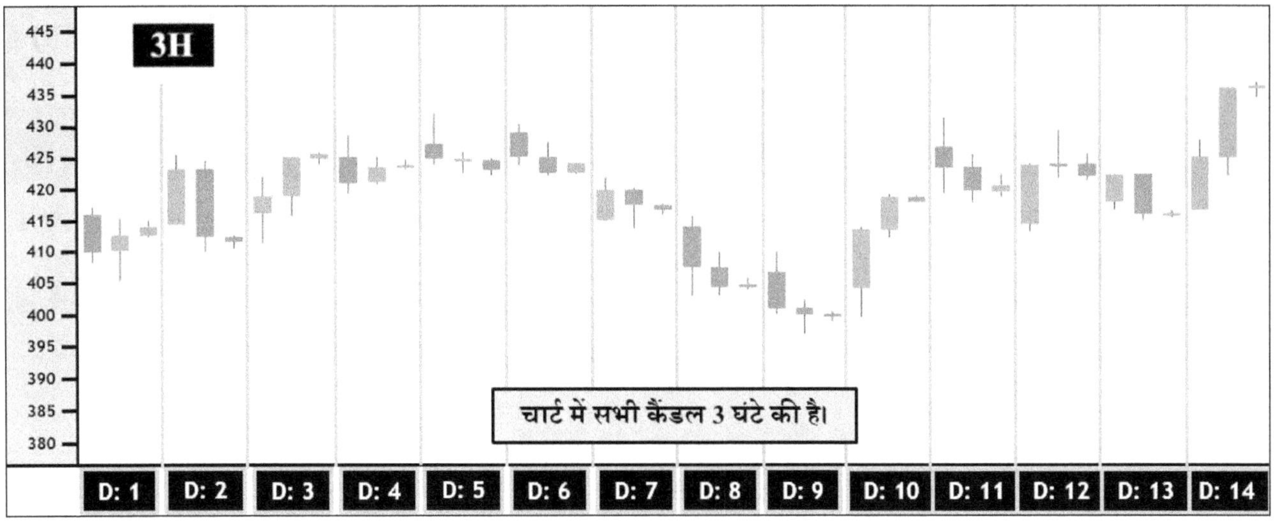

अगर आप किसी भी स्टॉक या इंडेक्स का मीडियम टर्म टाइम फ्रेम (जैसे 3 घंटे) का चार्ट देख रहे हो तो इसका मतलब है उस चार्ट में हर कैंडल 3 घंटे की है।

- अगर कैंडल बुलिश है तो इसका मतलब है पिछले तीन घंटो से (3H) स्टॉक में केवल खरीदारी (बाईंग) हुई है।
- और अगर कैंडल बेयरिश है तो इसका मतलब है पिछले तीन घंटों से (3H) स्टॉक में केवल बिकावली (शॉर्ट सेलिंग) हुई है।

लॉन्ग टर्म टाइम फ्रेम का चार्ट

अगर आप किसी भी स्टॉक या इंडेक्स का **लॉन्ग टर्म टाइम फ्रेम** (जैसे 1 दिन) का चार्ट देख रहे हो तो इसका मतलब है उस चार्ट में हर कैंडल 1 दिन की है।

- अगर कैंडल बुलिश है तो इसका मतलब है उस दिन (1D) स्टॉक में केवल खरीदारी (बाईंग) हुई है।
- और अगर कैंडल बेयरिश है तो इसका मतलब है उस दिन (1D) स्टॉक में केवल बिकावली (शॉर्ट सेलिंग) हुई है।

अलग-अलग टाइम फ्रेम के चार्ट में प्राइस पैटर्न

हमनें, बेयरिश प्राइस पैटर्न और बुलिश प्राइस पैटर्न को समझ लिया है। आइये अब अलग-अलग टाइम फ्रेम के चार्ट में प्राइस पैटर्न (बेयरिश प्राइस पैटर्न और बुलिश प्राइस पैटर्न) को समझते हैं।

शॉर्ट टर्म चार्ट में प्राइस पैटर्न

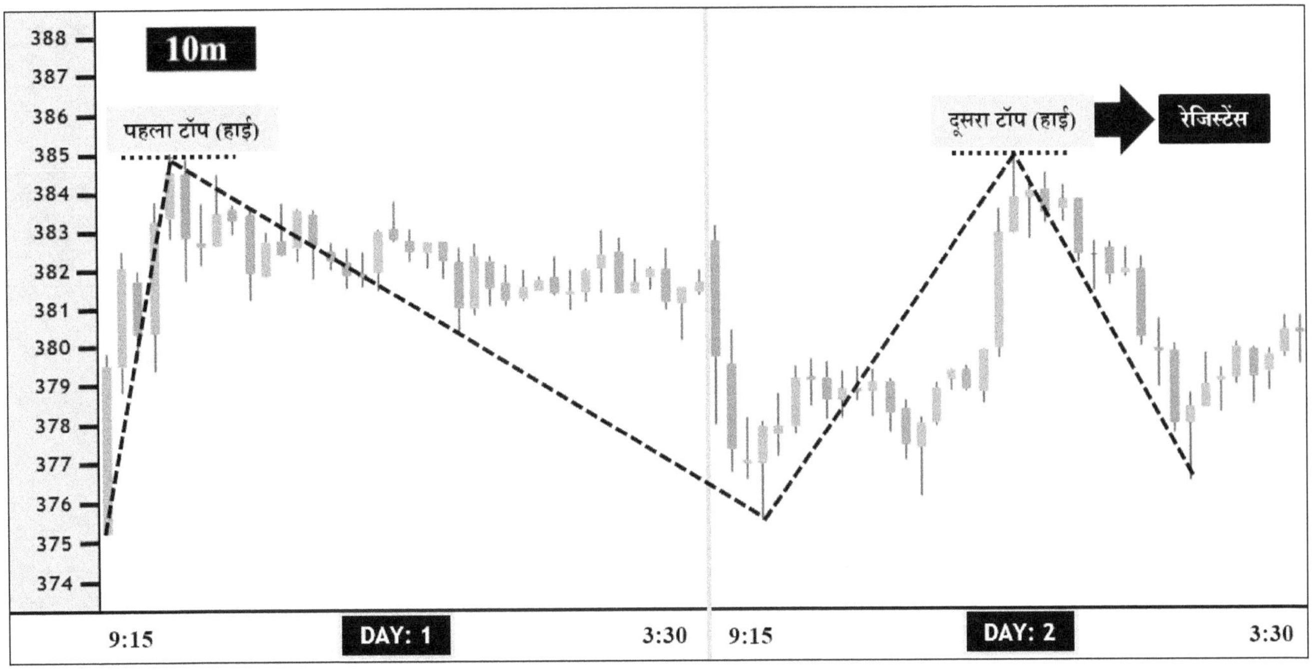

शॉर्ट टर्म चार्ट में सब कुछ बहुत जल्दी होता है। स्टॉक बहुत जल्दी बढ़ता है और स्टॉक बहुत जल्दी गिरता है।

चार्ट में देखकर समझिये। स्टॉक ने पहले दिन पहला हाई लेवल बनाया और दूसरे दिन दूसरा हाई लेवल बनाया। दो दिन में, बेयरिश प्राइस पैटर्न पूरा हो गया।

मीडियम टर्म चार्ट में प्राइस पैटर्न

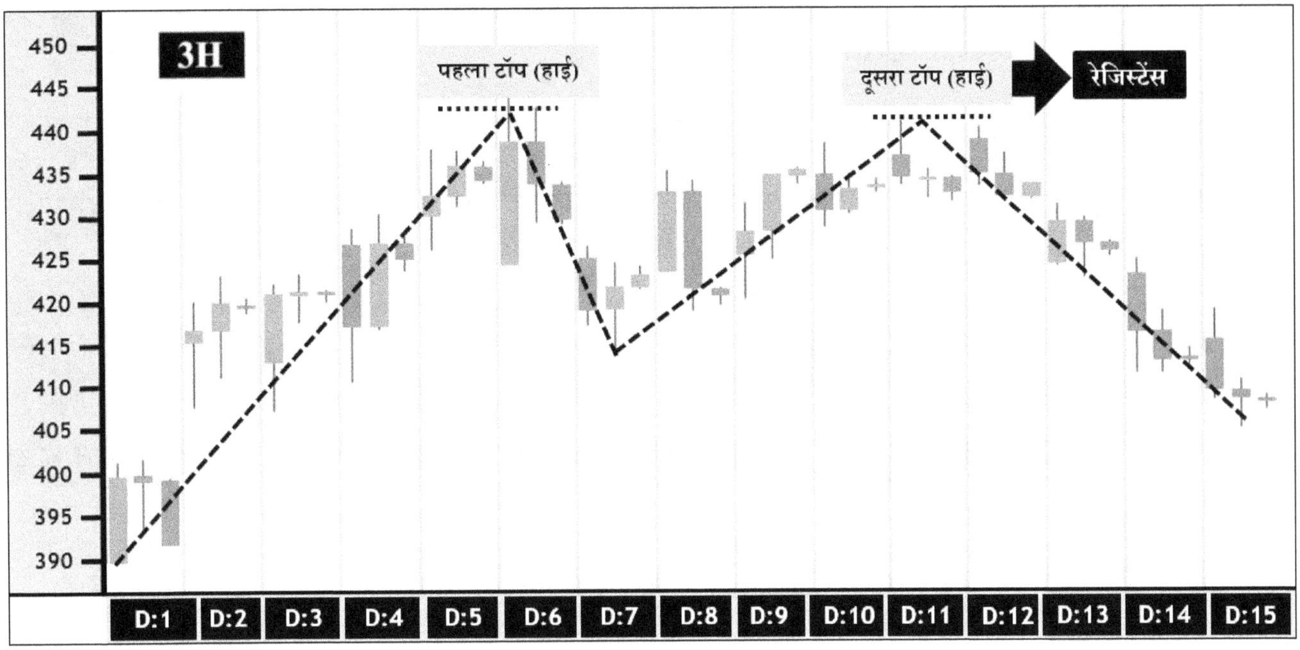

मीडियम टर्म चार्ट में सब कुछ थोड़ा धीरे-धीरे होता है। शॉर्ट टर्म चार्ट की तुलना में, स्टॉक धीरे-धीरे बढ़ता है और धीरे-धीरे गिरता है।

चार्ट में देखकर समझिये। स्टॉक ने **छठे दिन (D:6)** पहला हाई लेवल बनाया और **ग्यारवें दिन (D:11)** दूसरा हाई लेवल बनाया। यहाँ पांच दिनों में, बेयरिश प्राइस पैटर्न पूरा हुआ।

लॉन्ग टर्म चार्ट में प्राइस पैटर्न

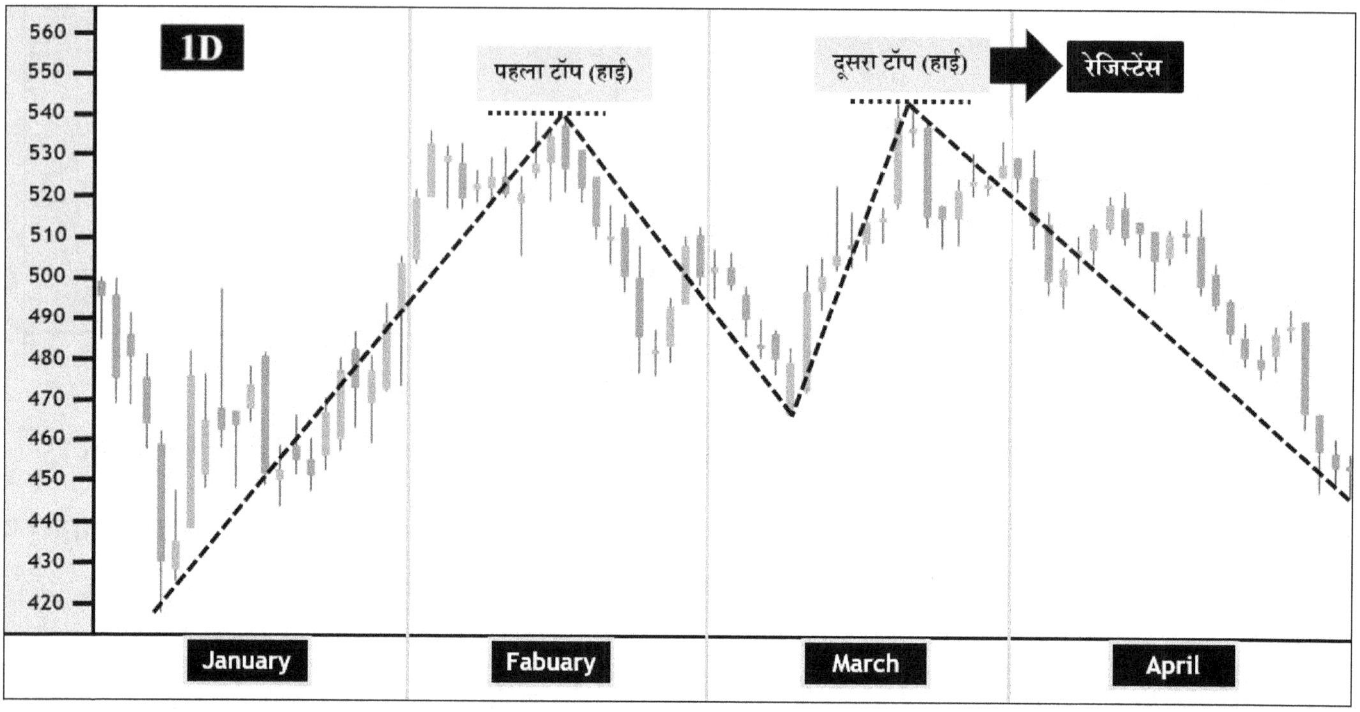

लॉन्ग टर्म चार्ट में सब कुछ बहुत धीरे-धीरे होता है। शॉर्ट टर्म और मीडियम टर्म चार्ट की तुलना में, स्टॉक बहुत धीरे-धीरे बढ़ता है और बहुत धीरे-धीरे गिरता है।

चार्ट में देखकर समझिये।

स्टॉक ने फरवरी महीने में पहला हाई लेवल बनाया और मार्च महीने दूसरा हाई लेवल बनाया। यहाँ, दो महीने में बेयरिश प्राइस पैटर्न पूरा हुआ।

नए लोगों की समस्या

शेयर मार्केट में, जब भी कोई पहली बार काम करने आता है। बहुत ही मासूम सा सवाल पूछता है "मैं कौन से टाइम फ्रेम का चार्ट देखूं?"

अगर आपके मन में भी यही मासूम-सा सवाल है तो इसका एक बेहतरीन जवाब मेरी ओर से सुन लीजिये।

"शेयर मार्केट में केवल तीन चीज़े मायने रखती है।"

1. पैटर्न
2. मकसद
3. और टाइम फ्रेम।

आइये इन तीनों बातों को विस्तार से समझें।

1......पैटर्न (उदाहरण)

अगर आप शेयर मार्केट में बिल्कुल नए हैं तब सबसे पहले, अलग-अलग टाइम फ्रेम के चार्ट पर केवल प्राइस पैटर्न और ट्रेंड पैटर्न को समझने की कोशिश कीजिये।

बुलिश प्राइस पैटर्न

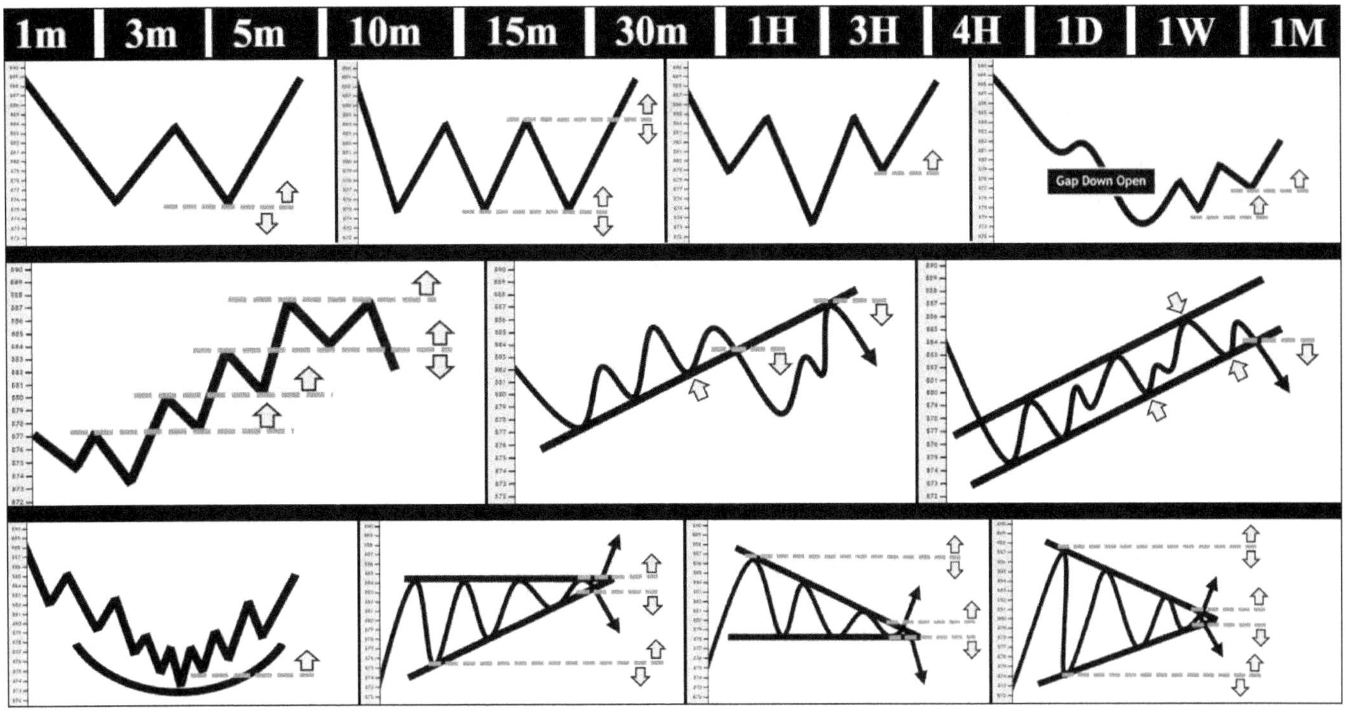

चार्ट में देखकर समझिये। **आपको बुलिश प्राइस पैटर्न सभी टाइम फ्रेम के चार्ट पर मिलेगा।**

इसलिए याद रखें:-

- अगर आपको 1m, 2m, 3m, 5m या 10m वाले चार्ट पर कोई भी बुलिश प्राइस पैटर्न मिल गया तो वह पैटर्न कुछ मिनटों या कुछ घंटों में ही पूरा हो जायेगा।

- अगर आपको 1H, 2H, 3H, 4H वाले चार्ट पर कोई भी बुलिश प्राइस पैटर्न मिल गया तो वह पैटर्न कुछ घंटों या कुछ दिनों में पूरा होगा।
- और अगर आपको 1D, 1W, 1M वाले चार्ट पर कोई भी बुलिश प्राइस पैटर्न मिल गया तो वह पैटर्न कुछ हफ़्तों या कुछ महीनों में पूरा होगा।

बेयरिश प्राइस पैटर्न

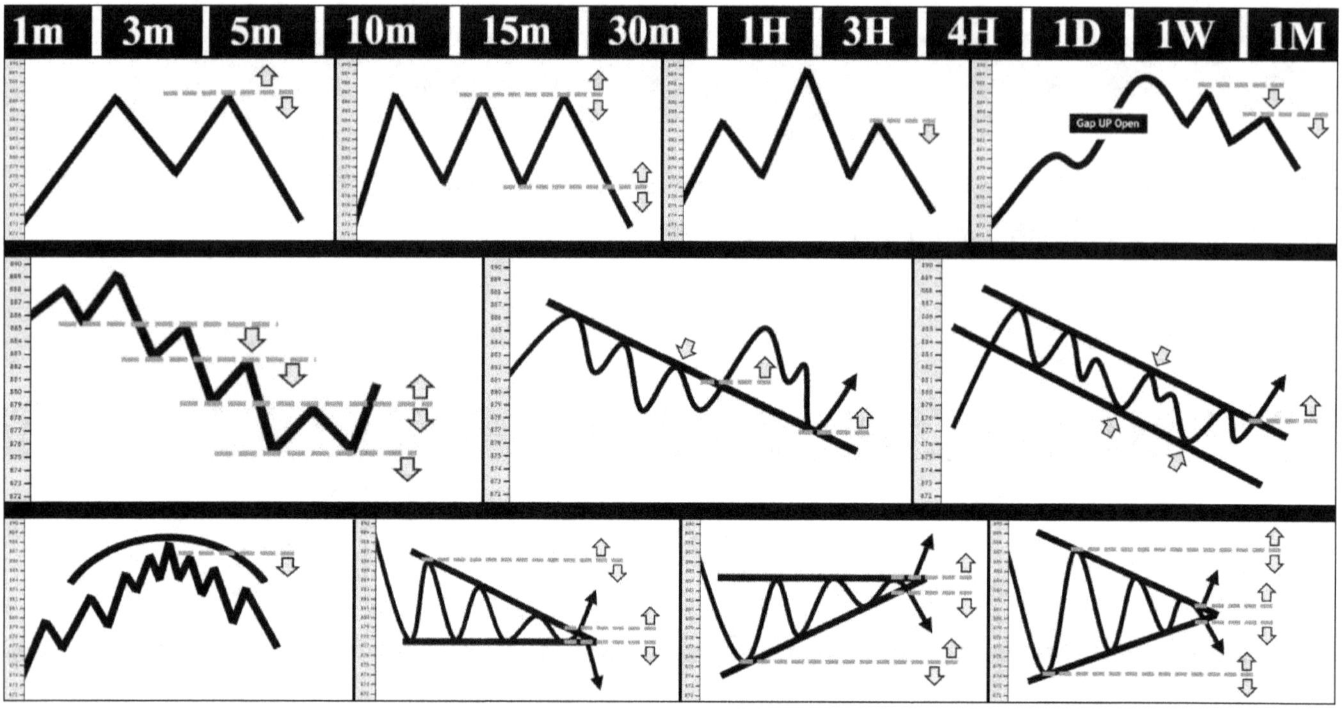

चार्ट में देखकर समझिये। **आपको बेयरिश प्राइस पैटर्न सभी टाइम फ्रेम के चार्ट पर मिलेगा।**

इसलिए याद रखें:-

- अगर आपको 1m, 2m, 3m, 5m या 10m वाले चार्ट पर कोई भी बेयरिश प्राइस पैटर्न मिल गया तो वह पैटर्न कुछ मिनटों या कुछ घंटों में ही पूरा हो जायेगा।
- अगर आपको 1H, 2H, 3H, 4H वाले चार्ट पर कोई भी बेयरिश प्राइस पैटर्न मिल गया तो वह पैटर्न कुछ घंटों या कुछ दिनों में पूरा होगा।
- और अगर आपको 1D, 1W, 1M वाले चार्ट पर कोई भी बेयरिश प्राइस पैटर्न मिल गया तो वह पैटर्न कुछ हफ़्तों या कुछ महीनों में पूरा होगा।

ट्रेंड पैटर्न

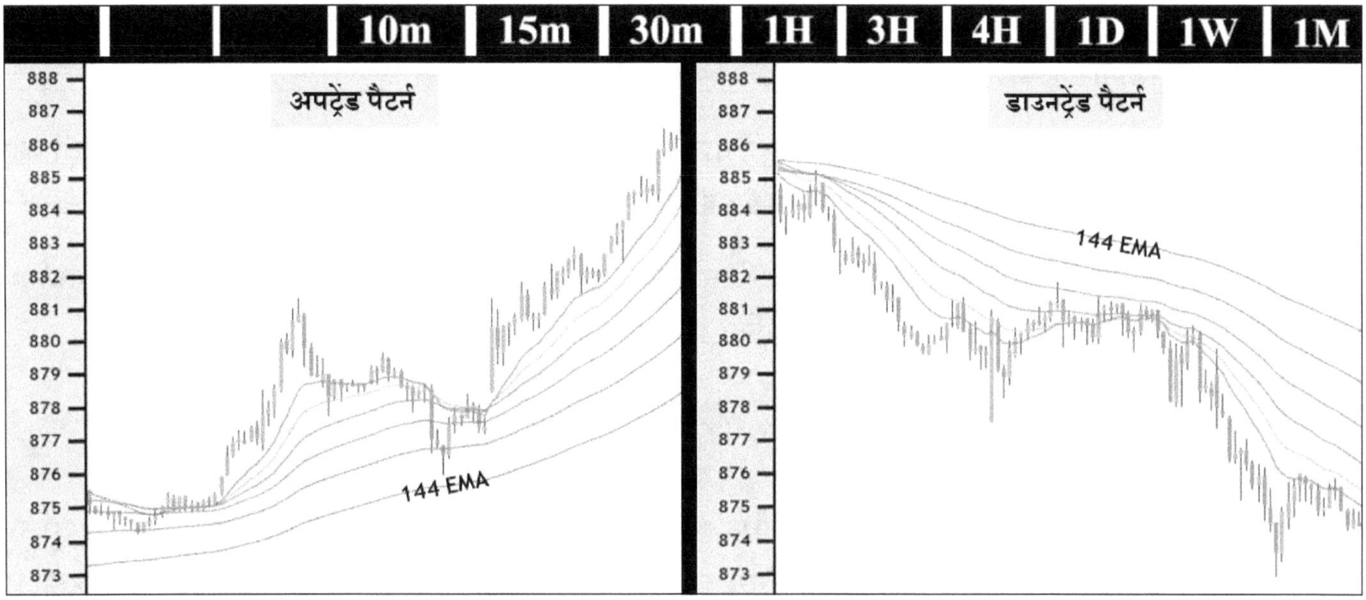

चार्ट में देखकर समझिये। **आपको ट्रेंड पैटर्न सभी टाइम फ्रेम के चार्ट पर मिलेगा।**

इसलिए याद रखें:-

- अगर आपको 10m, 15m या 30m वाले चार्ट पर अपट्रेंड पैटर्न या डाउनट्रेंड पैटर्न मिल गया तो वह पैटर्न कुछ घंटों में ही बदल जायेगा। अगर स्टॉक अपट्रेंड में है तो वह डाउनट्रेंड में आ जायेगा और अगर स्टॉक डाउनट्रेंड में है तो वह अपट्रेंड में आ जायेगा।
- अगर आपको 1H, 2H, 3H, 4H वाले चार्ट पर अपट्रेंड पैटर्न या डाउनट्रेंड पैटर्न मिल गया तो वह पैटर्न कुछ घंटों या कुछ दिनों में बदल जायेगा।
- और अगर आपको 1D, 1W, 1M वाले चार्ट पर अपट्रेंड पैटर्न या डाउनट्रेंड पैटर्न मिल गया तो वह पैटर्न कुछ हफ़्तों या कुछ महीनों में बदलेगा।
- ट्रेंड पैटर्न हमेशा 10m या उससे अधिक के टाइम फ्रेम में ही देखें।

2......मकसद

महीनों या सालों की मेहनत के बाद, जब आप प्राइस पैटर्न और ट्रेंड पैटर्न को समझने और पहचानने लगें तब अपने मकसद को चुनिए। आप शेयर मार्केट में क्यों आये हैं? आप क्या करना चाहते हैं!!!!!!! इंट्राडे ट्रेडिंग? स्विंग ट्रेडिंग या पोज़िशनल ट्रेडिंग? या निवेश?

3……टाइम फ्रेम

अगर आप इंट्राडे ट्रेडिंग करना चाहते हैं तब 1, 3, 5, 10, 15, और 30 मिनट के चार्ट में प्राइस पैटर्न और ट्रेंड पैटर्न को समझ कर इंट्राडे ट्रेडिंग कीजिए।

अगर आप स्विंग ट्रेडिंग या पोज़िशनल ट्रेडिंग करना चाहते हैं तब 1, 2, 3, और 4 घंटे के चार्ट में प्राइस पैटर्न और ट्रेंड पैटर्न समझ कर स्विंग ट्रेडिंग या पोज़िशनल ट्रेडिंग कीजिए।

अगर आप किसी स्टॉक में कुछ महीनों या सालों के लिए निवेश करना चाहते हैं तब 1 दिन या 1 सप्ताह के चार्ट पर प्राइस पैटर्न और ट्रेंड पैटर्न को समझ कर निवेश कीजिए।

अंत मे,

शेयर मार्केट में पैटर्न, ट्रेडिंग सेटअप और अनुभव से पैसा कमाया जाता है। टाइम फ्रेम कोई मायने नहीं रखते हैं। बुलिश या बेयरिश प्राइस पैटर्न आपको सभी टाइम फ्रेम में मिल जायेंगे। चाहे आप 1 मिनट का चार्ट देख लो। चाहे आप 10 मिनट का चार्ट देख लो। चाहे आप 3 घंटे का चार्ट देख लो। चाहे आप 1 दिन का चार्ट देख लो।

इसी तरह ट्रेंड पैटर्न भी (अपट्रेंड पैटर्न, डाउन ट्रेंड पैटर्न, चढ़ाव पैटर्न और स्लाइड पैटर्न) आपको सभी टाइम फ्रेम में मिल जायेंगे। चाहे आप 1 मिनट का चार्ट देख लो। चाहे आप 10 मिनट का चार्ट देख लो। चाहे आप 3 घंटे का चार्ट देख लो। चाहे आप 1 दिन का चार्ट देख लो।

इसलिए अगर आप शेयर मार्केट में बिल्कुल नए हैं तो टाइम फ्रेम के चक्कर में नहीं पड़ें। सबसे पहले अपने मकसद को चुनिए फिर अपने मकसद के अनुसार टाइम फ्रेम में प्राइस पैटर्न और ट्रेंड पैटर्न को समझ कर इंट्राडे ट्रेडिंग, स्विंग ट्रेडिंग या निवेश कीजिये।

अध्याय: 14

फिबोनाची रिट्रेसमेंट इंडिकेटर (FRI)

फिबोनाची रिट्रेसमेंट इंडिकेटर

फिबोनाची रिट्रेसमेंट इंडिकेटर हमें, स्टॉक का रिट्रेसमेंट लेवल (सपोर्ट या रेजिस्टेंस) बताता है। इस अध्याय में, हम फिबोनाची रिट्रेसमेंट इंडिकेटर को विस्तार से समझेंगे।

फिबोनाची रिट्रेसमेंट इंडिकेटर का चित्र

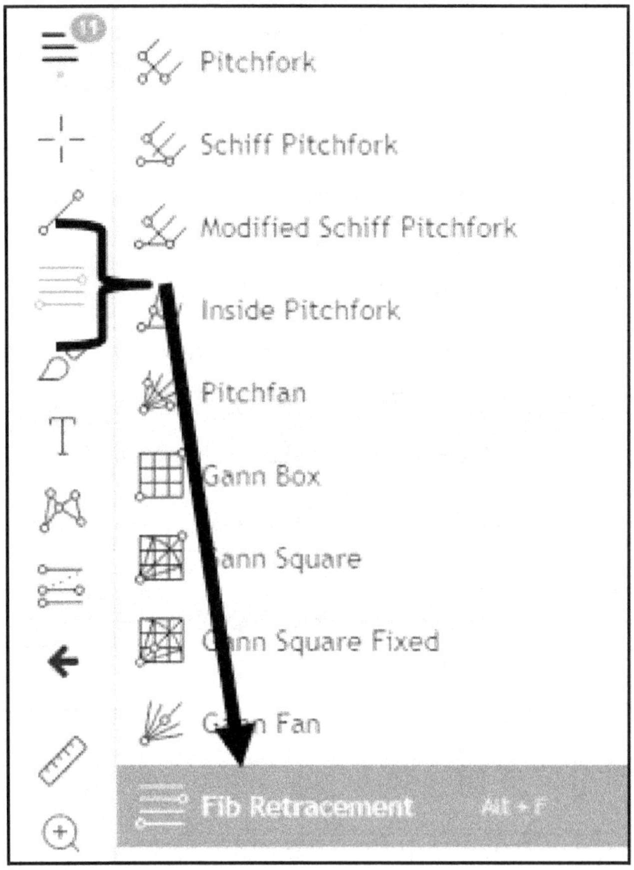

नए ट्रेडर फिबोनाची रिट्रेसमेंट इंडिकेटर को इंडिकेटर की लिस्ट में ढूँढ़ते रहते हैं। मैं आपको बताना चाहता हूँ, फिबोनाची रिट्रेसमेंट इंडिकेटर को ट्रेडिंग सॉफ्टवेयर में इंडिकेटर की लिस्ट में शामिल नहीं किया जाता है। ये आपको अलग से चार्ट पर ही दिखाई देगा।

ये चित्र TradingView.com या in.investing.com का है।

फिबोनाची रिट्रेसमेंट इंडिकेटर के तीन लेवल

फिबोनाची रिट्रेसमेंट इंडिकेटर के तीन लेवल होते हैं। नार्मल लेवल, नेगटिव लेवल और एक्स्ट्रा पॉज़िटिव लेवल।

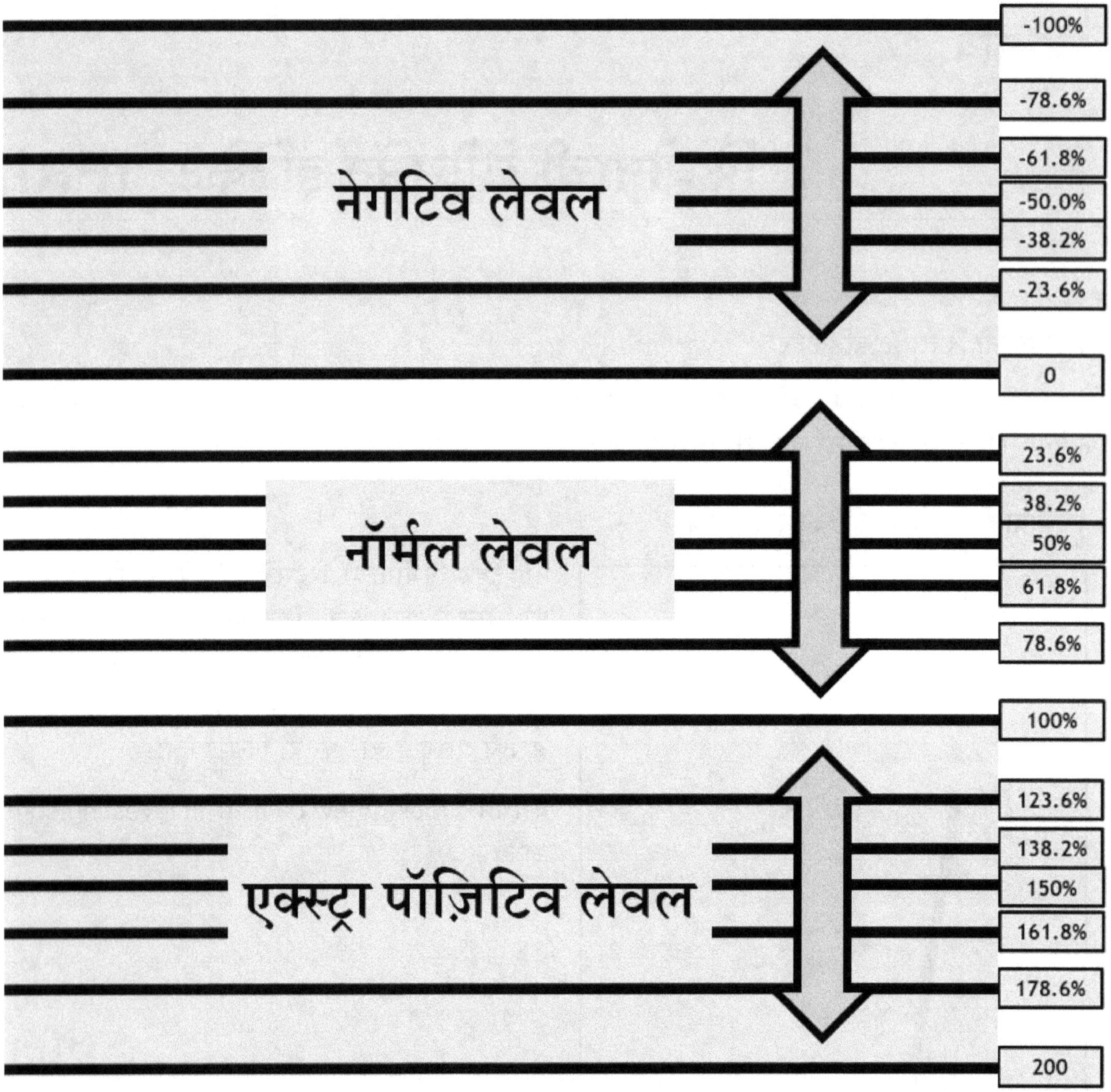

- 0 से 100% के बीच, फिबोनाची रिट्रेसमेंट लेवल को नार्मल लेवल कहते हैं।
- 0 से -100% के बीच, फिबोनाची रिट्रेसमेंट लेवल को नेगटिव लेवल कहते हैं।
- 100% से 200% के बीच, फिबोनाची रिट्रेसमेंट लेवल को एक्स्ट्रा पॉज़िटिव लेवल कहते हैं।

नेगटिव लेवल और एक्स्ट्रा पॉज़िटिव लेवल की सेटिंग

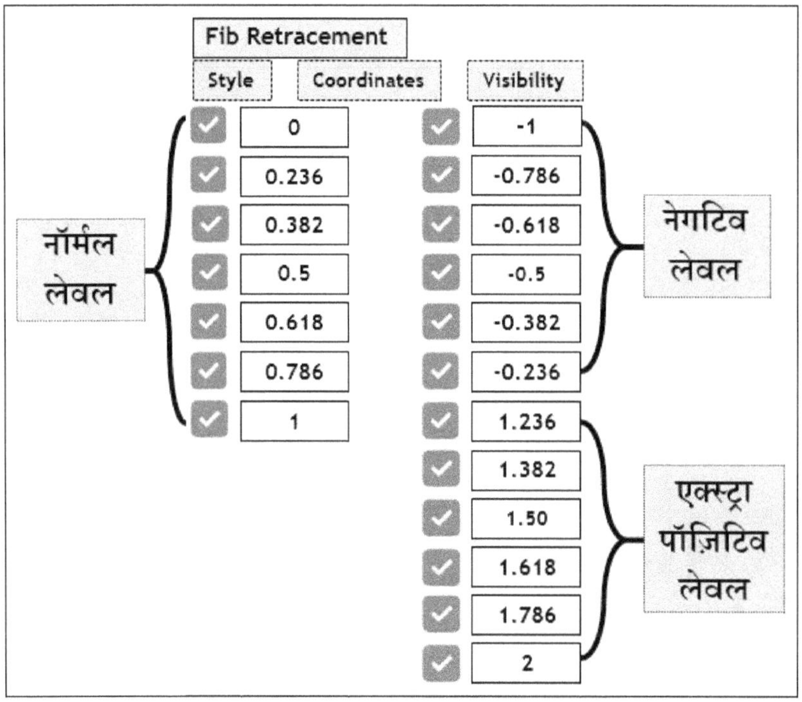

ज़्यादातर ट्रेडिंग सॉफ्टवेयर में, केवल नॉर्मल फिबोनाची रिट्रेसमेंट लेवल की सेटिंग होती है।

आपको नेगटिव लेवल और एक्स्ट्रा पॉज़िटिव लेवल की सेटिंग खुद करनी पड़ेगी। आप इस चार्ट को देखकर in.tradingview.com या in.investing.com वेबसाइट में, फिबोनाची नेगटिव लेवल और पॉज़िटिव लेवल की सही सेटिंग कर सकते हैं।

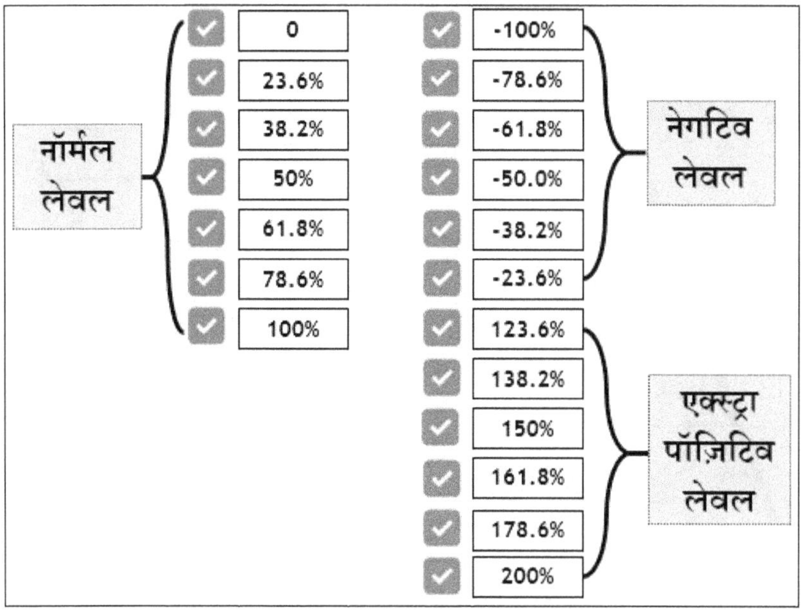

आप इस चार्ट को देखकर भारतीय स्टॉक ब्रोकर के ट्रेडिंग प्लेटफॉर्म में, फिबोनाची नेगटिव लेवल और पॉज़िटिव लेवल की सही सेटिंग कर सकते हैं।

अध्याय: 15

बढ़ने वाले स्टॉक में रिट्रेसमेंट लेवल

रिट्रेसमेंट लेवल हमें क्या बताता है?

रिट्रेसमेंट लेवल हमें, स्टॉक या इंडेक्स का सपोर्ट और रेजिस्टेंस बताता है।

बढ़ने वाले स्टॉक में, रिट्रेसमेंट लेवल कैसे निकालते हैं?

फिबोनाची रिट्रेसमेंट लेवल निकालने के दो तरीके हैं। आइये इसे समझते हैं।

पहला तरीक़ा: लो लेवल से हाई लेवल

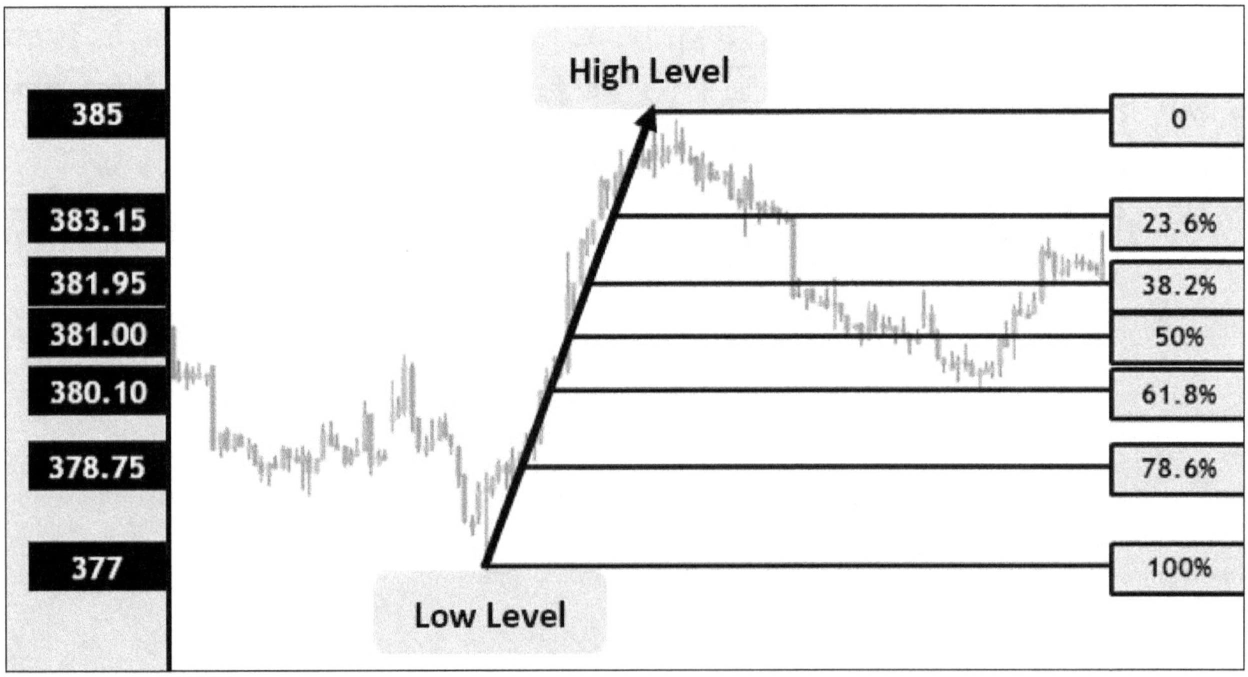

जहाँ से स्टॉक ने बढ़ना शुरू किया हो उसे लो लेवल माना जाता है और जहाँ से स्टॉक ने गिरना शुरू किया हो उसे हाई लेवल माना जाता है।

आप स्टॉक के किसी भी **लो लेवल** से **हाई लेवल** तक फिबोनाची रिट्रेसमेंट लाइन खींच दीजिये। (चार्ट में देखिये) ये इंडिकेटर आपको फिबोनाची रिट्रेसमेंट लेवल (FRL) बता देगा।

दूसरा तरीक़ा: लो लेवल से हायर हाई

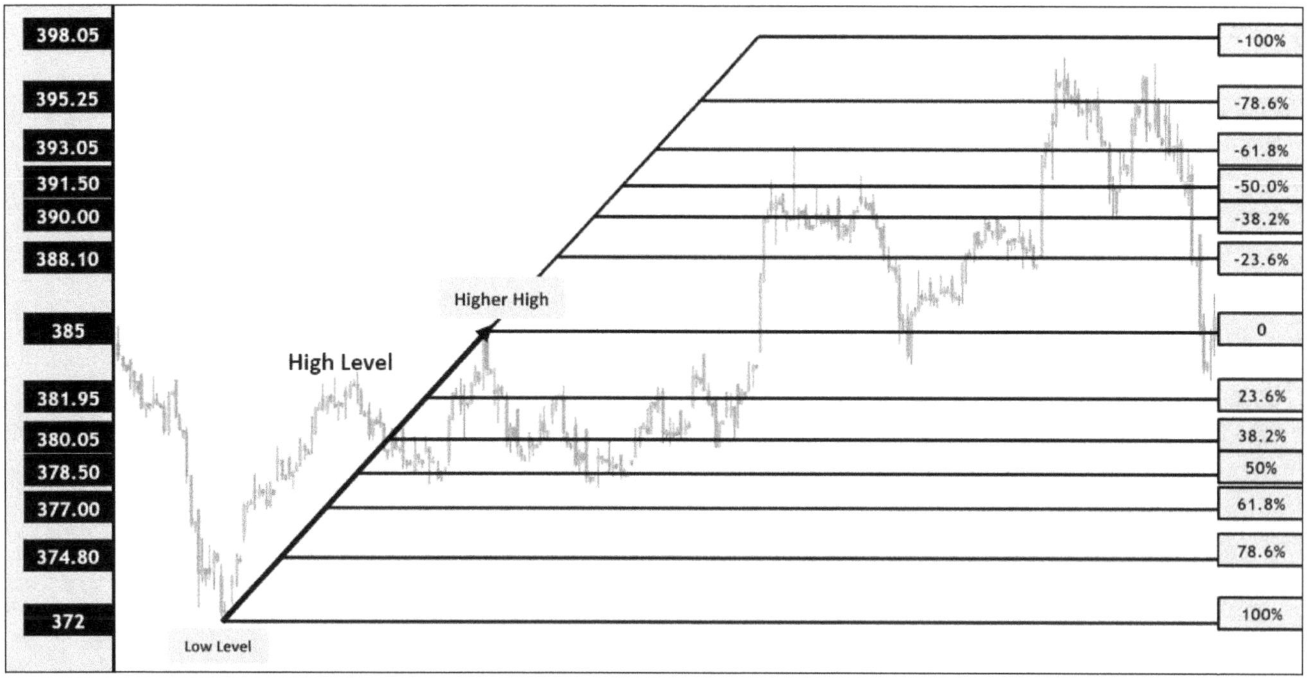

आप स्टॉक के किसी भी लो लेवल (LOW) से हायर हाई (HH) लेवल तक फिबोनाची रिट्रेसमेंट लाइन खींच दीजिये। (चार्ट में देखिये) ये इंडिकेटर आपको फिबोनाची रिट्रेसमेंट लेवल (FRL) बता देगा।

अब एक महत्वपूर्ण बात समझिये।

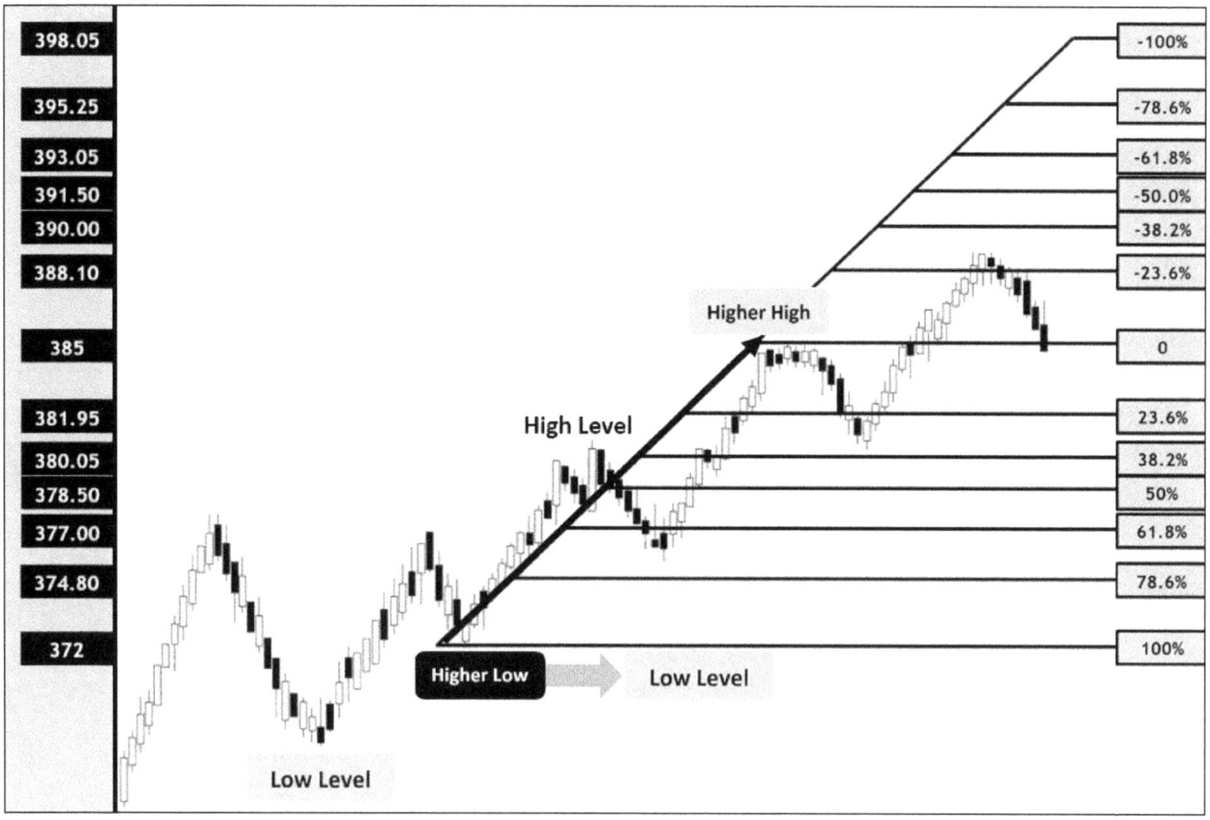

दूसरे तरीक़े में, स्टॉक या इंडेक्स के किसी भी हायर लो (HL) लेवल को सिर्फ़ लो (LOW) लेवल ही मानते हैं। इसलिए, जब आप किसी भी लो लेवल या हायर लो लेवल को चुनें तब उस लेवल से हायर हाई लेवल तक फिबोनाची रिट्रेसमेंट लाइन खींचे। (चार्ट में देखिये)

पहले और दूसरे तरीक़े में क्या अंतर है?

आइए इसे अगले अध्याय में विस्तार से समझें।

अध्याय: 16

लो लेवल से हाई लेवल

फिबोनाची रिट्रेसमेंट इंडिकेटर का उपयोग, स्टॉक या इंडेक्स का सपोर्ट लेवल और रेजिस्टेंस लेवल जानने के लिए किया जाता है। हम, इस इंडिकेटर का उपयोग सभी टाइम फ्रेम में कर सकते हैं।

लो लेवल से हाई लेवल: सपोर्ट (शॉर्ट टाइम फ्रेम)

पहला तरीक़ा

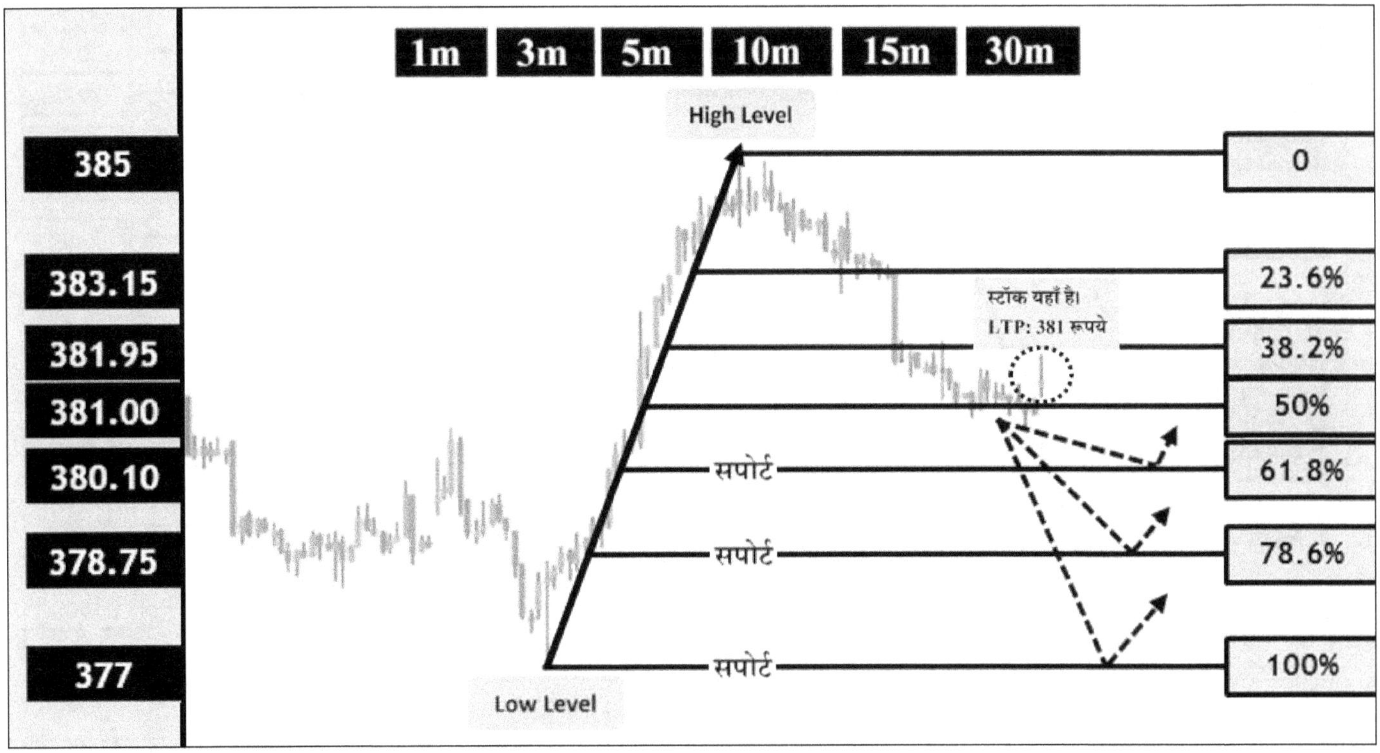

चार्ट में देखिए। मैंने लो लेवल (377 रूपये) से हाई लेवल (385 रूपये) तक फिबोनाची रिट्रेसमेंट लाइन खींचा है।

याद रखें। स्टॉक की वर्तमान क़ीमत (LTP) से नीचे जितने भी रिट्रेसमेंट लेवल होते हैं उन्हें स्टॉक का सपोर्ट माना जाता है।

यहाँ स्टॉक की वर्तमान क़ीमत (LTP) 381 रूपये है। इसलिए नार्मल रिट्रेसमेंट लेवल, 61.8% (380.10 रूपये), 78.6% (378.75 रूपये) और 100% (377 रूपये), स्टॉक का सपोर्ट लेवल है। अगर स्टॉक 381 रूपये से नीचे गिरने लगे तब इनमें से किसी भी रिट्रेसमेंट लेवल पर सपोर्ट लेकर बढ़ सकता है।

शॉर्ट टाइम फ्रेम में, अगर आपको स्टॉक 61.8%, 78.6% या 100% रिट्रेसमेंट लेवल के आसपास मिले तब आप उसे खरीद सकते हैं। (स्टॉपलॉस के साथ)

लो लेवल से हाई लेवल: रेजिस्टेंस (शॉर्ट टाइम फ्रेम)

पहला तरीक़ा

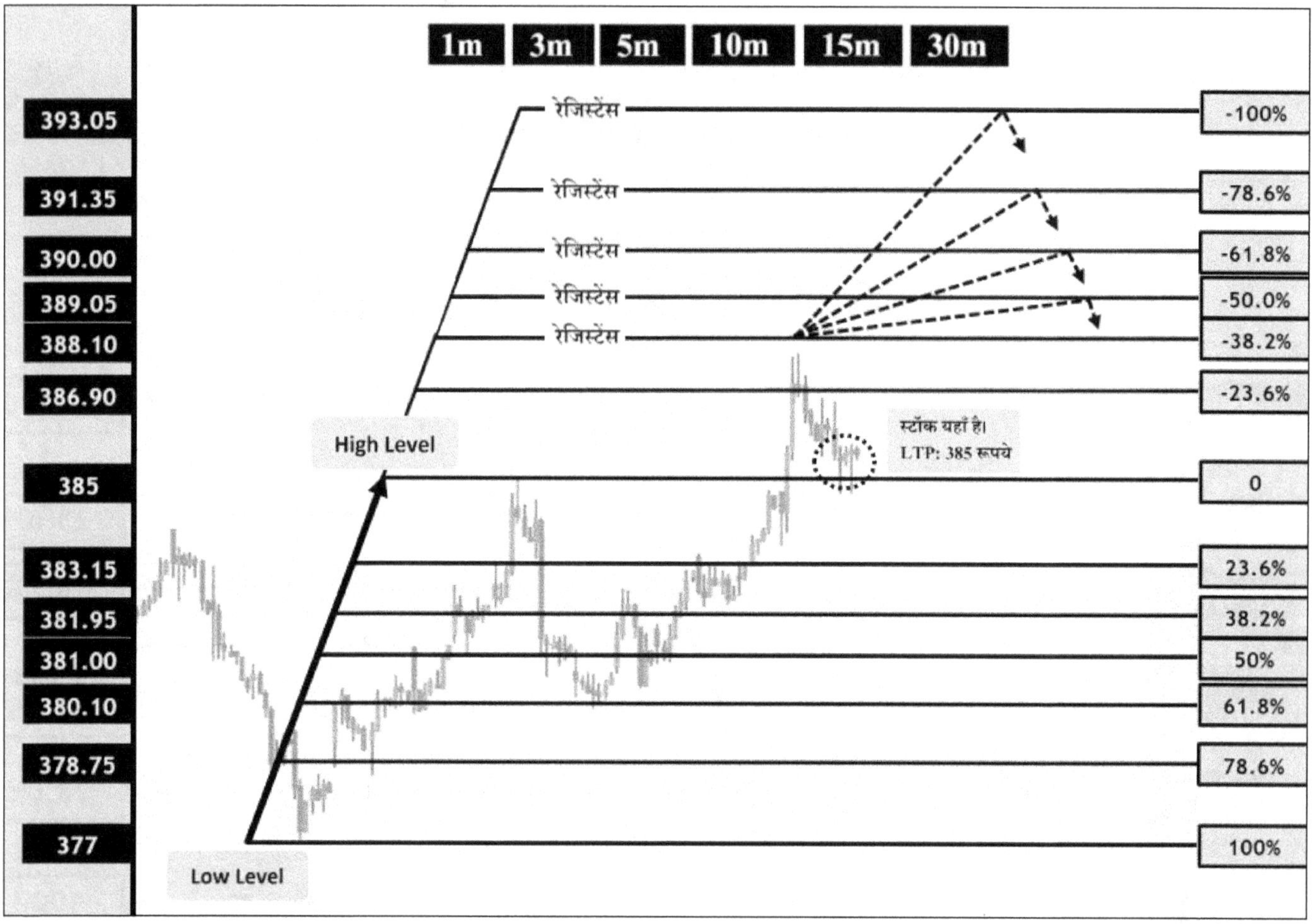

चार्ट में देखिए। मैंने लो लेवल (377 रूपये) से हाई लेवल (385 रूपये) तक फिबोनाची रिट्रेसमेंट लाइन खींचा है।

याद रखें। स्टॉक की वर्तमान क़ीमत (LTP) से ऊपर जितने भी रिट्रेसमेंट लेवल होते हैं उन्हें स्टॉक का रेजिस्टेंस माना जाता है।

यहाँ स्टॉक की वर्तमान क़ीमत (LTP) 385 रूपये है। इसलिए नेगटिव रिट्रेसमेंट लेवल, -23.6% (386.90 रूपये), -38.2% (388.10 रूपये), -50% (389.05 रूपये), -61.8% (390 रूपये), -78.6% (391.35 रूपये), और -100% (393.05 रूपये), स्टॉक का रेजिस्टेंस लेवल है।

अगर स्टॉक 385 रूपये से ऊपर बढ़ने लगे तब इनमें से किसी भी रिट्रेसमेंट लेवल के पास पहुँच गिर सकता है।

शॉर्ट टाइम फ्रेम में, अगर कोई स्टॉक या इंडेक्स -23.6%, -38.2%, -50%, -61.8%, -78.6% या -100% नेगटिव रिट्रेसमेंट लेवल के आसपास मिले तब आप उसे शॉर्ट कर सकते हैं। (स्टॉपलॉस के साथ)

लॉन्गर टाइम फ्रेम में, फिबोनाची रिट्रेसमेंट इंडिकेटर (FRI) का उपयोग कैसे करना चाहिए?

पहला स्टेप: सपोर्ट और रेजिस्टेंस (लॉन्गर टाइम फ्रेम)

लॉन्गर टाइम फ्रेम के चार्ट पर, आपको केवल सपोर्ट और रेजिस्टेंस लेवल देखना है। (चार्ट देखकर समझिये)

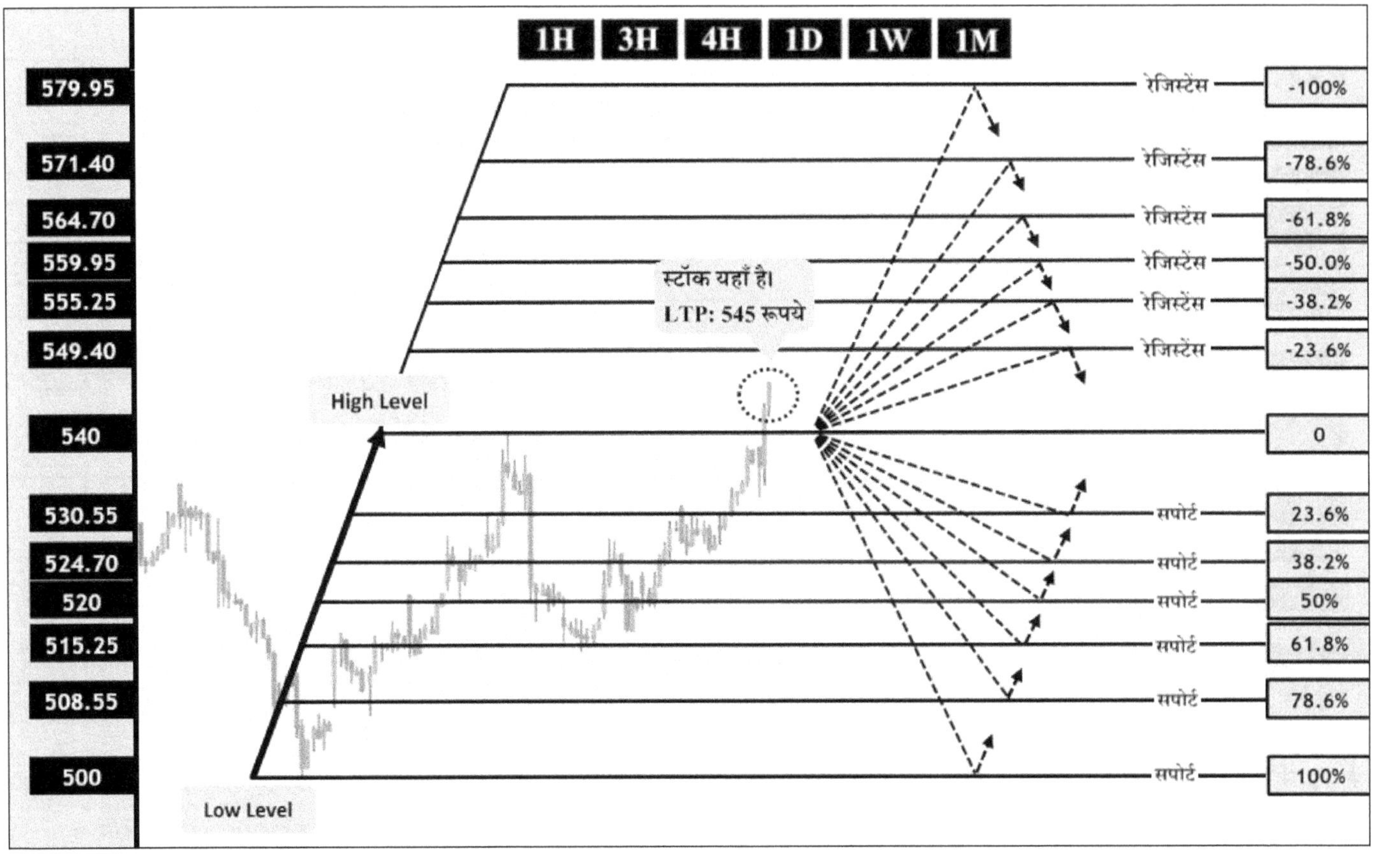

आप लॉन्गर टाइम फ्रेम के चार्ट पर (जैसे 1H, 3H, 4H, 1D या 1W में), स्टॉक के किसी भी लो लेवल से हाई लेवल तक फिबोनाची रिट्रेसमेंट लाइन खींच लीजिये।

चार्ट में देखिये। **स्टॉक की वर्तमान क़ीमत** (LTP) 545 **रूपये है।**

यहाँ नेगटिव रिट्रेसमेंट लेवल, -23.6% (549.40 रूपये), -38.2% (555.25 रूपये),

-50% (559.95 रूपये), -61.8% (564.70 रूपये), -78.6% (571.40 रूपये), और -100% (579.95 रूपये), **स्टॉक का रेजिस्टेंस लेवल है।** स्टॉक में, इन लेवल के पास पहुँच कर गिरावट हो सकती है।

इसी तरह,

नार्मल रिट्रेसमेंट लेवल, 23.6% (530.55 रूपये), 38.2% (524.70 रूपये), 50% (520 रूपये), 61.8% (515.25 रूपये), 78.6% (508.55 रूपये), और 100% (500 रूपये), **स्टॉक का सपोर्ट लेवल है।** स्टॉक में, इन लेवल के पास पहुँच कर बढ़ोतरी हो सकती है।

दूसरा स्टेप: प्राइस पैटर्न (शॉर्ट टाइम फ्रेम)

शॉर्ट टाइम फ्रेम के चार्ट पर, आपको रिट्रेसमेंट लेवल के आसपास बनने वाले प्राइस पैटर्न को समझना है। (चार्ट देखकर समझिये)

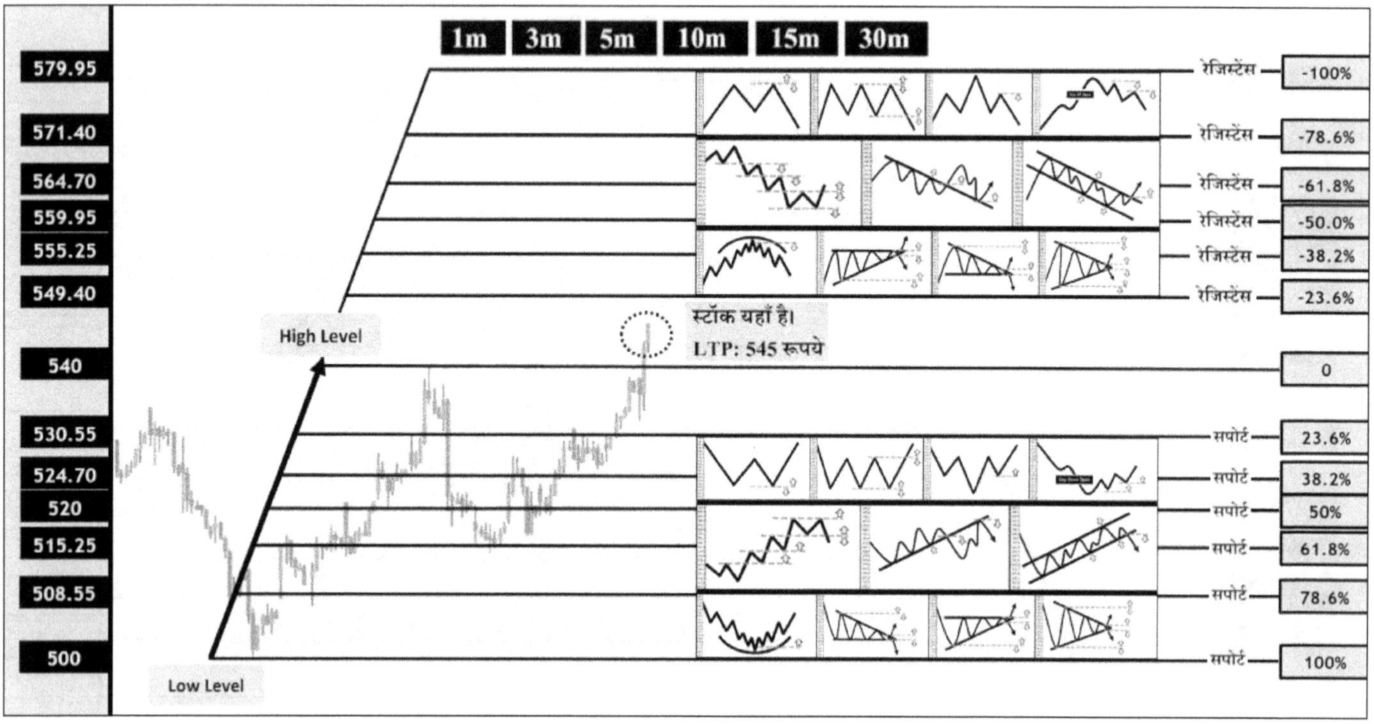

जैसा की आपने पहले समझा। नेगटिव रिट्रेसमेंट लेवल, -23.6% (549.40 रूपये), -38.2% (555.25 रूपये), -50% (559.95 रूपये), -61.8% (564.70 रूपये), -78.6% (571.40 रूपये), और -100% (579.95 रूपये), स्टॉक का **रेजिस्टेंस लेवल** है। स्टॉक की वर्तमान क़ीमत (LTP) 545 रूपये है।

अगर स्टॉक 545 **रूपये से बढ़कर इनमें से किसी भी रेजिस्टेंस लेवल के पास पहुँच जाए तब वह शॉर्ट टाइम फ्रेम** (5m, 10m, 15m, **या** 30m) **में, बेयरिश प्राइस पैटर्न बनाकर गिरावट के संकेत देगा।**

इसी तरह यहाँ,

नार्मल रिट्रेसमेंट लेवल, 23.6% (530.55 रूपये), 38.2% (524.70 रूपये), 50% (520 रूपये), 61.8% (515.25 रूपये), 78.6% (508.55 रूपये), और 100% (500 रूपये), स्टॉक का **सपोर्ट लेवल** है।

अगर स्टॉक 545 **रूपये से गिरकर इनमें से किसी भी सपोर्ट लेवल के पास पहुँच जाए तब वह शॉर्ट टाइम फ्रेम** (5m, 10m, 15m, **या** 30m) **में, बुलिश प्राइस पैटर्न बनाकर बढ़ोतरी या होने वाली तेज़ी के संकेत देगा।**

अंत में,

आप लॉन्गर टाइम फ्रेम में, फिबोनाची रिट्रेसमेंट इंडिकेटर की मदद से स्टॉक का सपोर्ट और रेजिस्टेंस लेवल समझ लीजिये।

फिर शॉर्ट टाइम फ्रेम में, अगर स्टॉक सपोर्ट लेवल के आसपास है तब बुलिस प्राइस पैटर्न को समझकर स्टॉक को खरीदें और अगर स्टॉक रेजिस्टेंस लेवल के आसपास है तब बेयरिश प्राइस पैटर्न को समझकर स्टॉक को शॉर्ट सेल करें।

अध्याय: 17

लो (L) लेवल से हायर हाई (HH) लेवल

लो लेवल से हायर हाई: सपोर्ट (शॉर्ट टाइम फ्रेम)

दूसरा तरीक़ा

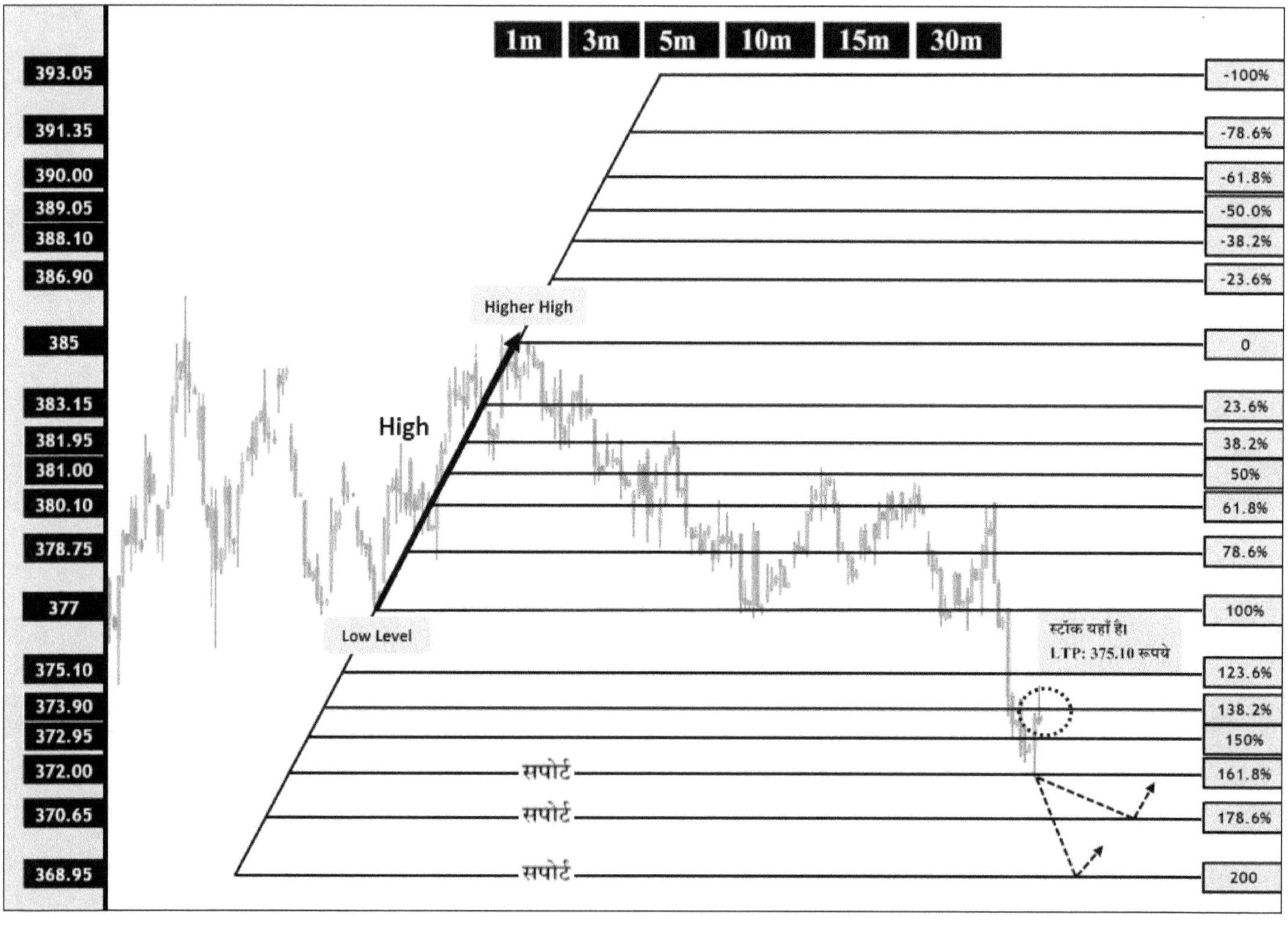

चार्ट में देखिए। मैंने लो लेवल (377 रूपये) से हायर हाई लेवल (385 रूपये) तक फिबोनाची रिट्रेसमेंट लाइन खींचा है।

याद रखें। स्टॉक की वर्तमान क़ीमत (LTP) **से नीचे जितने भी रिट्रेसमेंट लेवल होते हैं उन्हें स्टॉक का सपोर्ट माना जाता है।** यहाँ स्टॉक की वर्तमान क़ीमत (LTP) 375.10 रूपये है।

इसलिए एक्स्ट्रा पॉज़िटिव रिट्रेसमेंट लेवल,

150% (372.95 रूपये), 161.8% (372 रूपये), 178.6% (370.65 रूपये), और 200% (368.95 रूपये), स्टॉक का सपोर्ट लेवल बता रहे हैं।

अगर स्टॉक 375.10 रूपये से नीचे गिरने लगे तब 150%, 161.8%, 178.6%, और 200% रिट्रेसमेंट लेवल पर सपोर्ट लेकर बढ़ सकता है।

लो लेवल से हायर हाई: रेजिस्टेंस (शॉर्ट टाइम फ्रेम)

दूसरा तरीक़ा

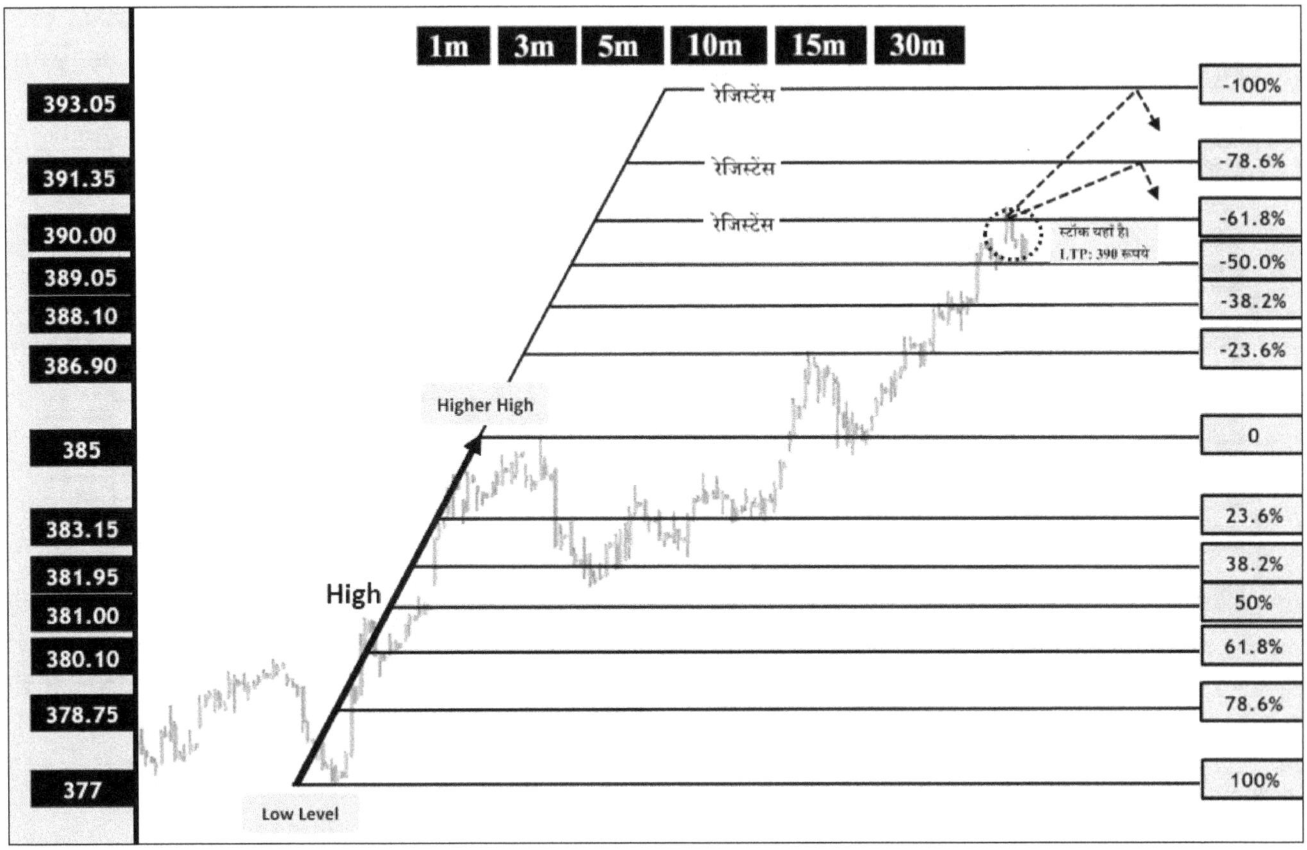

चार्ट में देखिए। मैंने लो लेवल (377 रूपये) से हायर हाई लेवल (385 रूपये) तक फिबोनाची रिट्रेसमेंट लाइन खींचा है।

याद रखें। स्टॉक की वर्तमान क़ीमत (LTP) **से ऊपर जितने भी रिट्रेसमेंट लेवल होते हैं उन्हें स्टॉक का रेजिस्टेंस माना जाता है।** यहाँ स्टॉक की वर्तमान क़ीमत (LTP) 390 रूपये है।

इसलिए नेगटिव रिट्रेसमेंट लेवल, -61.8% (390 रूपये), -78.6% (391.35 रूपये), और -100% (393.05 रूपये), स्टॉक का रेजिस्टेंस लेवल बता रहे हैं। अगर स्टॉक अपने वर्तमान क़ीमत (LTP) 390 रूपये से ऊपर बढ़ने लगे तब -61.8%, -78.6%, और -100% रिट्रेसमेंट लेवल तक पहुँच कर गिर सकता है।

लॉन्गर टाइम फ्रेम में, फिबोनाची रिट्रेसमेंट इंडिकेटर (FRI) का उपयोग कैसे करना चाहिए?

पहला स्टेप: सपोर्ट और रेजिस्टेंस (लॉन्गर टाइम फ्रेम)

लॉन्गर टाइम फ्रेम के चार्ट पर, आपको केवल सपोर्ट और रेजिस्टेंस लेवल देखना है। (चार्ट देखकर समझिये)

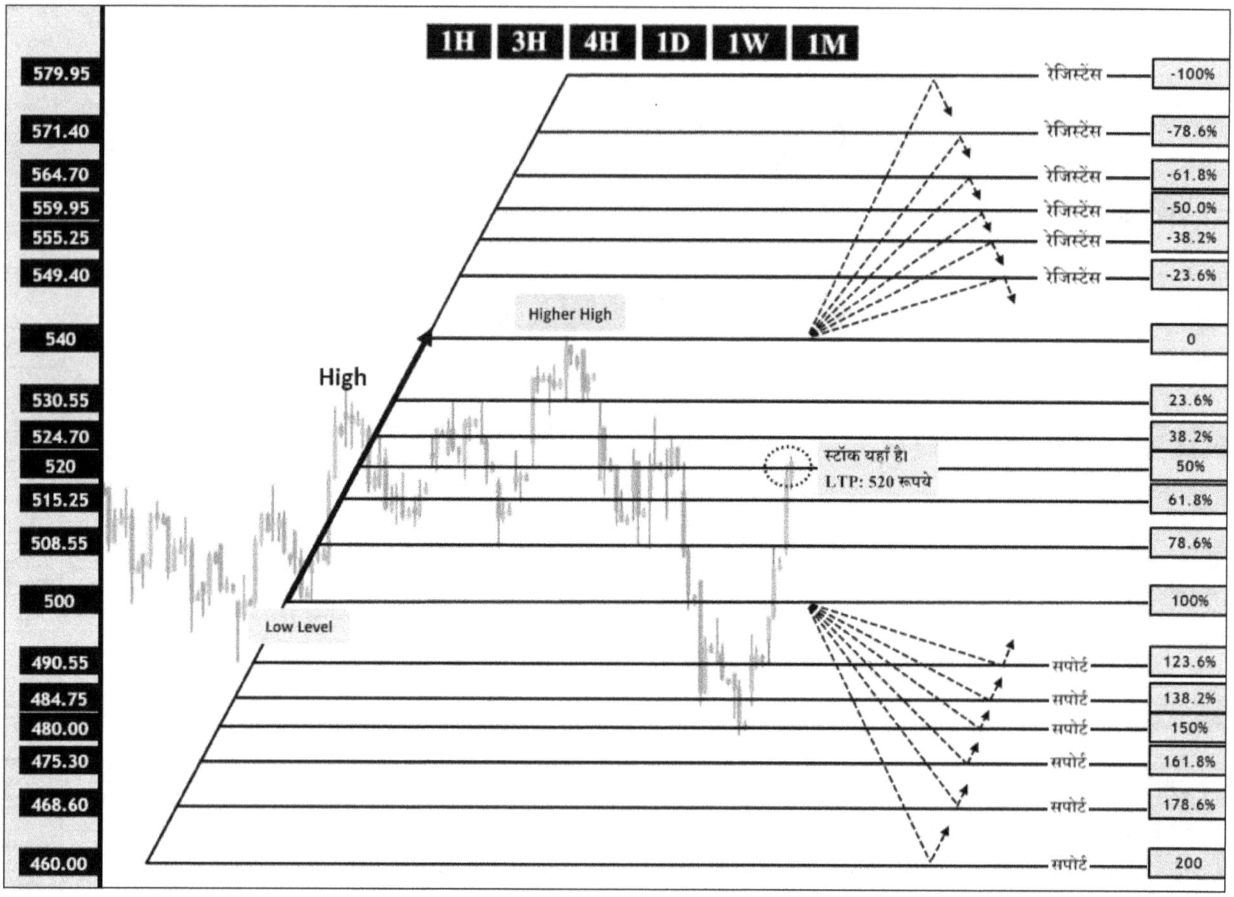

चार्ट में देखिये। आप लॉन्गर टाइम फ्रेम (जैसे 1H, 3H, 4H, 1D या 1W में), स्टॉक के किसी भी लो लेवल से हायर हाई लेवल तक फिबोनाची रिट्रेसमेंट लाइन खींच लीजिये।

चार्ट में देखिये। स्टॉक की वर्तमान क़ीमत (LTP) 520 रूपये है।

यहाँ नेगटिव रिट्रेसमेंट लेवल, -23.6% (549.40 रूपये), -38.2% (555.25 रूपये), -50% (559.95 रूपये), -61.8% (564.70 रूपये), -78.6% (571.40 रूपये), और -100% (579.95 रूपये), **स्टॉक का रेजिस्टेंस लेवल है।** स्टॉक में, इन लेवल के पास पहुँच कर गिरावट हो सकती है।

इसी तरह,

एक्स्ट्रा पॉज़िटिव रिट्रेसमेंट लेवल, 123.6% (490.55 रूपये), 138.2% (484.75 रूपये), 150% (480 रूपये), 161.8% (475.30 रूपये), 178.6% (468.60 रूपये), और 200% (460 रूपये), **स्टॉक का सपोर्ट लेवल है।** स्टॉक में, इन लेवल के पास पहुँच कर बढ़ोतरी हो सकती है।

दूसरा स्टेप: प्राइस पैटर्न (शॉर्ट टाइम फ्रेम)

शॉर्ट टाइम फ्रेम के चार्ट पर, आपको रिट्रेसमेंट लेवल के आसपास बनने वाले प्राइस पैटर्न को समझना है। (चार्ट देखकर समझिये)

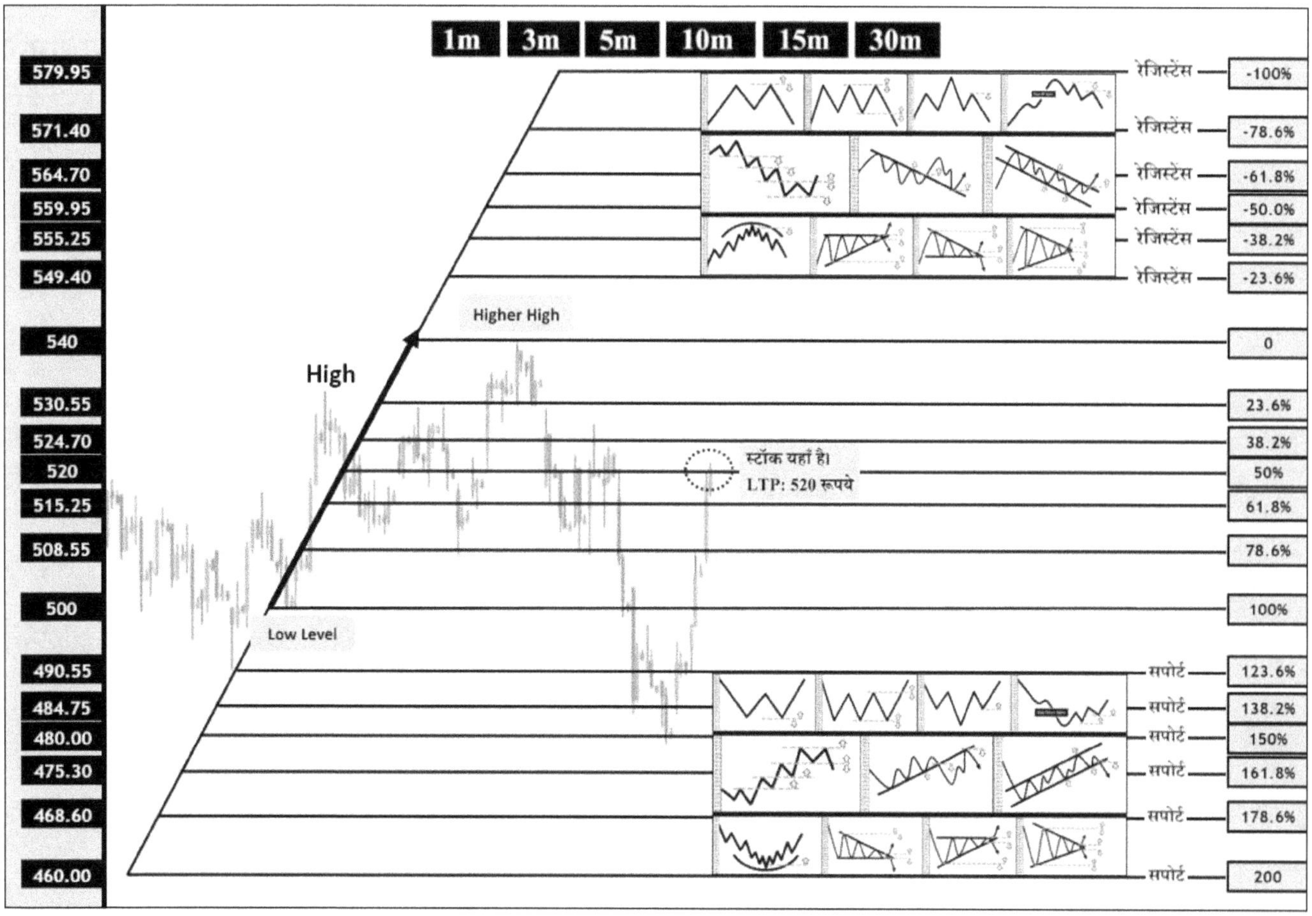

जैसा की आपने पहले समझा। नेगटिव रिट्रेसमेंट लेवल, -23.6% (549.40 रूपये), -38.2% (555.25 रूपये), -50% (559.95 रूपये), -61.8% (564.70 रूपये), -78.6% (571.40 रूपये), और -100% (579.95 रूपये), स्टॉक का **रेजिस्टेंस लेवल** है। स्टॉक की वर्तमान क़ीमत (LTP) 520 रूपये है।

अगर स्टॉक 520 **रूपये से बढ़कर इनमें से किसी भी रेजिस्टेंस लेवल के पास पहुँच जाए तब वह शॉर्ट टाइम फ्रेम** (5m, 10m, 15m, **या** 30m) **में, बेयरिश प्राइस पैटर्न बनाकर गिरावट के संकेत देगा।**

इसी तरह यहाँ,

एक्स्ट्रा पॉज़िटिव रिट्रेसमेंट लेवल, 123.6% (490.55 रूपये), 138.2% (484.75 रूपये), 150% (480 रूपये), 161.8% (475.30 रूपये), 178.6% (468.60 रूपये), और 200% (460 रूपये), स्टॉक का **सपोर्ट लेवल** है।

अगर स्टॉक 520 **रूपये से गिरकर इनमें से किसी भी सपोर्ट लेवल के पास पहुँच जाए तब वह शॉर्ट टाइम फ्रेम** (5m, 10m, 15m, **या** 30m) **में, बुलिश प्राइस पैटर्न बनाकर बढ़ोतरी या होने वाली तेज़ी के संकेत देगा।**

अंत में,

आप स्टॉक के लॉन्गर टाइम फ्रेम के चार्ट पर, फिबोनाची रिट्रेसमेंट इंडिकेटर का उपयोग करें फिर शॉर्ट टाइम फ्रेम में रिट्रेसमेंट लेवल (सपोर्ट या रेजिस्टेंस) के आसपास बनने वाले प्राइस पैटर्न को समझने की कोशिश करें। लगातार अभ्यास के बाद, आप एक दिन समझ जाओगे। हर स्टॉक रिट्रेसमेंट लेवल के पास पहुंच कर ही बुलिश या बेयरिश प्राइस पैटर्न बनाते हैं।

अध्याय: 18

गिरने वाले स्टॉक में रिट्रेसमेंट लेवल

रिट्रेसमेंट लेवल हमें क्या बताता है?

रिट्रेसमेंट लेवल हमें, स्टॉक या इंडेक्स का सपोर्ट और रेजिस्टेंस बताता है।

गिरने वाले स्टॉक में, रिट्रेसमेंट लेवल कैसे निकालते हैं?

फिबोनाची रिट्रेसमेंट लेवल निकालने के दो तरीके हैं। आइये समझते हैं।

पहला तरीक़ा: हाई लेवल से लो लेवल

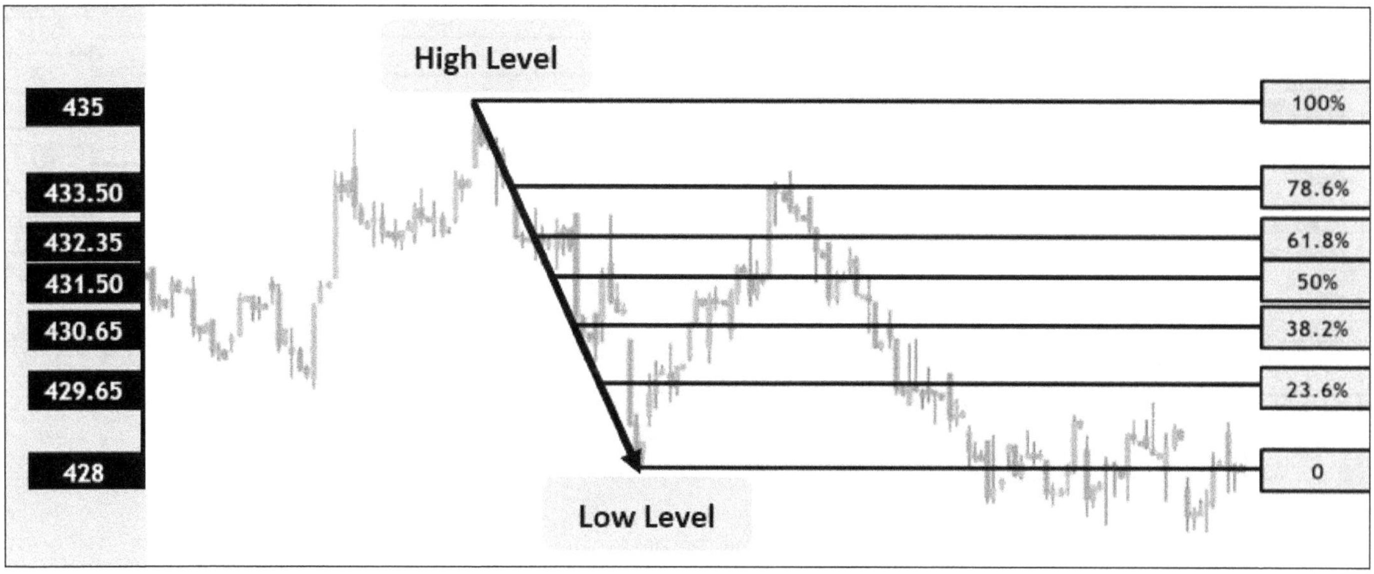

जहाँ से स्टॉक ने गिरना शुरू किया हो उसे हाई लेवल माना जाता है और जहाँ से स्टॉक ने बढ़ना शुरू किया हो उसे लो लेवल माना जाता है।

आप स्टॉक के किसी भी **हाई लेवल** से **लो लेवल** तक फिबोनाची रिट्रेसमेंट लाइन खींच दीजिये। (चार्ट में देखिये) ये इंडिकेटर आपको फिबोनाची रिट्रेसमेंट लेवल (FRL) बता देगा।

दूसरा तरीक़ा: हाई लेवल से लोअर लो लेवल

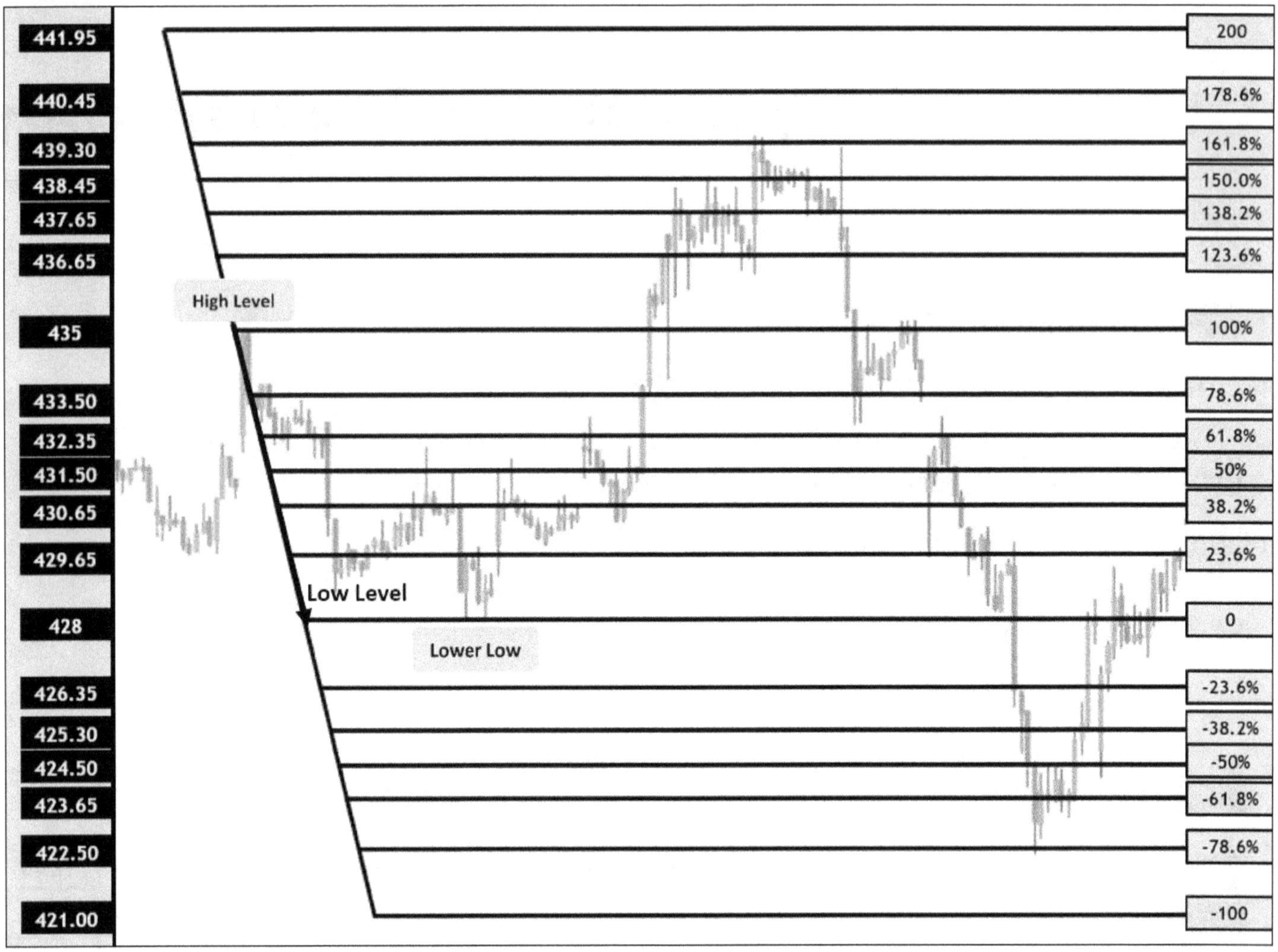

आप स्टॉक के किसी भी हाई लेवल (HIGH) से लोअर लो (LL) लेवल तक फिबोनाची रिट्रेसमेंट लाइन खींच दीजिये। (चार्ट में देखिये) ये इंडिकेटर आपको फिबोनाची रिट्रेसमेंट लेवल (FRL) बता देगा।

अब एक महत्वपूर्ण बात समझिये।

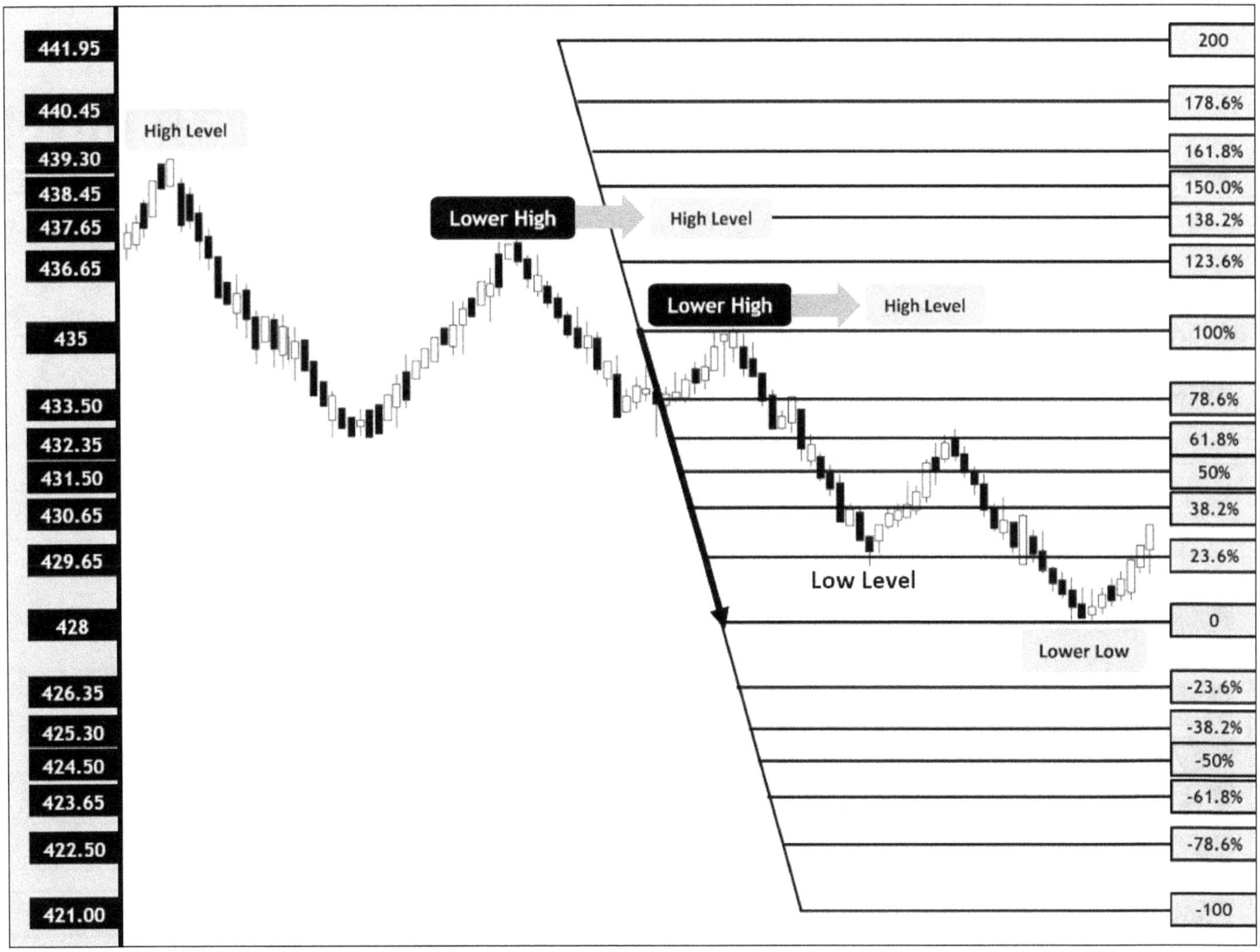

दूसरे तरीक़े में, स्टॉक या इंडेक्स के किसी भी लोअर हाई (LH) लेवल को सिर्फ़ हाई (HIGH) लेवल ही मानते हैं। इसलिए, जब आप किसी भी हाई या लोअर हाई लेवल को चुनें तब उस लेवल से लोअर लो लेवल तक फिबोनाची रिट्रेसमेंट लाइन खींचे। (चार्ट में देखिये)

पहले तरीक़े और दूसरे तरीक़े में क्या अंतर है?

आइए इसे अगले अध्याय में विस्तार से समझें।

अध्याय: 19

हाई लेवल से लो लेवल

हाई लेवल से लो लेवल: रेजिस्टेंस (शॉर्ट टाइम फ्रेम)

पहला तरीक़ा

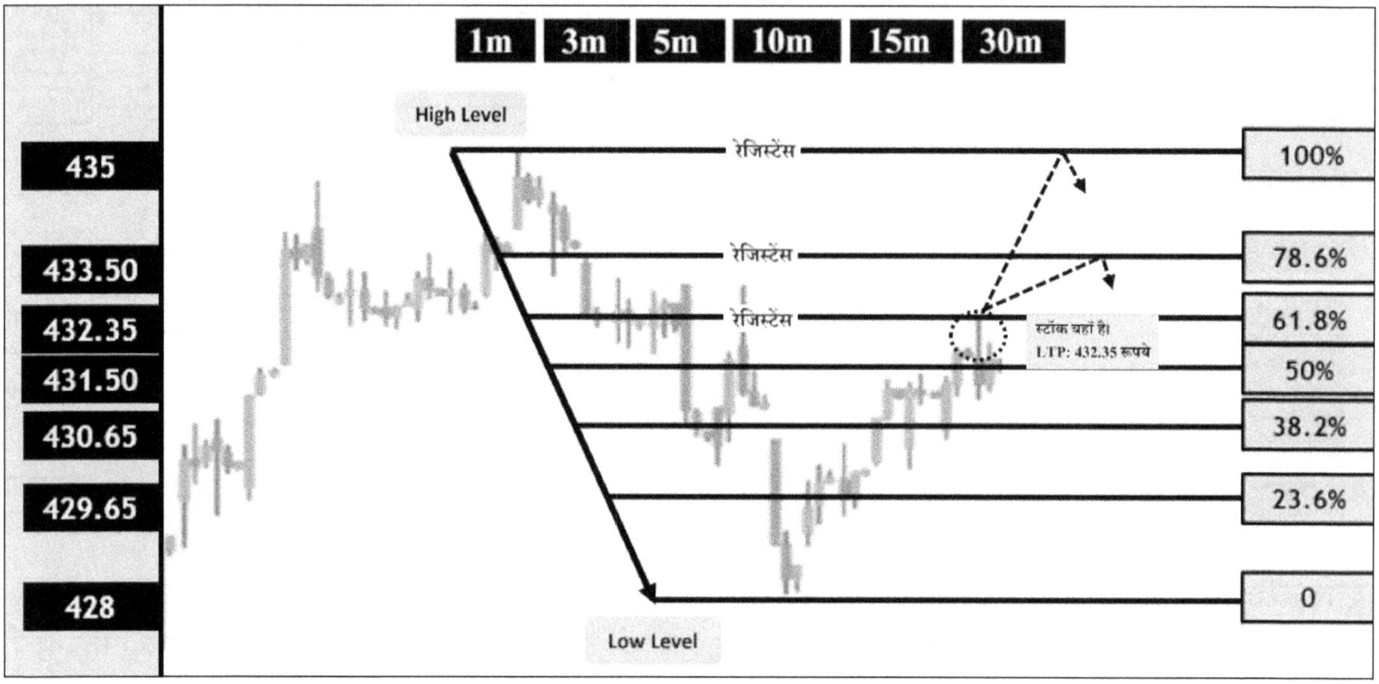

चार्ट में देखिए। मैंने हाई लेवल (435 रूपये) से लो लेवल (428 रूपये) तक फिबोनाची रिट्रेसमेंट लाइन खींचा है।

याद रखें। स्टॉक की वर्तमान क़ीमत (LTP) **से ऊपर जितने भी रिट्रेसमेंट लेवल होते हैं उन्हें स्टॉक का रेजिस्टेंस माना जाता है।** यहाँ स्टॉक की वर्तमान क़ीमत (LTP) 432.35 रूपये है। इसलिए नार्मल रिट्रेसमेंट लेवल, 61.8% (432.35 रूपये), 78.6% (433.50 रूपये) और 100% (435 रूपये), स्टॉक का रेजिस्टेंस लेवल है।

अगर स्टॉक वर्तमान क़ीमत (LTP) 432.35 से ऊपर बढ़ने लगे तब इनमें से किसी भी रिट्रेसमेंट लेवल के पास पहुँच कर गिर सकता है।

शॉर्ट टाइम फ्रेम में, अगर आपको स्टॉक 61.8%, 78.6% या 100% रिट्रेसमेंट लेवल के आसपास मिले तब आप उसे शॉर्ट कर सकते हैं। (स्टॉपलॉस के साथ)

हाई लेवल से लो लेवल: सपोर्ट (शॉर्ट टाइम फ्रेम)

पहला तरीक़ा

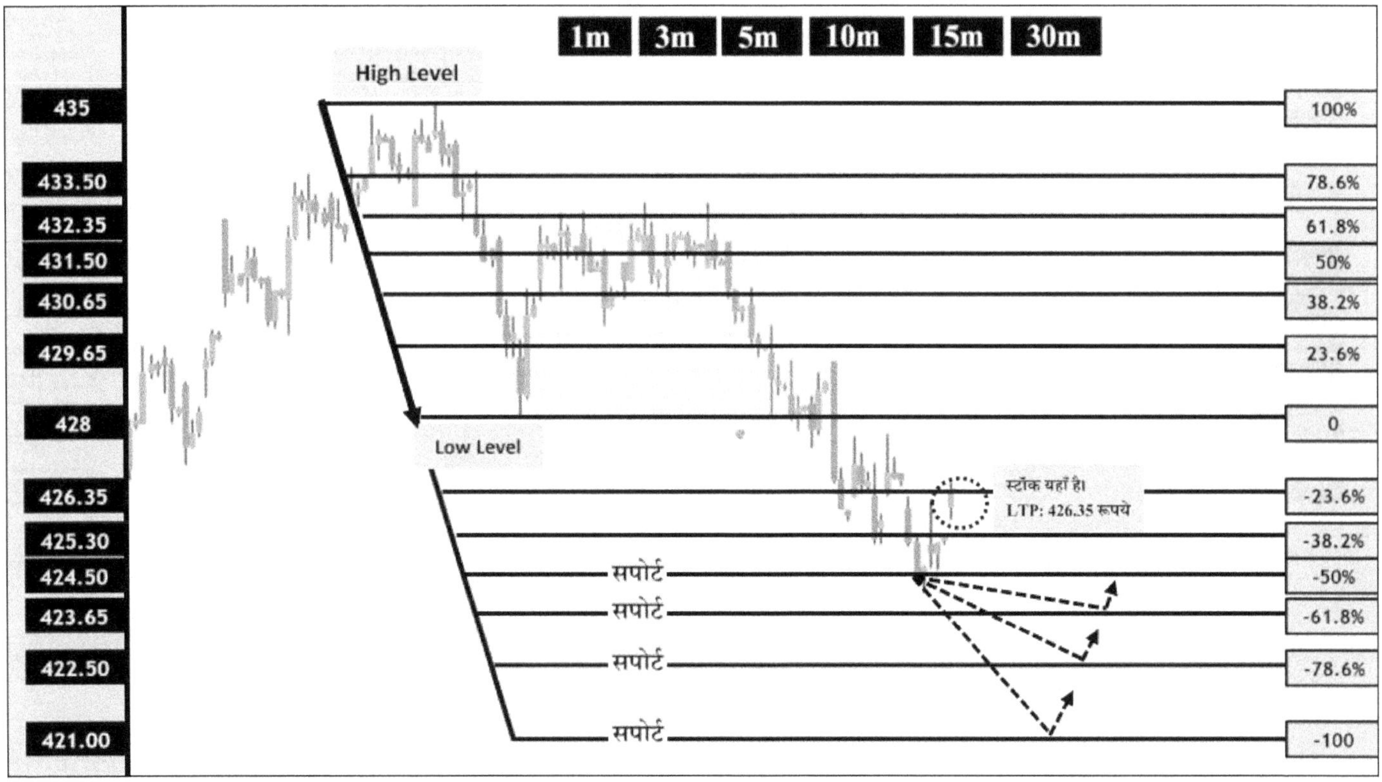

चार्ट में देखिए। मैंने हाई लेवल (435 रूपये) से लो लेवल (428 रूपये) तक फिबोनाची रिट्रेसमेंट लाइन खींचा है।

याद रखें। स्टॉक की वर्तमान क़ीमत (LTP) से नीचे जितने भी रिट्रेसमेंट लेवल होते हैं उन्हें स्टॉक का सपोर्ट माना जाता है।

यहाँ स्टॉक की वर्तमान क़ीमत (LTP) 426.35 रूपये है। इसलिए नेगटिव रिट्रेसमेंट लेवल, -50% (424.50 रूपये), -61.8% (423.65 रूपये), -78.6% (422.50 रूपये) और -100% (421 रूपये), स्टॉक का सपोर्ट लेवल है। अगर स्टॉक 426.35 रूपये से नीचे गिरने लगे तब इनमें से किसी भी रिट्रेसमेंट लेवल पर सपोर्ट लेकर बढ़ सकता है।

शॉर्ट टाइम फ्रेम में, अगर कोई स्टॉक या इंडेक्स -50%, -61.8%, -78.6% या -100% नेगटिव रिट्रेसमेंट लेवल के आसपास मिले तब आप उसे खरीद सकते हैं। (स्टॉपलॉस के साथ)

लॉन्गर टाइम फ्रेम में, फिबोनाची रिट्रेसमेंट इंडिकेटर (FRI) का उपयोग कैसे करना चाहिए?

पहला स्टेप: सपोर्ट और रेजिस्टेंस (लॉन्गर टाइम फ्रेम)

लॉन्गर टाइम फ्रेम के चार्ट पर आपको केवल सपोर्ट और रेजिस्टेंस लेवल देखना है। (चार्ट देखकर समझिये)

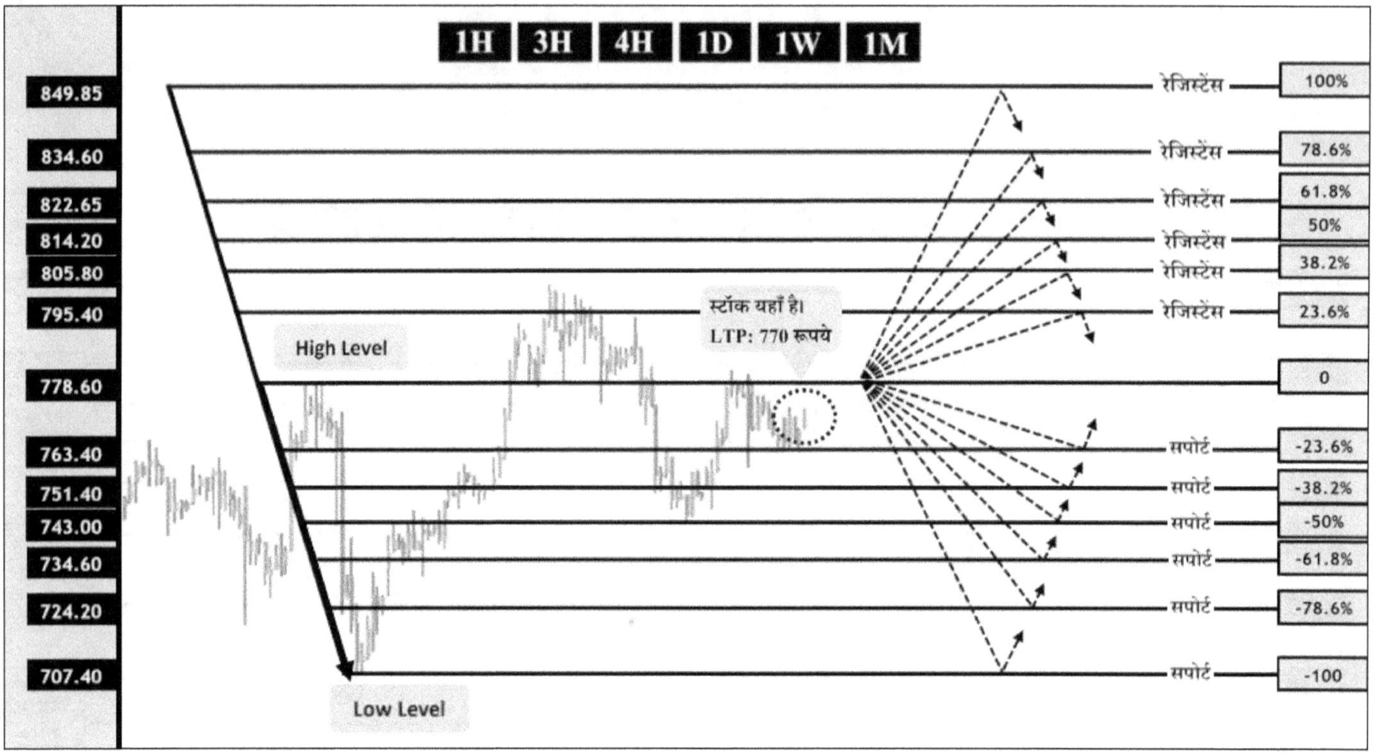

आप लॉन्गर टाइम फ्रेम के चार्ट पर (जैसे 1H, 3H, 4H, 1D या 1W में) स्टॉक के किसी भी हाई लेवल से लो लेवल तक फिबोनाची रिट्रेसमेंट लाइन खींच लीजिये।

चार्ट में देखिये। स्टॉक की वर्तमान क़ीमत (LTP) 770 रूपये है। यहाँ नार्मल रिट्रेसमेंट लेवल, 23.6% (795.40 रूपये), 38.2% (805.80 रूपये), 50% (814.20 रूपये), 61.8% (822.65 रूपये), 78.6% (834.60 रूपये), और 100% (849.85 रूपये), **स्टॉक का रेजिस्टेंस लेवल है।** स्टॉक में, इन लेवल के पास पहुँच कर गिरावट हो सकती है।

इसी तरह,

यहाँ नेगटिव रिट्रेसमेंट लेवल, -23.6% (763.40 रूपये), -38.2% (751.40 रूपये),

-50% (743 रूपये), -61.8% (734.60 रूपये), -78.6% (724.20 रूपये), और -100% (707.40 रूपये), **स्टॉक का सपोर्ट लेवल है।** स्टॉक में, इन लेवल के पास पहुँच कर बढ़ोतरी हो सकती है।

दूसरा स्टेप: प्राइस पैटर्न (शॉर्ट टाइम फ्रेम)

शॉर्ट टाइम फ्रेम के चार्ट पर, आपको रिट्रेसमेंट लेवल के आसपास बनने वाले प्राइस पैटर्न को समझना है। (चार्ट देखकर समझिये)

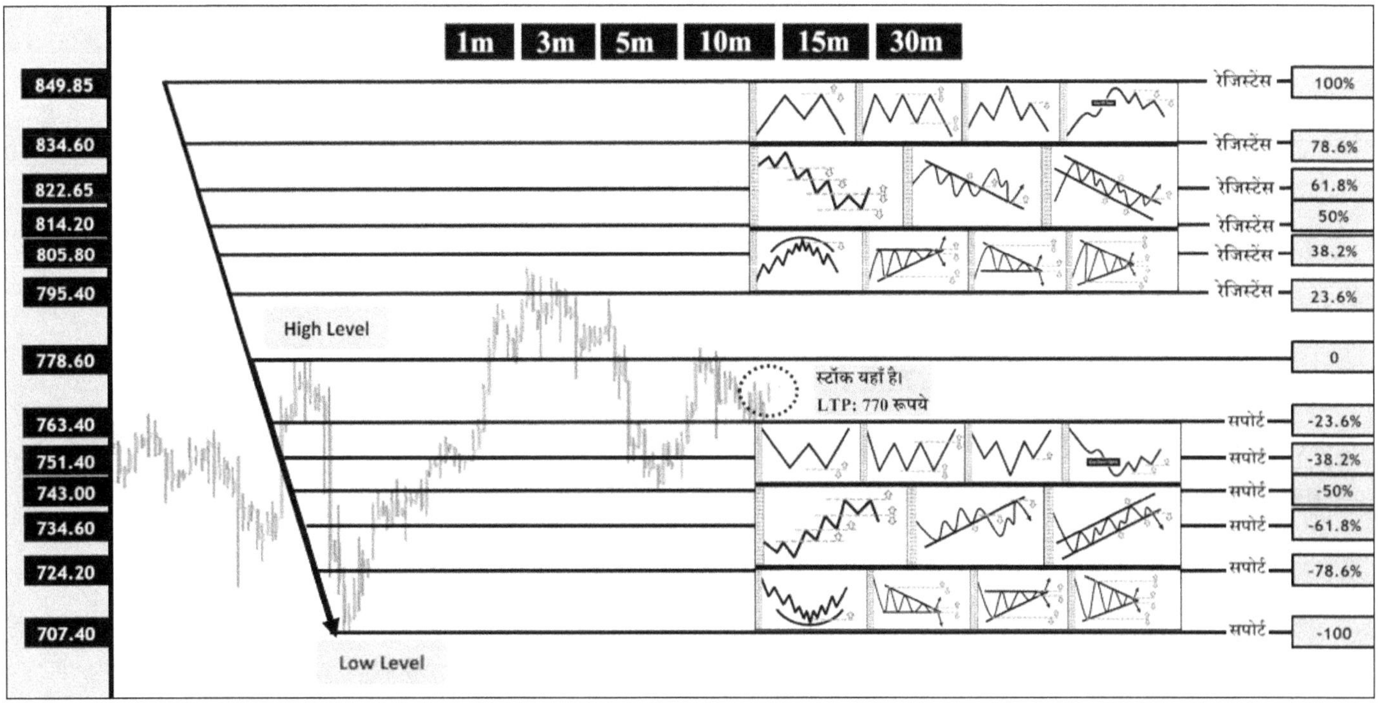

जैसा की आपने पहले समझा। नार्मल रिट्रेसमेंट लेवल, 23.6% (795.40 रूपये), 38.2% (805.80 रूपये), 50% (814.20 रूपये), 61.8% (822.65 रूपये), 78.6% (834.60 रूपये), और 100% (849.85 रूपये), **स्टॉक का रेजिस्टेंस लेवल है।** स्टॉक की वर्तमान क़ीमत (LTP) 770 रूपये है।

अगर स्टॉक 770 रूपये से बढ़कर इनमें से किसी भी रेजिस्टेंस लेवल के पास पहुँच जाए तब वह शॉर्ट टाइम फ्रेम (5m, 10m, 15m, **या** 30m) **में, बेयरिश प्राइस पैटर्न बनाकर गिरावट के संकेत देगा।**

इसी तरह यहाँ, नेगटिव रिट्रेसमेंट लेवल, -23.6% (763.40 रूपये), -38.2% (751.40 रूपये),

-50% (743 रूपये), -61.8% (734.60 रूपये), -78.6% (724.20 रूपये), और -100% (707.40 रूपये), **स्टॉक का सपोर्ट लेवल है।**

अगर स्टॉक 770 रूपये से गिरकर इनमें से किसी भी सपोर्ट लेवल के पास पहुँच जाए तब वह शॉर्ट टाइम फ्रेम (5m, 10m, 15m, **या** 30m) **में, बुलिश प्राइस पैटर्न बनाकर बढ़ोतरी या होने वाली तेज़ी के संकेत देगा।**

अंत में,

अपने अध्याय 5 में सपोर्ट के बारे में पढ़ा।

- **स्टॉक के पिछले हाई को उसका सपोर्ट माना जाता है।**
- **स्टॉक के पिछले लो को उसका सपोर्ट माना जाता है।**
- **स्टॉक के लोअर रेंज को उसका सपोर्ट माना जाता है।**
- **अपट्रेंड लाइन को सपोर्ट माना जाता है।**

इन सभी सपोर्ट के पास पहुँच कर स्टॉक बढ़ने लगता है लेकिन फिबोनाची रिट्रेसमेंट लेवल (सपोर्ट) के पास पहुँच कर स्टॉक बुलिश प्राइस पैटर्न बनाकर बढ़ोतरी या होने वाली तेज़ी के संकेत देता है।

अपने अध्याय 6 में रेजिस्टेंस के बारे में पढ़ा।

- **स्टॉक के पिछले हाई को उसका रेजिस्टेंस माना जाता है।**
- **स्टॉक के पिछले लो को उसका रेजिस्टेंस माना जाता है।**
- **स्टॉक के अपर रेंज को उसका रेजिस्टेंस माना जाता है।**
- **डाउनट्रेंड लाइन को रेजिस्टेंस माना जाता है।**

इन सभी रेजिस्टेंस के पास पहुँच कर स्टॉक गिरने लगता है लेकिन फिबोनाची रिट्रेसमेंट लेवल (रेजिस्टेंस) के पास पहुँच कर स्टॉक बेयरिश प्राइस पैटर्न बनाकर गिरावट के संकेत देता है।

अध्याय: 20

हाई (H) लेवल से लोअर लो (LL) लेवल

हाई लेवल से लोअर लो: रेजिस्टेंस (शॉर्ट टाइम फ्रेम)

दूसरा तरीक़ा

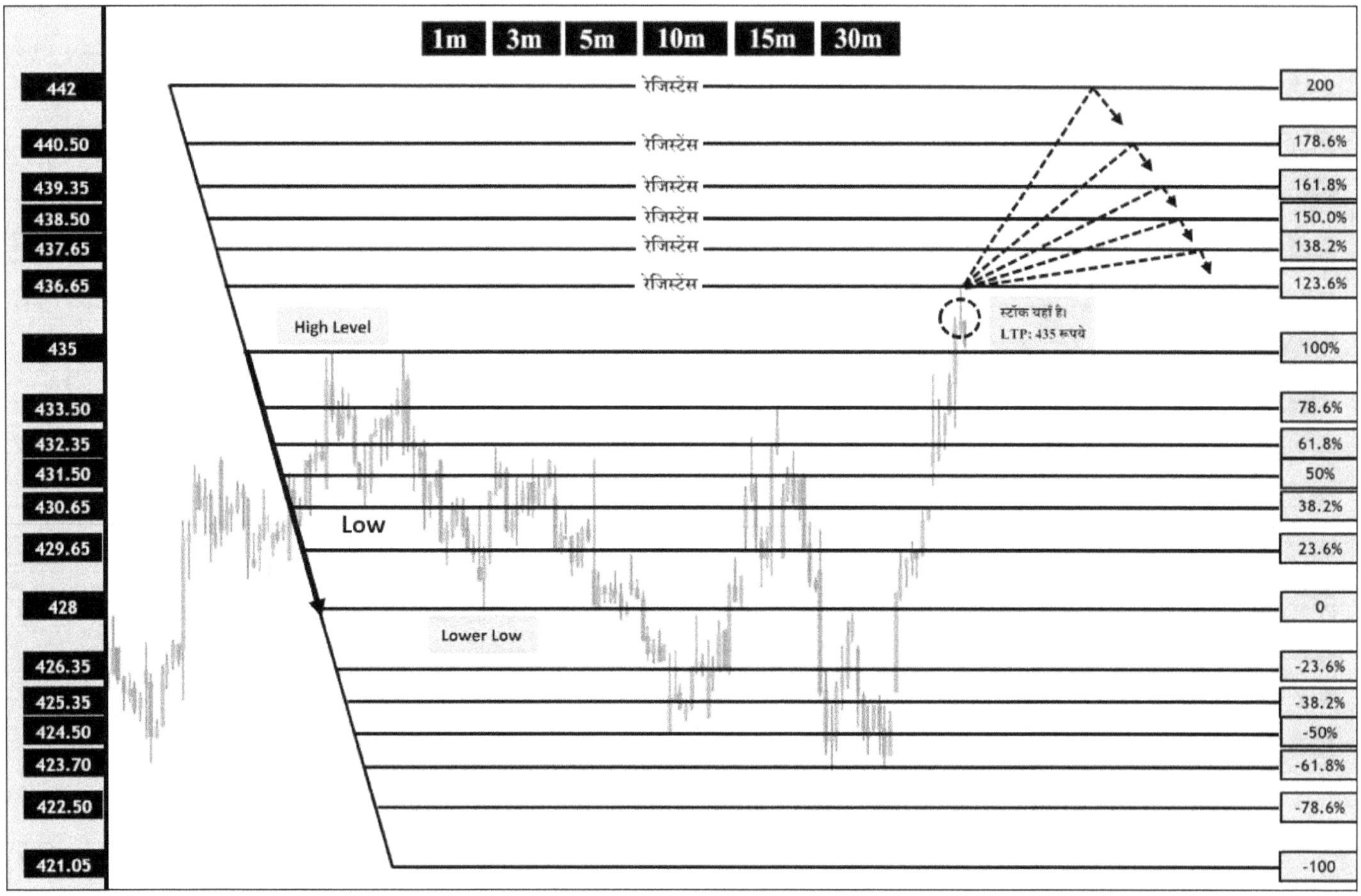

चार्ट में देखिए। मैंने हाई लेवल (435 रूपये) से लोअर लो लेवल (428 रूपये) तक फिबोनाची रिट्रेसमेंट लाइन खींचा है।

याद रखें। स्टॉक की वर्तमान क़ीमत (LTP) **से ऊपर जितने भी रिट्रेसमेंट लेवल होते हैं उन्हें स्टॉक का रेजिस्टेंस माना जाता है।** यहाँ स्टॉक की वर्तमान क़ीमत (LTP) 435 रूपये है।

इसलिए एक्स्ट्रा पॉज़िटिव रिट्रेसमेंट लेवल, 123.6% (436.65 रूपये), 138.2% (437.65 रूपये), 150% (438.50 रूपये), 161.8% (439.35 रूपये), 178.6% (440.50 रूपये), और 200% (442 रूपये), स्टॉक का रेजिस्टेंस लेवल बता रहे हैं।

अगर स्टॉक अपने वर्तमान क़ीमत (LTP) 435 रूपये से ऊपर बढ़ने लगे तब 123.6%, 138.2%, 150%, 161.8%, 178.6%, और 200% रिट्रेसमेंट लेवल तक पहुँच कर गिर सकता है।

हाई लेवल से लोअर लो: सपोर्ट (शॉर्ट टाइम फ्रेम)

दूसरा तरीक़ा

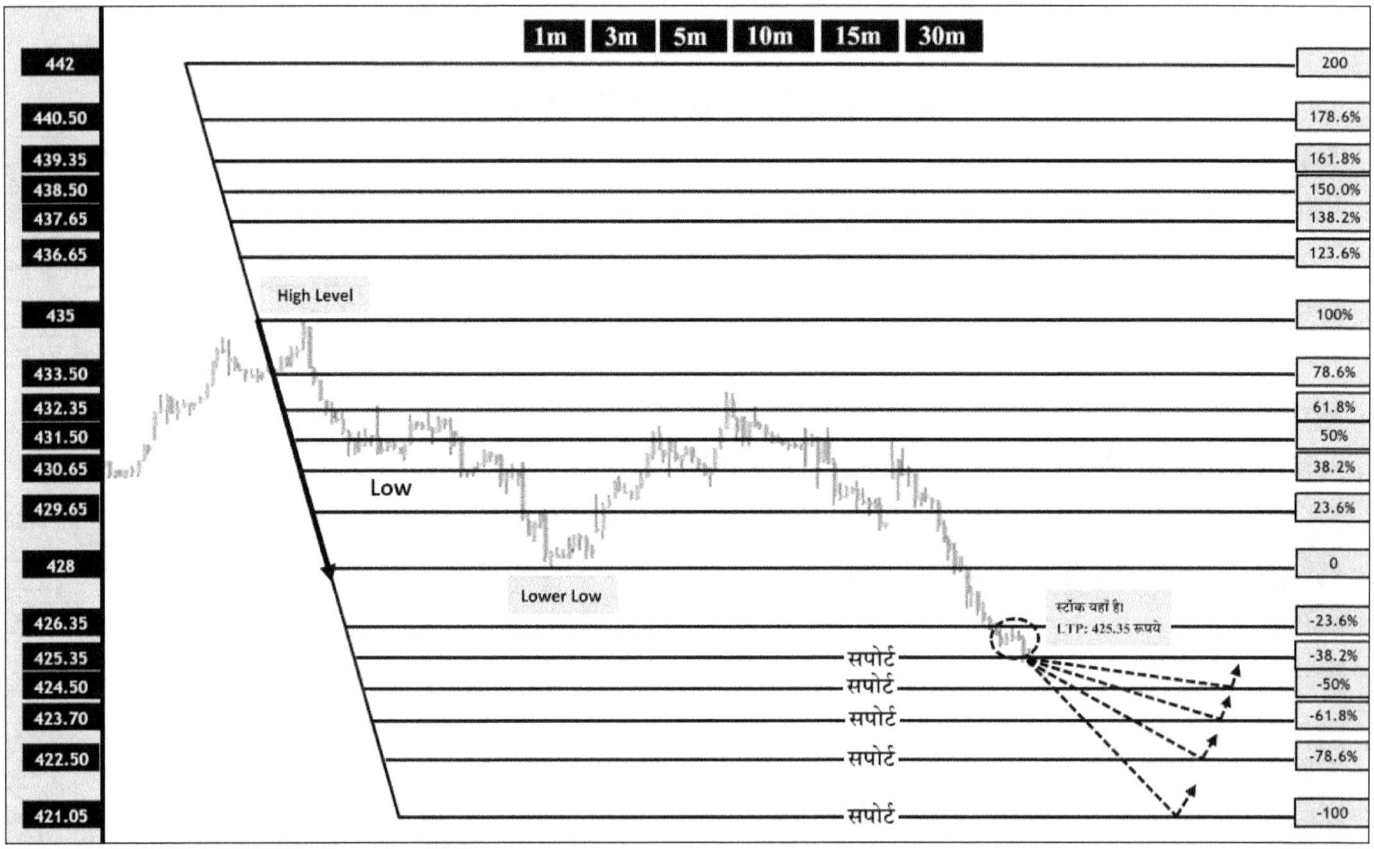

चार्ट में देखिए। मैंने हाई लेवल (435 रूपये) से लोअर लो लेवल (428 रूपये) तक फिबोनाची रिट्रेसमेंट लाइन खींचा है।

याद रखें। स्टॉक की वर्तमान क़ीमत (LTP) **से नीचे जितने भी रिट्रेसमेंट लेवल होते हैं उन्हें स्टॉक का सपोर्ट माना जाता है।** यहाँ स्टॉक की वर्तमान क़ीमत (LTP) 425.35 रूपये है।

इसलिए नेगटिव रिट्रेसमेंट लेवल, -38.2% (425.35 रूपये), -50% (424.50 रूपये), -61.8% (423.70 रूपये), -78.6% (422.50 रूपये), और -100% (421.05 रूपये), स्टॉक का सपोर्ट लेवल बता रहे हैं।

अगर स्टॉक अपने वर्तमान क़ीमत (LTP) 425.35 रूपये से नीचे गिरने लगे तब -38.2%, -50%, -61.8%, -78.6%, और -100% रिट्रेसमेंट लेवल पर सपोर्ट लेकर बढ़ सकता है।

लॉन्गर टाइम फ्रेम में, फिबोनाची रिट्रेसमेंट इंडिकेटर (FRI) का उपयोग कैसे करना चाहिए?

पहला स्टेप: सपोर्ट और रेजिस्टेंस (लॉन्गर टाइम फ्रेम)

लॉन्गर टाइम फ्रेम के चार्ट पर आपको केवल सपोर्ट और रेजिस्टेंस लेवल देखना है। (चार्ट देखकर समझिये)

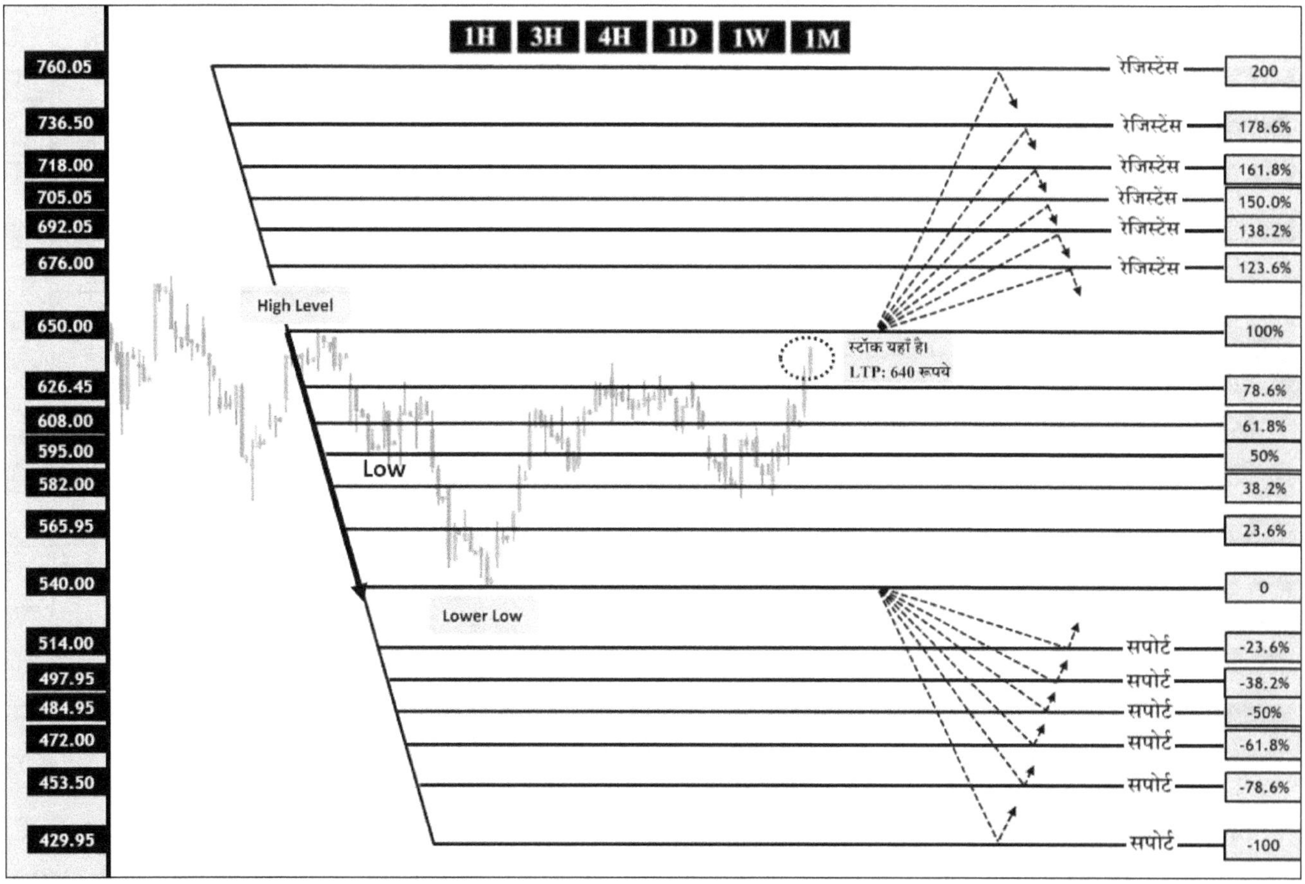

आप लॉन्गर टाइम फ्रेम (जैसे 1H, 3H, 4H, 1D या 1W में), स्टॉक के किसी भी हाई लेवल से लोअर लो लेवल तक फिबोनाची रिट्रेसमेंट लाइन खींच लीजिये।

चार्ट में देखिये। स्टॉक की वर्तमान क़ीमत (LTP) 640 रूपये है। यहाँ एक्स्ट्रा पॉज़िटिव रिट्रेसमेंट लेवल, 123.6% (676 रूपये), 138.2% (692.05 रूपये), 150% (705.05 रूपये), 161.8% (718 रूपये), 178.6% (736.50 रूपये), और 200% (760.05 रूपये), **स्टॉक का रेजिस्टेंस लेवल है।** स्टॉक में, इन लेवल के पास पहुँच कर गिरावट हो सकती है।

इसी तरह,

नेगटिव रिट्रेसमेंट लेवल, -23.6% (514 रूपये), -38.2% (497.95 रूपये), -50% (484.95 रूपये),

-61.8% (472 रूपये), -78.6% (453.50 रूपये), और -100% (429.95 रूपये), **स्टॉक का सपोर्ट लेवल है।** स्टॉक में, इन लेवल के पास पहुँच कर बढ़ोतरी हो सकती है।

दूसरा स्टेप: प्राइस पैटर्न (शॉर्ट टाइम फ्रेम)

शॉर्ट टाइम फ्रेम के चार्ट पर, आपको रिट्रेसमेंट लेवल के आसपास बनने वाले प्राइस पैटर्न को समझना है। (चार्ट देखकर समझिये)

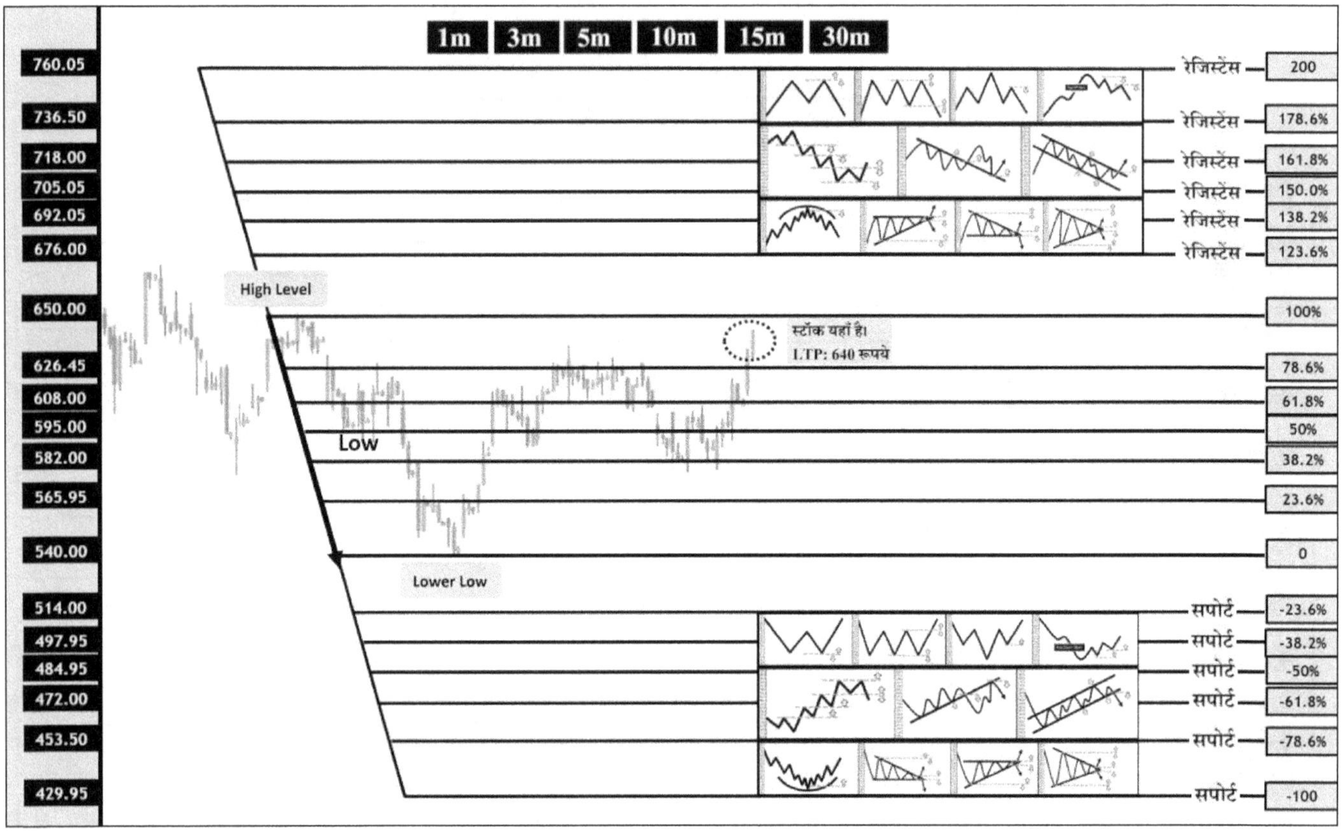

जैसा की आपने पहले समझा। एक्स्ट्रा पॉज़िटिव रिट्रेसमेंट लेवल, 123.6% (676 रूपये), 138.2% (692.05 रूपये), 150% (705.05 रूपये), 161.8% (718 रूपये), 178.6% (736.50 रूपये), और 200% (760.05 रूपये), स्टॉक का रेजिस्टेंस लेवल है।

अगर स्टॉक 640 रूपये से बढ़कर इनमें से किसी भी रेजिस्टेंस लेवल के पास पहुँच जाए तब वह शॉर्ट टाइम फ्रेम (5m, 10m, 15m, **या** 30m) **में, बेयरिश प्राइस पैटर्न बनाकर गिरावट के संकेत देगा।**

इसी तरह यहाँ,

नेगटिव रिट्रेसमेंट लेवल, -23.6% (514 रूपये), -38.2% (497.95 रूपये), -50% (484.95 रूपये), -61.8% (472 रूपये), -78.6% (453.50 रूपये), और -100% (429.95 रूपये), स्टॉक का सपोर्ट लेवल है।

अगर स्टॉक 640 रूपये से गिरकर इनमें से किसी भी सपोर्ट लेवल के पास पहुँच जाए तब वह शॉर्ट टाइम फ्रेम (5m, 10m, 15m, **या** 30m) **में, बुलिश प्राइस पैटर्न बनाकर बढ़ोतरी या होने वाली तेज़ी के संकेत देगा।**

अंत में,

आप किसी भी स्टॉक या इंडेक्स के चार्ट पर, चार तरीकों से फिबोनाची रिट्रेसमेंट लाइन खींच सकते हैं।

- **लो लेवल से हाई लेवल तक (अध्याय 16)**
- **लो लेवल से हायर हाई लेवल तक (अध्याय 17)**
- **हाई लेवल से लो लेवल तक (अध्याय 19)**
- **हाई लेवल से लोअर लो लेवल तक (अध्याय 20)**

ये सभी तरीक़े सही है। आप किसी भी तरीक़े से स्टॉक या इंडेक्स के चार्ट पर फिबोनाची रिट्रेसमेंट लाइन खींच सकते हैं।

अध्याय: 21

सपोर्ट - रेजिस्टेंस और ट्रेंड चेंज

सपोर्ट किसे कहते हैं? और रेजिस्टेंस किसे कहते हैं? सपोर्ट कितने प्रकार के होते हैं और रेजिस्टेंस कितने प्रकार के होते हैं? इन बातों को हम अध्याय 5 और 6 में समझ चुके हैं। इस अध्याय में हम, सपोर्ट और रेजिस्टेंस से जुड़ी 5 महत्वपूर्ण बातों को समझेंगे।

सपोर्ट

पहली महत्वपूर्ण बात

लाइन: सपोर्ट

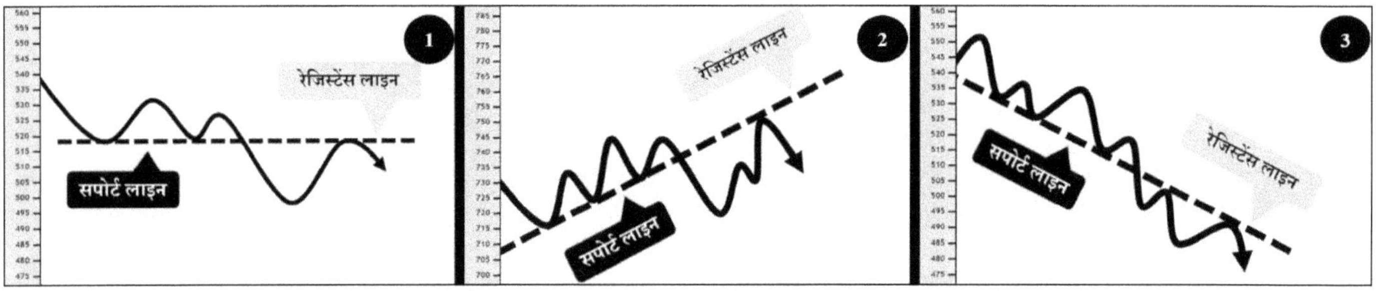

चार्ट में देखकर समझिये। जब स्टॉक, सपोर्ट लाइन को तोड़ कर नीचे आ जाये तब सपोर्ट लाइन हमेशा रेजिस्टेंस लाइन बन जाती है। चाहे सपोर्ट लाइन कैसी भी हो।

दूसरी महत्वपूर्ण बात

फिबोनाची रिट्रेसमेंट लेवल (FRL) : सपोर्ट

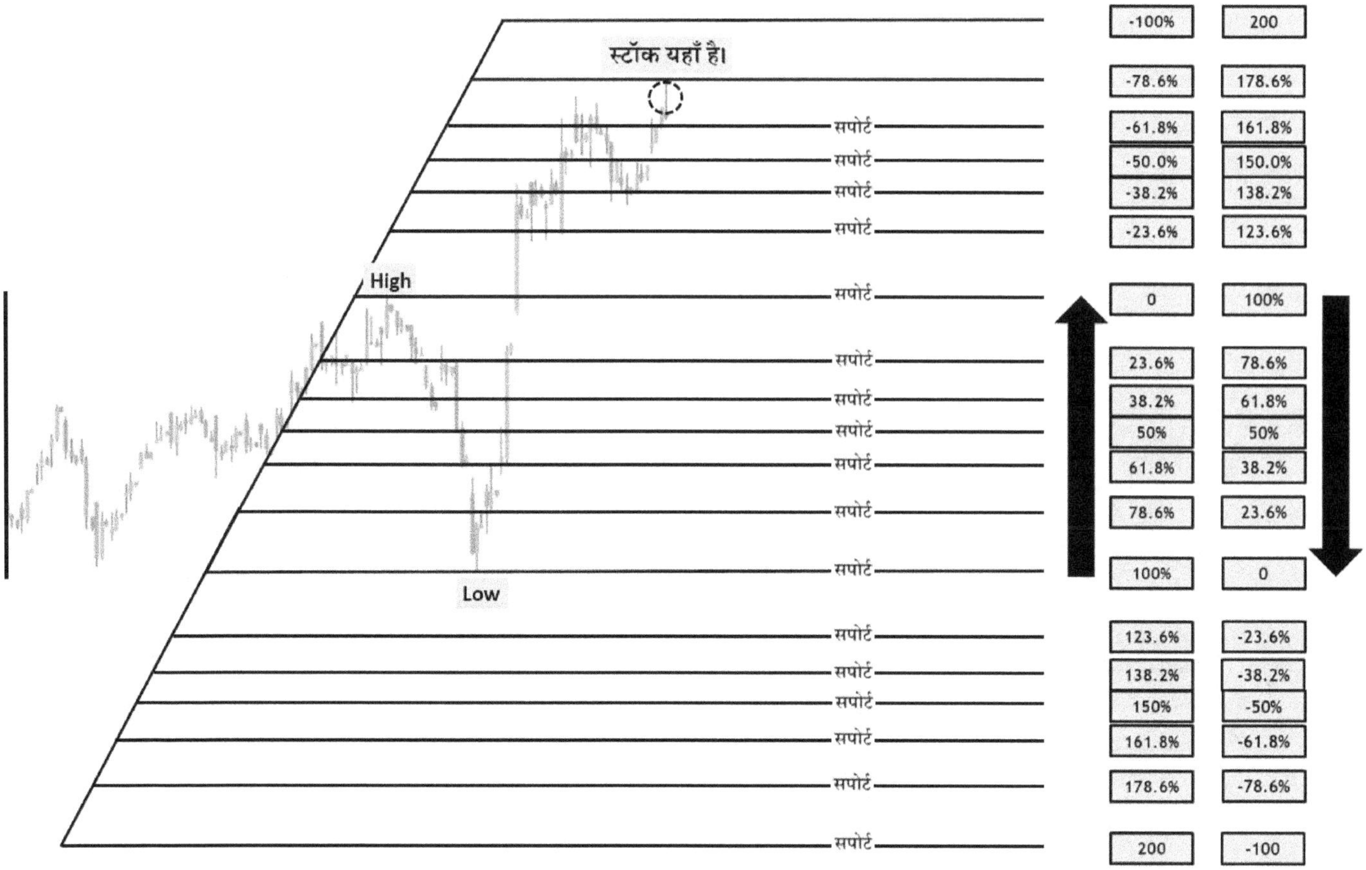

आप पिछले अध्याओं में समझ चुके हैं। हम स्टॉक या इंडेक्स के चार्ट पर चार तरीकों से फिबोनाची रिट्रेसमेंट लाइन खींच सकते हैं। इसलिए रिट्रेसमेंट लेवल से सम्बंधित एक महत्वपूर्ण बात याद रखें।

स्टॉक की वर्तमान कीमत (LTP) किसी भी रिट्रेसमेंट लेवल के आसपास हो सकती है जैसे यहाँ, 78.6% या 178.6% रिट्रेसमेंट लेवल के आसपास है। (चार्ट देखिए)

आप बस इतना याद रखें

स्टॉक की वर्तमान कीमत (LTP) से नीचे जितने भी रिट्रेसमेंट लेवल होते हैं उन्हें स्टॉक का सपोर्ट माना जाता है। इसलिए स्टॉक में गिरावट होने पर, आप किसी भी रिट्रेसमेंट लेवल (सपोर्ट) के आसपास स्टॉक को ख़रीद सकते हैं। (स्टॉपलॉस के साथ)

तीसरी महत्वपूर्ण बात

फिबोनाची रिट्रेसमेंट लेवल (FRL) के आसपास बुलिश प्राइस पैटर्न

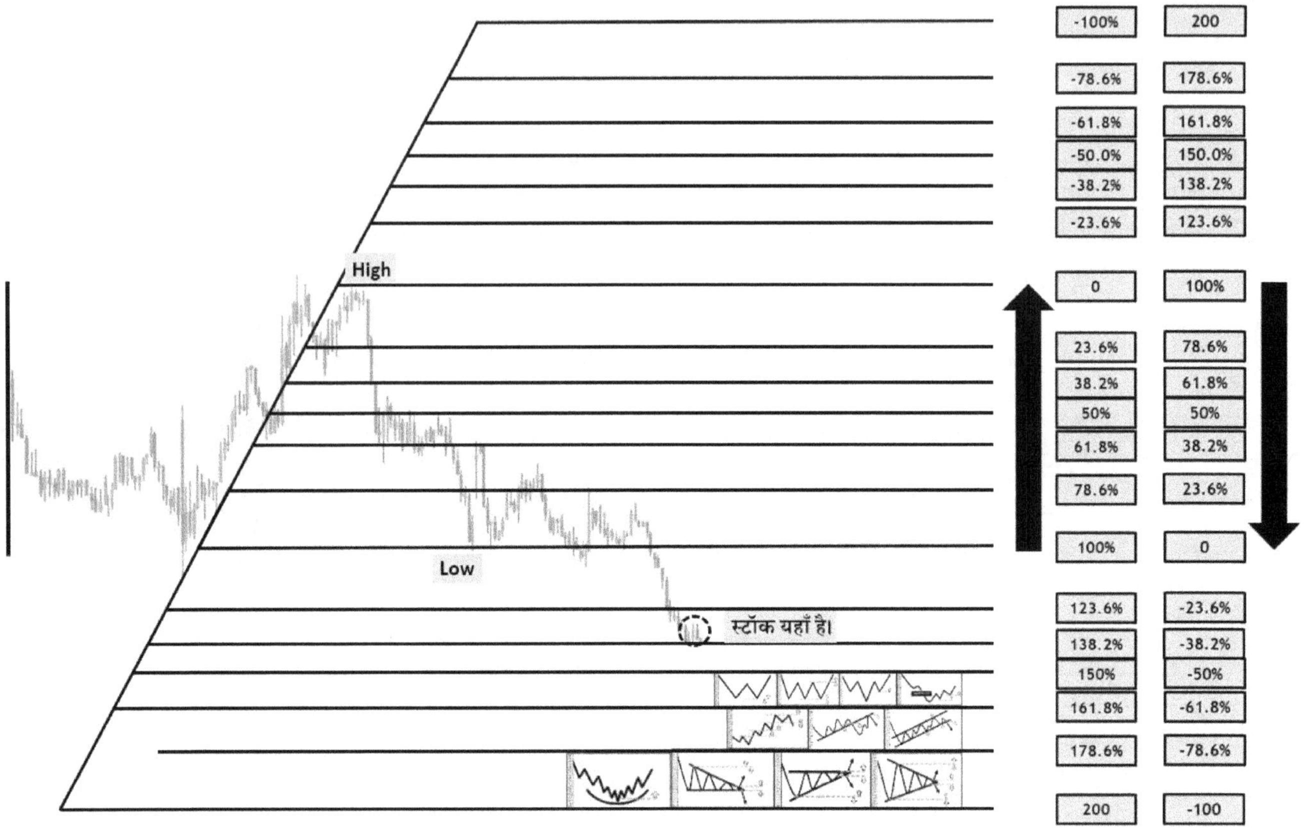

चार्ट में देखकर समझिये।

- जैसा की मैंने पहले बताया। "**स्टॉक की वर्तमान कीमत** (LTP) **से नीचे जितने भी रिट्रेसमेंट लेवल होते हैं उन्हें स्टॉक का सपोर्ट माना जाता है।**"
- गिरावट के बाद, जब स्टॉक फिबोनाची रिट्रेसमेंट लेवल (सपोर्ट) के करीब पहुँचता है तब वह बुलिश प्राइस पैटर्न बनाकर बढ़ोतरी या होने वाली तेज़ी के संकेत देता है।
- इसलिए गिरावट के बाद, अगर कोई भी स्टॉक आपको फिबोनाची रिट्रेसमेंट लेवल (FRL) के करीब मिले तब आप केवल बुलिश प्राइस पैटर्न को समझ कर ट्रेडिंग करें।

चौथी महत्वपूर्ण बात

स्टॉक का ट्रेंड चेंज कब होता है? रिट्रेसमेंट सपोर्ट के आसपास

ट्रेंड पैटर्न के बारे में हम अध्याय 12 में पढ़ चुके है। डाउनट्रेंड में, सबसे नीचे 13 और 21 EMA होते हैं। सबसे ऊपर 144 EMA होता है। डाउनट्रेंड में, स्टॉक की कैंडल 13 और 21 EMA के नीचे बनती है। जब स्टॉक की कैंडल 13 और 21 EMA के ऊपर बनने लगती है तब इसे ट्रेंड बदलने का संकेत माना जाता है।

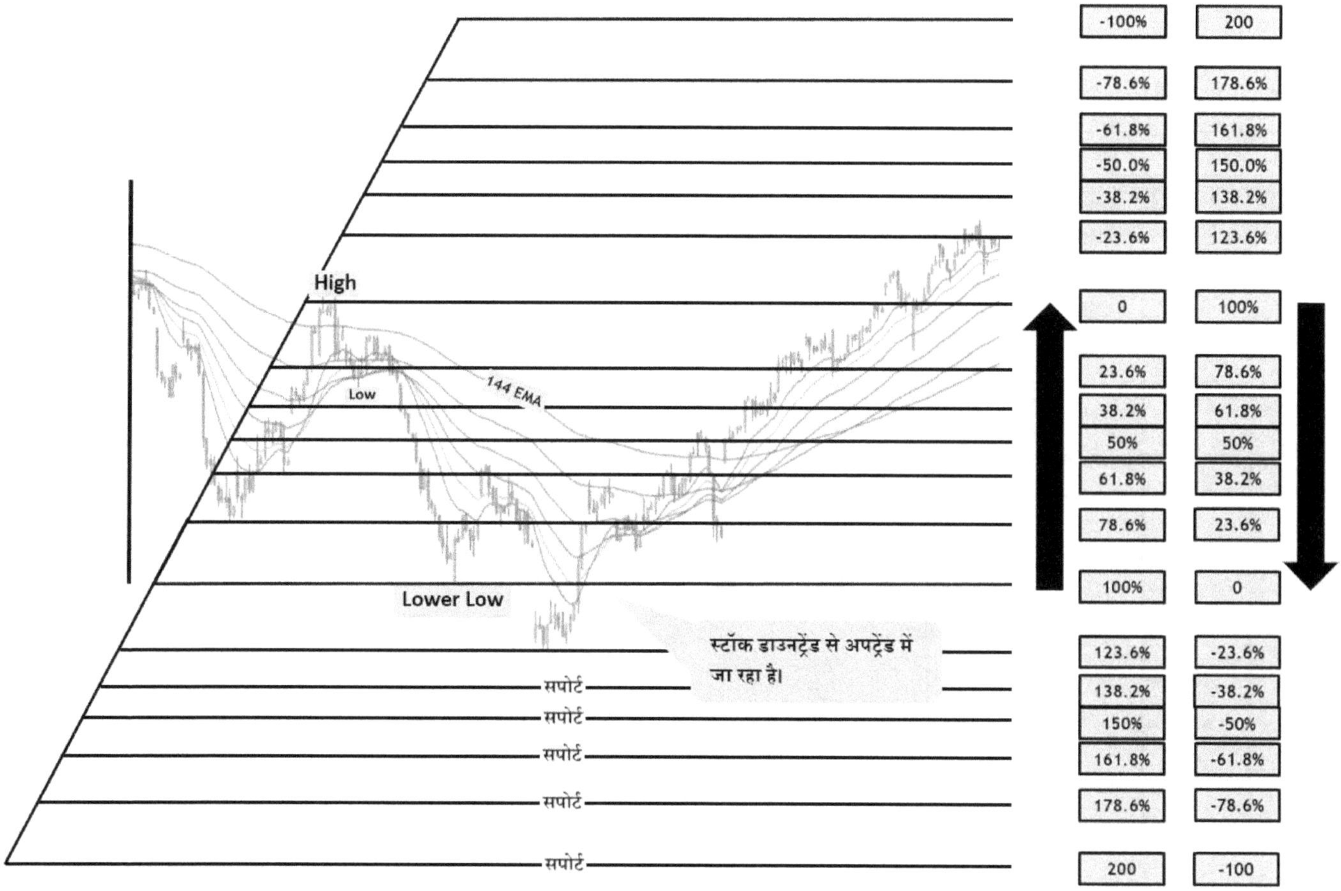

चार्ट में देखकर समझिये। शुरू में स्टॉक डाउनट्रेंड में है।

जब कोई स्टॉक डाउनट्रेंड में होता है तब उसका ट्रेंड फिबोनाची रिट्रेसमेंट लेवल (सपोर्ट) के आसपास पहुँच कर बदलता है। अर्थात अगर स्टॉक डाउनट्रेंड में है तब फिबोनाची रिट्रेसमेंट लेवल के आसपास पहुँच कर अपट्रेंड में जाने की कोशिश करेगा।

यहाँ, आप चार्ट में देख सकते हो। 123.6 या -23.6 फिबोनाची रिट्रेसमेंट लेवल (FRL) के आसपास, स्टॉक का ट्रेंड बदलना शुरू हो गया। (स्टॉक डाउनट्रेंड से अपट्रेंड पैटर्न बनाने लगा।)

पाँचवी महत्वपूर्ण बात

मूविंग एवरेज: सपोर्ट

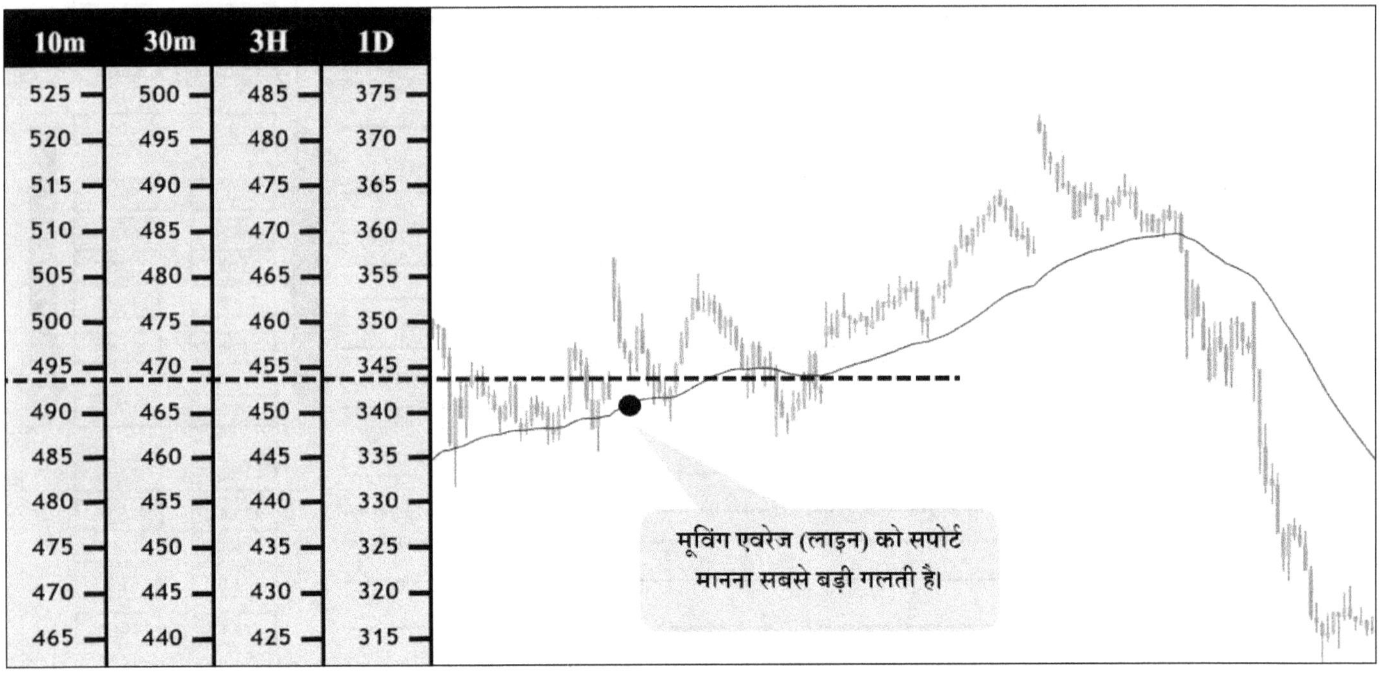

स्टॉक में जब गिरावट होने लगती है तब कुछ नए ट्रेडर, मूविंग एवरेज का उपयोग स्टॉक का सपोर्ट लेवल जानने के लिए उपयोग करते हैं।

आप ऐसी गलती कभी नहीं करें क्यूंकि EMA और SMA अलग-अलग टाइम फ्रेम में, अलग-अलग सपोर्ट लेवल बताते हैं। (चार्ट में देखकर समझिये)

- 10 मिनट के टाइम फ्रेम में EMA, स्टॉक का सपोर्ट 495 रूपये बता रहा है।
- 30 मिनट के टाइम फ्रेम में EMA, स्टॉक का सपोर्ट 470 रूपये बता रहा है।
- 3H के टाइम फ्रेम में EMA, स्टॉक का सपोर्ट 455 रूपये बता रहा है।
- 1D मिनट के टाइम फ्रेम में EMA, स्टॉक का सपोर्ट 345 रूपये बता रहा है।

स्टॉक कौंन से टाइम फ्रेम में, मूविंग एवरेज पर सपोर्ट लेकर बढ़ेगा? ये कहना बहुत मुश्किल है इसलिए

इसलिए **अगर आप शेयर मार्केट में नए हैं तो मेरी सलाह मानिए,** EMA **और** SMA **का उपयोग, स्टॉक या इंडेक्स का सपोर्ट लेवल जानने के लिए बिल्कुल भी नहीं करें।**

रेजिस्टेंस

पहली महत्वपूर्ण बात

लाइन: रेजिस्टेंस

चार्ट में देखकर समझिये। जब स्टॉक, रेजिस्टेंस लाइन को तोड़ कर ऊपर आ जाये तब रेजिस्टेंस लाइन हमेशा सपोर्ट लाइन बन जाती है। चाहे रेजिस्टेंस लाइन कैसी भी हो।

दूसरी महत्वपूर्ण बात

फिबोनाची रिट्रेसमेंट लेवल (FRL) : रेजिस्टेंस

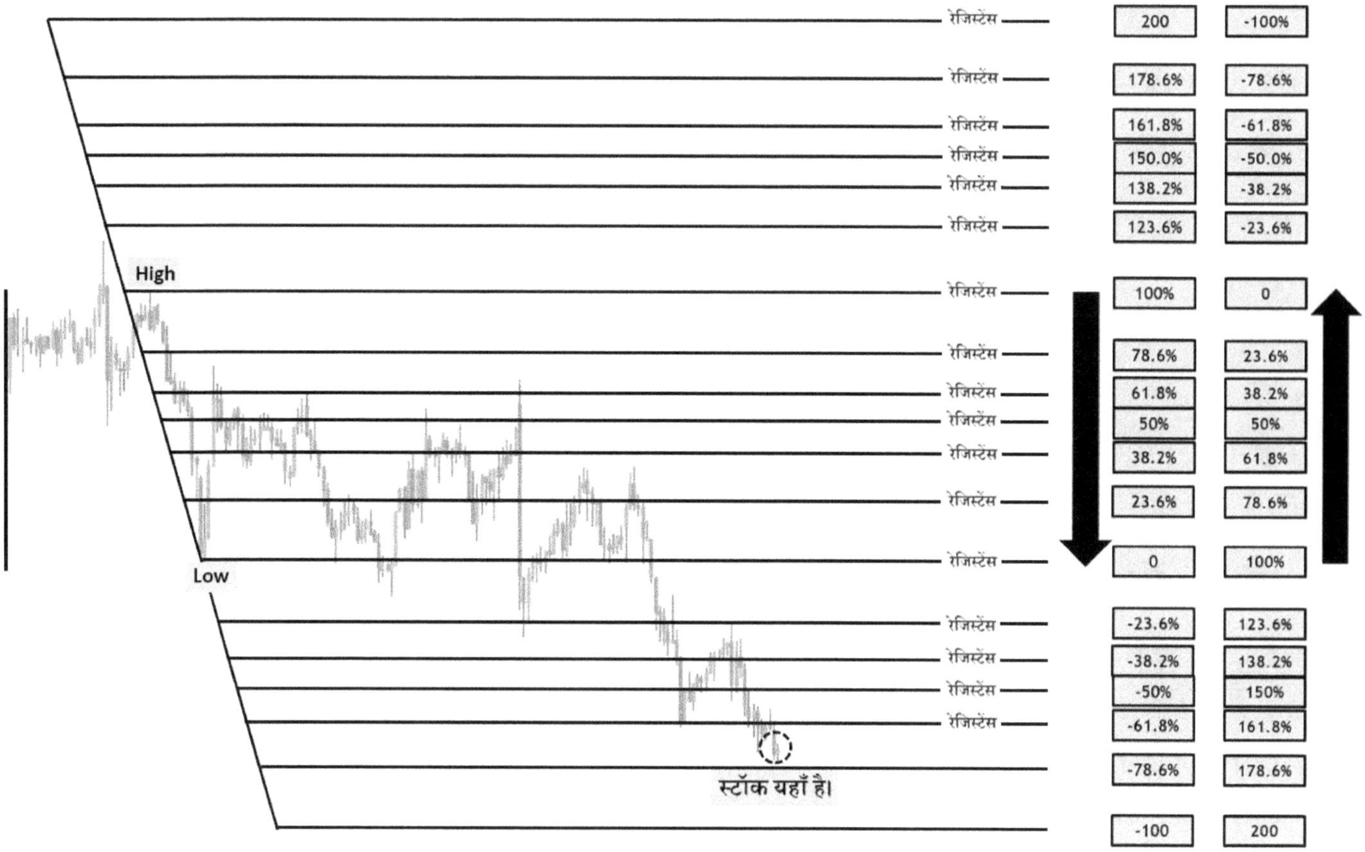

जब हम स्टॉक के चार्ट पर फिबोनाची रिट्रेसमेंट लाइन खींचते हैं। तब स्टॉक की वर्तमान कीमत (LTP) किसी भी रिट्रेसमेंट लेवल के आसपास हो सकती है। जैसे यहाँ, 78.6% या 178.6% रिट्रेसमेंट लेवल के आसपास है। (चार्ट देखिए)

आप बस इतना याद रखें

स्टॉक की वर्तमान कीमत (LTP) से ऊपर जितने भी रिट्रेसमेंट लेवल होते हैं उन्हें स्टॉक का रेजिस्टेंस माना जाता है। इसलिए स्टॉक में बढ़ोतरी होने पर, आप किसी भी रिट्रेसमेंट लेवल (रेजिस्टेंस) के आसपास स्टॉक को शॉर्ट कर सकते हैं। (स्टॉपलॉस के साथ)

तीसरी महत्वपूर्ण बात

फिबोनाची रिट्रेसमेंट लेवल (FRL) के आसपास बेयरिश प्राइस पैटर्न

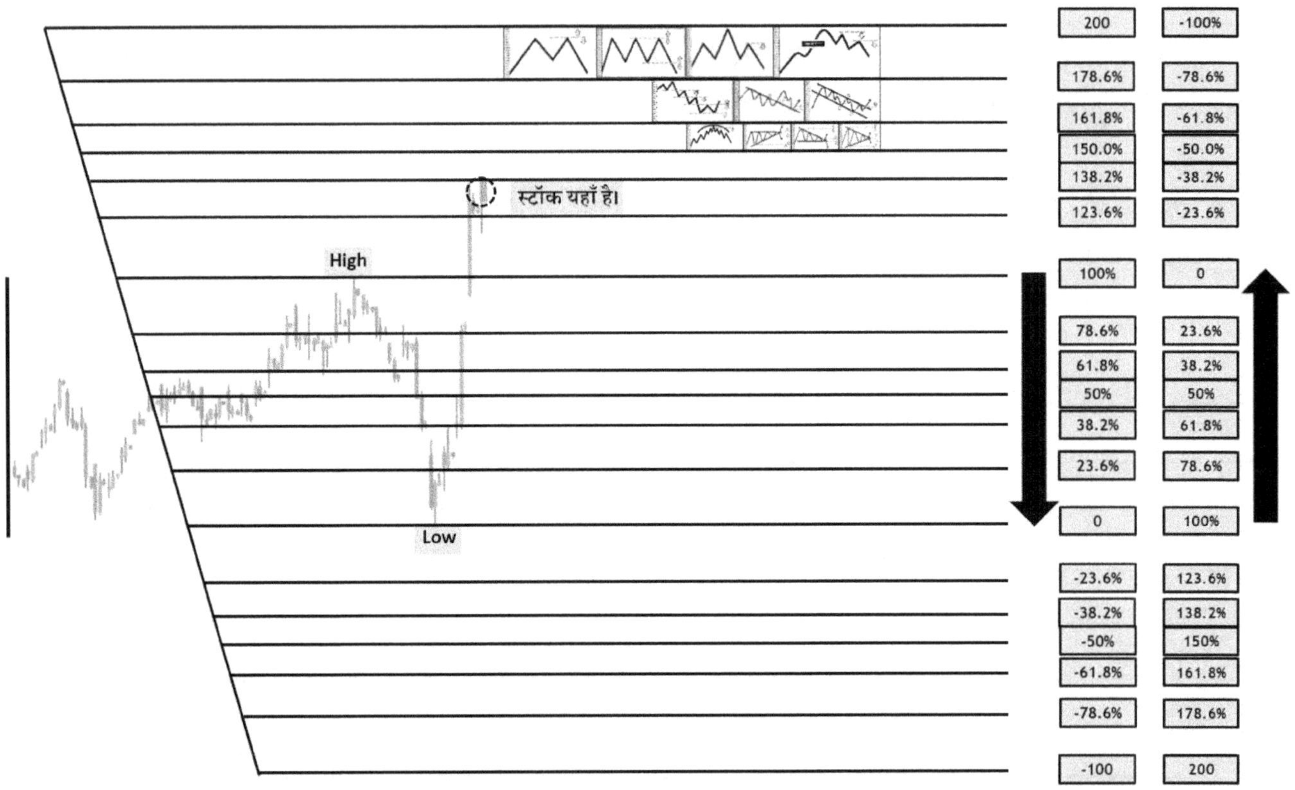

चार्ट में देखकर समझिये।

- जैसा की मैंने पहले बताया। **"स्टॉक की वर्तमान कीमत (LTP) से ऊपर जितने भी रिट्रेसमेंट लेवल होते हैं उन्हें स्टॉक का रेजिस्टेंस माना जाता है।"**
- बढ़ने के बाद, जब स्टॉक फिबोनाची रिट्रेसमेंट लेवल (रेजिस्टेंस) के करीब पहुँचता है तब वह बेयरिश प्राइस पैटर्न बनाकर गिरावट के संकेत देता है।
- इसलिए बढ़ने के बाद, अगर कोई भी स्टॉक आपको फिबोनाची रिट्रेसमेंट लेवल (FRL) के करीब मिले तब आप केवल बेयरिश प्राइस पैटर्न को समझ कर ट्रेडिंग करें।

चौथी महत्वपूर्ण बात

स्टॉक का ट्रेंड चेंज कब होता है? रिट्रेसमेंट रेजिस्टेंस के आसपास

अपट्रेंड में, सबसे ऊपर 13 और 21 EMA होते हैं। सबसे नीचे 144 EMA होता है। अपट्रेंड में, स्टॉक की कैंडल 13 और 21 EMA के ऊपर बनती है। जब स्टॉक की कैंडल 13 और 21 EMA के नीचे बनने लगे तब इसे ट्रेंड बदलने का संकेत माना जाता है।

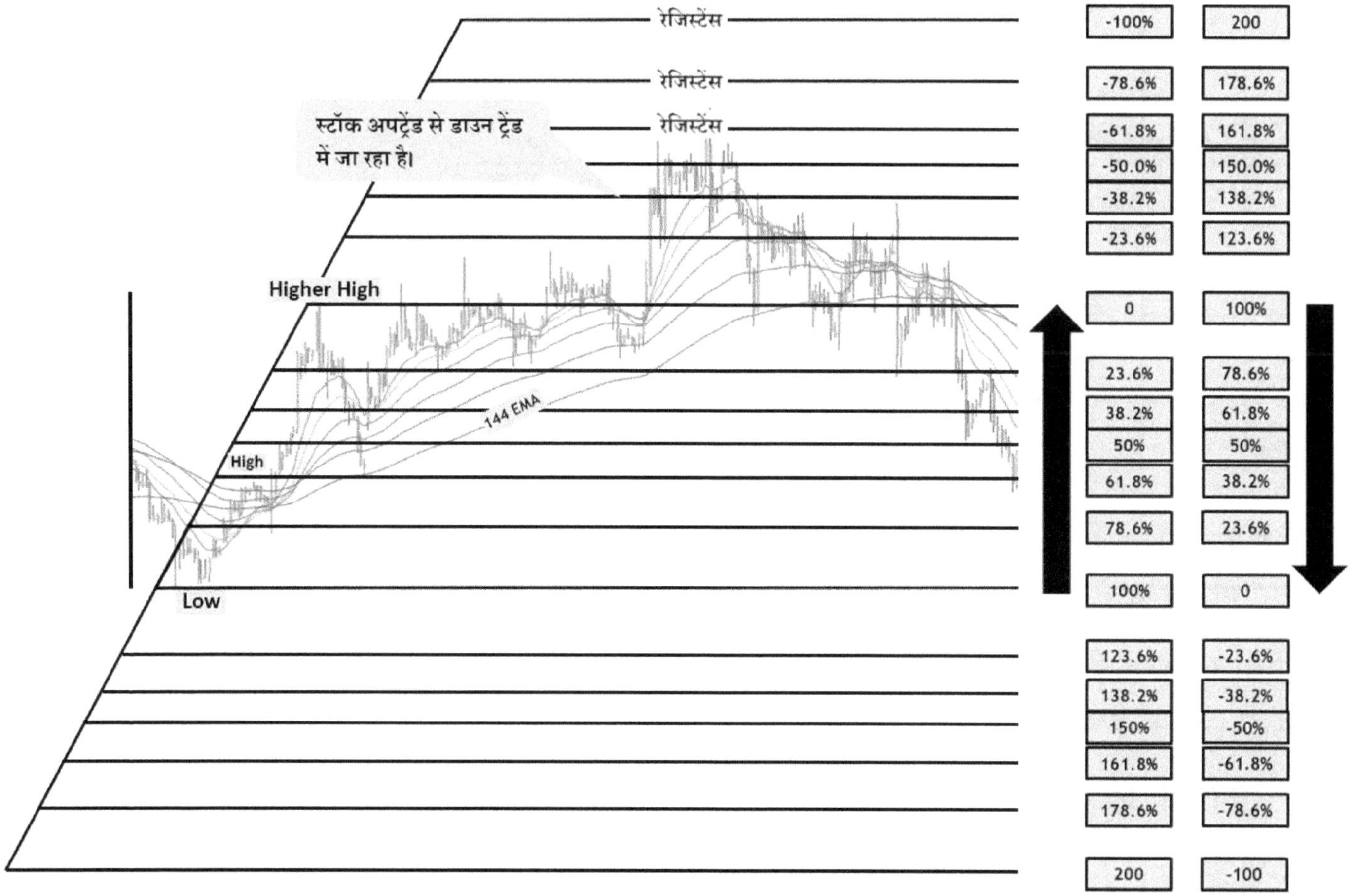

चार्ट में देखकर समझिये। शुरू में स्टॉक अपट्रेंड में है।

जब कोई स्टॉक अपट्रेंड में होता है तब उसका ट्रेंड फिबोनाची रिट्रेसमेंट लेवल (FRL) (रेजिस्टेंस) के आसपास पहुँच कर बदलता है। अर्थात अगर स्टॉक अपट्रेंड में है तब फिबोनाची रिट्रेसमेंट लेवल के आसपास पहुँच कर डाउनट्रेंड में जाने की कोशिश करेगा।

यहाँ, आप चार्ट में देख सकते हो। -61.8 या 161.8 फिबोनाची रिट्रेसमेंट लेवल (FRL) के आसपास, स्टॉक का ट्रेंड बदलना शुरू हो गया। (स्टॉक अपट्रेंड से डाउनट्रेंड पैटर्न बनाने लगा।)

पाँचवी महत्वपूर्ण बात

मूविंग एवरेज

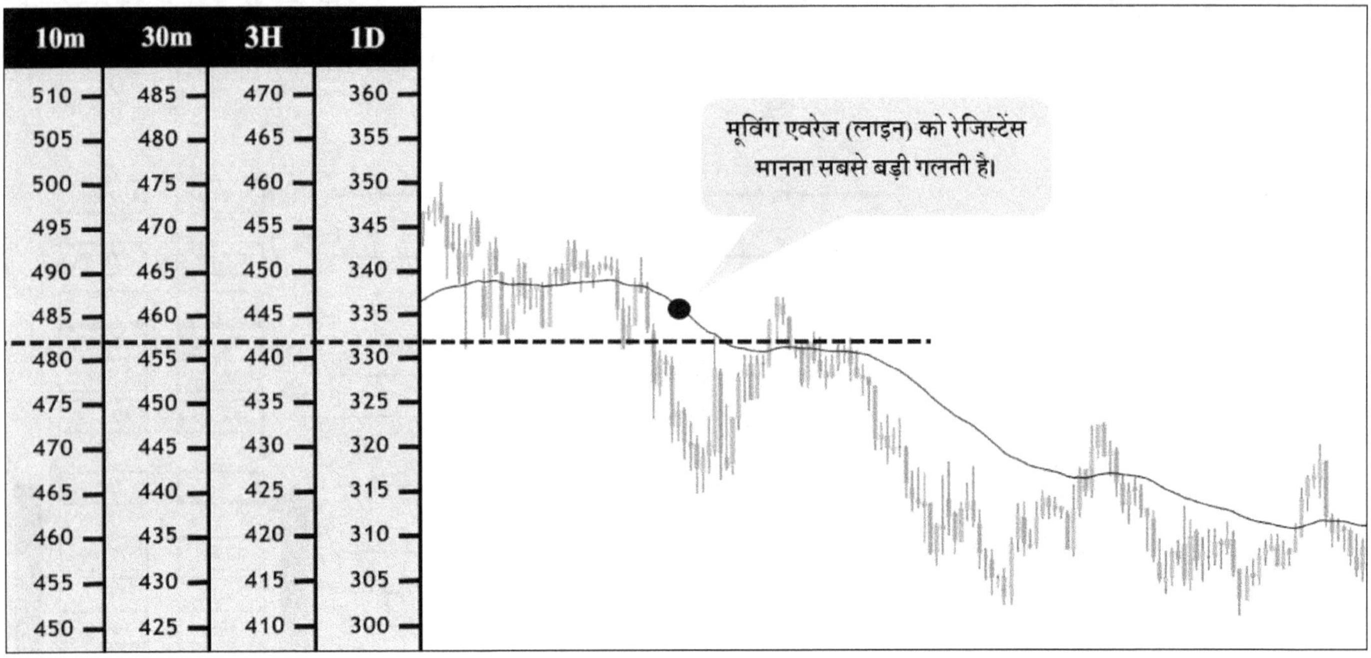

स्टॉक में जब बढ़ोतरी होने लगती है तब कुछ नए ट्रेडर, मूविंग एवरेज का उपयोग स्टॉक का रेजिस्टेंस लेवल जानने के लिए उपयोग करते हैं।

आप ऐसी गलती कभी नहीं करें क्यूंकि EMA और SMA अलग-अलग टाइम फ्रेम में, अलग-अलग रेजिस्टेंस लेवल बताते हैं। (चार्ट में देखकर समझिये)

- 10 मिनट के टाइम फ्रेम में EMA, स्टॉक का रेजिस्टेंस 480 रूपये बता रहा है।
- 30 मिनट के टाइम फ्रेम में EMA, स्टॉक का रेजिस्टेंस 455 रूपये बता रहा है।
- 3H के टाइम फ्रेम में EMA, स्टॉक का रेजिस्टेंस 440 रूपये बता रहा है।
- 1D मिनट के टाइम फ्रेम में EMA, स्टॉक का रेजिस्टेंस 330 रूपये बता रहा है।

स्टॉक कौंन से टाइम फ्रेम में, मूविंग एवरेज को रेजिस्टेंस मानकर गिरेगा ये कहना बहुत मुश्किल है इसलिए **अगर आप शेयर मार्केट में नए हैं तो मेरी सलाह मानिए**, EMA **और** SMA **का उपयोग, स्टॉक या इंडेक्स का रेजिस्टेंस लेवल जानने के लिए बिल्कुल भी नहीं करें।**

अध्याय: 22

सिग्नल, प्राइस पैटर्न, रेंज, ट्रेंड पैटर्न, लेवल और न्यूज़ एनालिसिस

टेक्निकल अनालिसिस

क्या आप जानते हैं? टेक्निकल एनालिसिस छः प्रकार के होते हैं।

1. सिग्नल एनालिसिस
2. प्राइस पैटर्न एनालिसिस
3. रेंज एनालिसिस
4. ट्रेंड पैटर्न एनालिसिस
5. लेवल एनालिसिस
6. न्यूज़ एनालिसिस

आइये इन्हें समझते हैं।

1......सिग्नल एनालिसिस

"सिग्नल एनालिसिस में, केवल इंडिकेटर के **"सिग्नल"** को अहमियत दी जाती है। ऐसे अनेकों टेक्निकल इंडिकेटर हैं जो ट्रेडरों को बाई और सेल "सिग्नल" देते हैं। इनके "सिग्नल" को समझकर, ट्रेडर शेयर को खरीदते या शार्ट करते हैं।

इनमें से कुछ के नाम हैं: Bollinger Band, RSI, Stochastic, ADX, MACD, Supertrend, PSAR, Williams %R इत्यादि

इस अध्याय में हम, इनमें से किसी भी "सिग्नल इंडिकेटर" की चर्चा नहीं करेंगे। अगर आपको इन इंडिकेटर के बारे में जानना है तो आप इंटरनेट पर सर्च कर सकते हैं।

मैं कुछ कहना चाहता हूँ। (आप सहमत हो सकते हैं और नहीं भी)

यहाँ, मैं "सिग्नल इंडिकेटर" के बारे में दो बातें बताऊंगा।

- **जब मार्केट में आधा खेल ख़त्म हो जाता है तब सिग्नल इंडिकेटर आपको बताते है "खेल शुरू होने वाला है"**

  इस बात को उदाहरण से समझिये। जब स्टॉक आधा गिर जायेगा तब सिग्नल इंडिकेटर आपको बताएंगे "स्टॉक गिरने वाला है।"

इसी तरह, जब स्टॉक आधा बढ़ जायेगा तब सिग्नल इंडिकेटर आपको बताएंगे "स्टॉक बढ़ने वाला है।" इसलिए अगर आप शेयर मार्केट नए है तो मेरी सलाह मानिये और "सिग्नल इंडिकेटर" से दूर रहिये।

- ये इंडिकेटर बंद मार्केट में बढ़िया काम करते है लेकिन चालू मार्केट में बिल्कुल काम नहीं करते हैं।

सिग्नल इंडिकेटर से अगर पैसा बनता तो मार्केट में कभी किसी को नुक्सान नहीं होता। **शेयर मार्केट में पैसा, पैटर्न, एंट्री सेटअप और अनुभव से बनता है।**

2......प्राइस पैटर्न एनालिसिस

हम प्राइस पैटर्न एनालिसिस में, स्टॉक के चार्ट पर बुलिश प्राइस पैटर्न और बेयरिश प्राइस पैटर्न को समझने की कोशिश करते हैं। (अध्याय: 8,9,10)

3......रेंज एनालिसिस (ब्रेकआउट और ब्रेकडाउन)

- हमेशा इस बात को याद रखें। "बहुत बढ़ोतरी होने के बाद या बहुत गिरावट होने के बाद, स्टॉक या इंडेक्स **रेंज** में घूमते रहते हैं।"
- ऐसे स्टॉक जो एक रेंज में घूमते रहते हैं उन्हें **रेंज बाउंड स्टॉक** कहते हैं।
- रेंज बाउंड स्टॉक, जब **रेजिस्टेंस लाइन** को तोड़ कर ऊपर बढ़ने लगता है तो उस स्तिथि को **ब्रेकआउट (Break Out)** कहते हैं।
- रेंज बाउंड स्टॉक, जब **सपोर्ट लाइन** को तोड़ कर नीचे गिरने लगता है तो उस स्तिथि को **ब्रेकडाउन** (Break Down) कहते हैं।
- रेंज बाउंड स्टॉक, जब **डाउनट्रेंड लाइन** को तोड़ कर ऊपर बढ़ने लगता है तो उस स्तिथि को **ब्रेकआउट** (Break Out) कहते हैं।
- रेंज बाउंड स्टॉक, जब **अपट्रेंड लाइन** को तोड़ कर नीचे गिरने लगता है तो उस स्तिथि को **ब्रेकडाउन** (Break Down) कहते हैं।
- रेंज एनालिसिस में, स्टॉक के रेजिस्टेंस लेवल और सपोर्ट लेवल को जानने के लिए केवल **लाइन** का उपयोग किया जाता है।

I......अपर और लोअर रेंज एनालिसिस

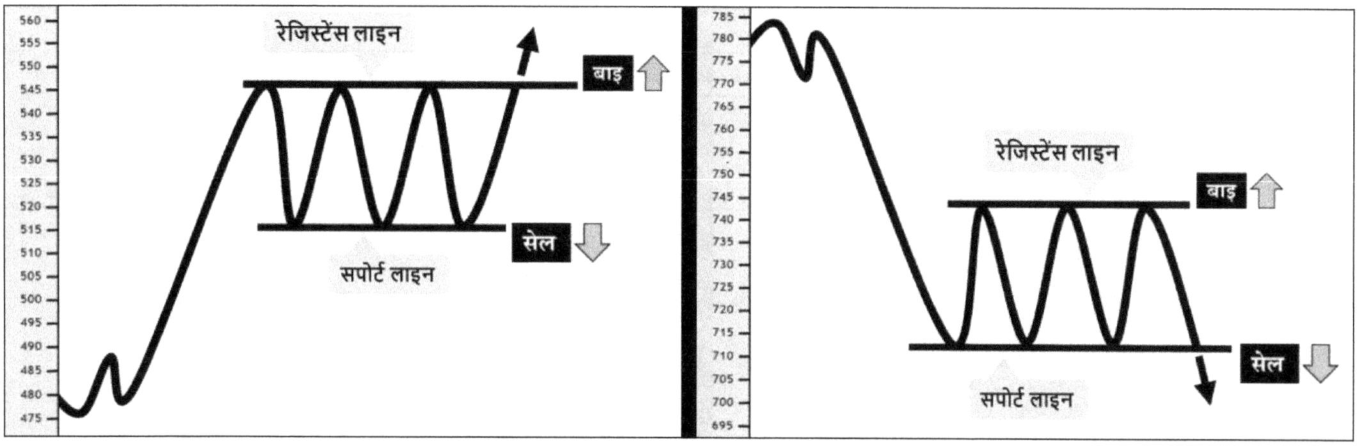

चार्ट देखकर समझिये। साइडवेज़ मार्केट में, स्टॉक या इंडेक्स अपर और लोअर रेंज के बीच घूमते रहता है। इसलिए रेजिस्टेंस लाइन के टूटने पर स्टॉक को खरीदें और सपोर्ट लाइन के टूटने पर स्टॉक को शॉर्ट (सेल) करें।

II......अपट्रेंड चैनल रेंज एनालिसिस

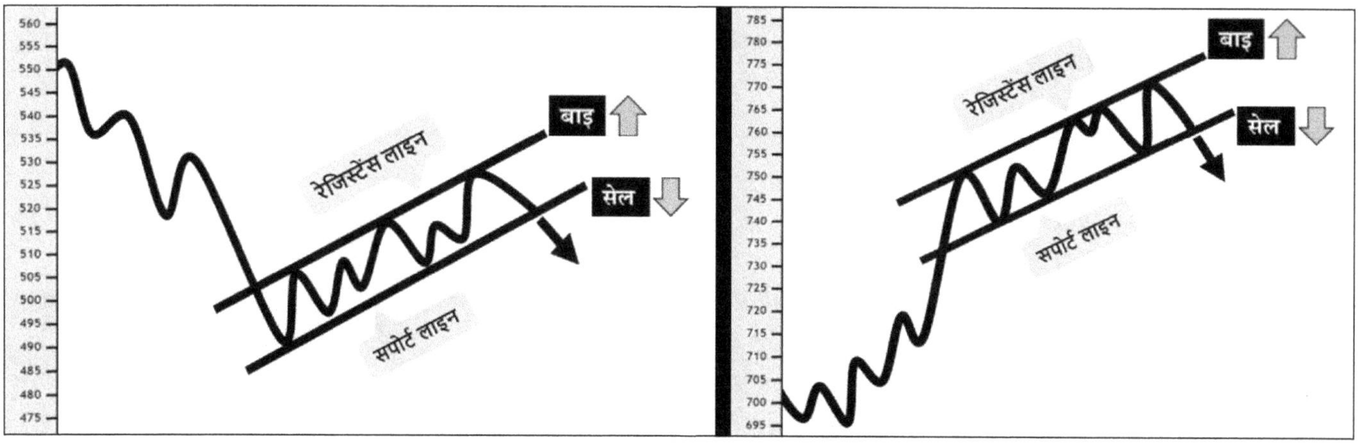

चार्ट देखकर समझिये। “बहुत बढ़ोतरी होने के बाद या बहुत गिरावट होने के बाद, स्टॉक या इंडेक्स कभीं-कभी अपट्रेंड चैनल रेंज में घूमते रहते हैं।”

अपट्रेंड चैनल रेंज में, रेजिस्टेंस लाइन के टूटने पर स्टॉक को खरीदें और सपोर्ट लाइन के टूटने पर स्टॉक को शॉर्ट (सेल) करें।

III......डाउनट्रेंड चैनल रेंज एनालिसिस

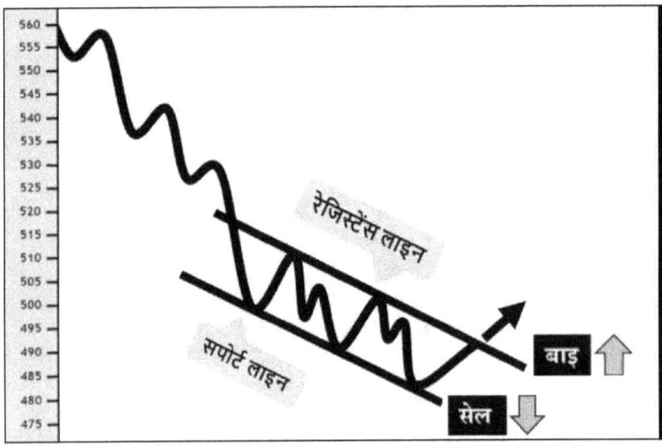

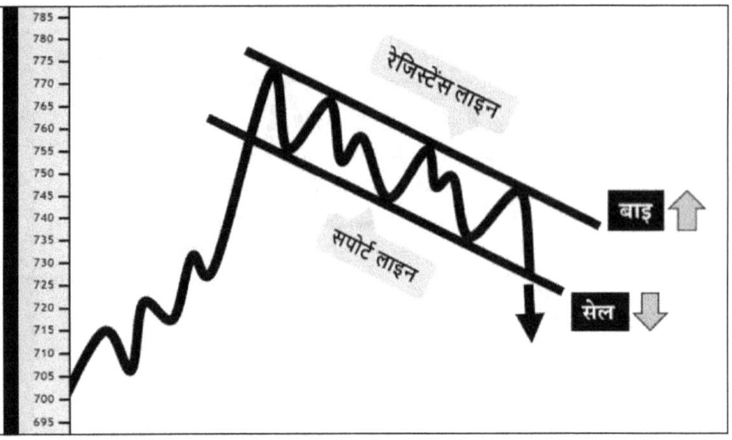

चार्ट देखकर समझिये। "बहुत बढ़ोतरी होने के बाद या बहुत गिरावट होने के बाद, स्टॉक या इंडेक्स कभीं-कभी डाउनट्रेंड चैनल रेंज में घूमते रहते हैं।"

डाउनट्रेंड चैनल रेंज में, रेजिस्टेंस लाइन के टूटने पर स्टॉक को खरीदें और सपोर्ट लाइन के टूटने पर स्टॉक को शॉर्ट (सेल) करें।

IV......त्रिकोण (एक) रेंज एनालिसिस

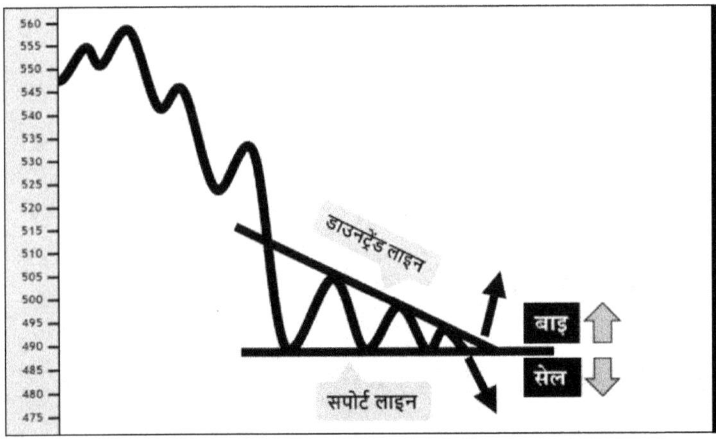

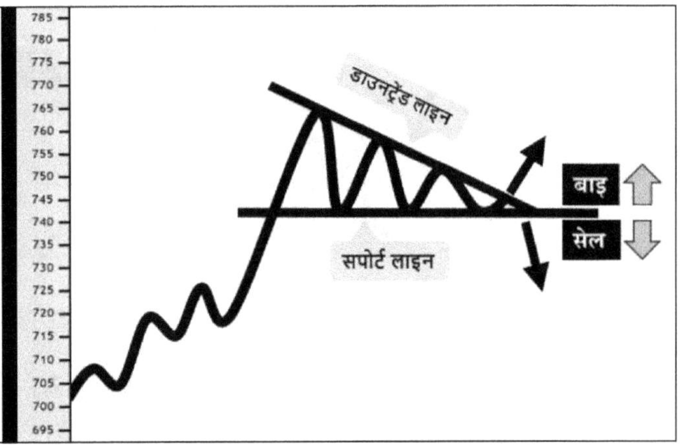

चार्ट देखकर समझिये। "बहुत बढ़ोतरी होने के बाद या बहुत गिरावट होने के बाद, स्टॉक या इंडेक्स कभीं-कभी त्रिकोण (एक) रेंज में घूमते रहते हैं।"

जब स्टॉक त्रिकोण (एक) रेंज हो तब डाउनट्रेंड लाइन के टूटने पर स्टॉक को खरीदें और सपोर्ट लाइन के टूटने पर स्टॉक को शॉर्ट (सेल) करें।

V......त्रिकोण (दो) रेंज एनालिसिस

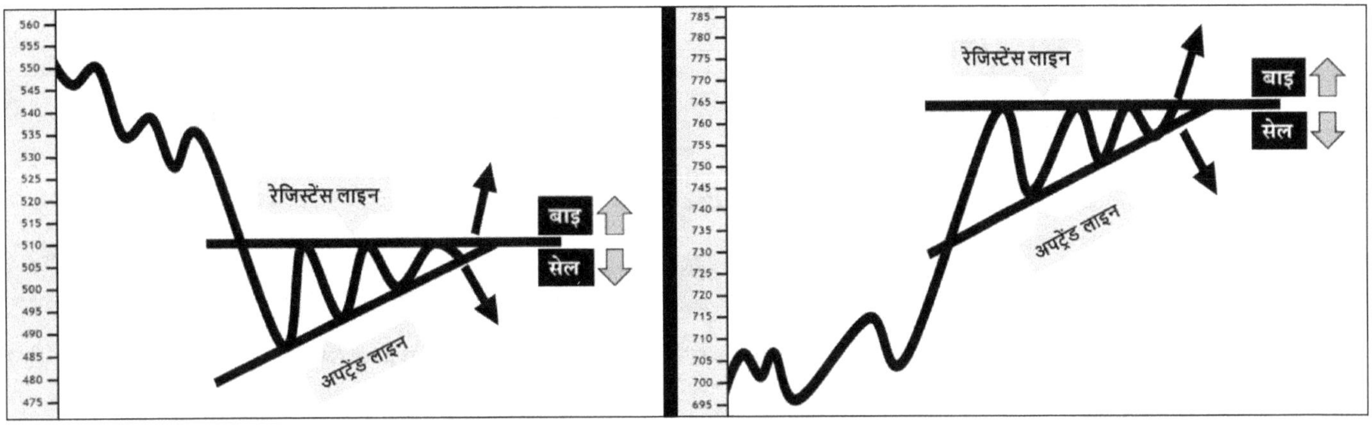

चार्ट देखकर समझिये। “बहुत बढ़ोतरी होने के बाद या बहुत गिरावट होने के बाद, स्टॉक या इंडेक्स कभीं-कभी त्रिकोण (दो) रेंज में घूमते रहते हैं।”

जब स्टॉक त्रिकोण (दो) रेंज हो तब रेजिस्टेंस लाइन के टूटने पर स्टॉक को खरीदें और अपट्रेंड लाइन के टूटने पर स्टॉक को शॉर्ट (सेल) करें।

VI......त्रिकोण (तीन) रेंज एनालिसिस

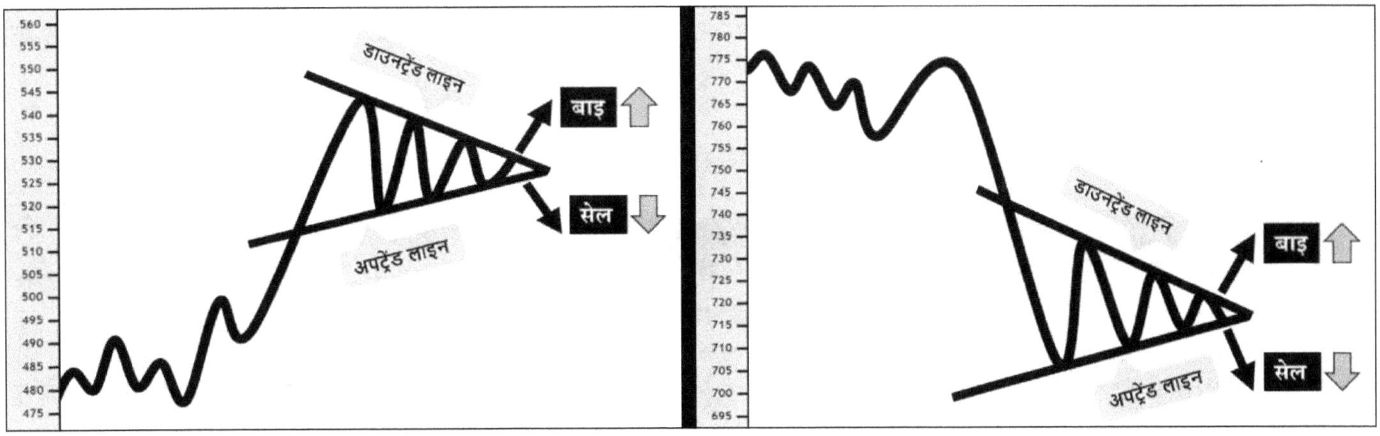

चार्ट देखकर समझिये। “बहुत बढ़ोतरी होने के बाद या बहुत गिरावट होने के बाद, स्टॉक या इंडेक्स कभीं-कभी त्रिकोण (तीन) रेंज में घूमते रहते हैं।”

जब स्टॉक त्रिकोण (तीन) रेंज हो तब डाउनट्रेंड लाइन के टूटने पर स्टॉक को खरीदें और अपट्रेंड लाइन के टूटने पर स्टॉक को शॉर्ट (सेल) करें।

रेंज एनालिसिस किस टाइम फ्रेम में करना चाहिए?

रेंज एनालिसिस हमेशा लॉन्गर टाइम फ्रेम में करें।

1H	3H	4H
1D	1W	1M

4......ट्रेंड पैटर्न एनालिसिस

हम ट्रेंड पैटर्न एनालिसिस में, यह समझने की कोशिश करते हैं की स्टॉक के चार्ट पर कौन-सा ट्रेंड पैटर्न बन रहा है?

अपट्रेंड पैटर्न, डाउनट्रेंड पैटर्न, चढ़ाव पैटर्न या स्लाइड पैटर्न (अध्याय:12)

5......लेवल एनालिसिस

हम लेवल एनालिसिस में, यह समझने की कोशिश करते हैं कि स्टॉक किस रिट्रेसमेंट लेवल के करीब है। (अध्याय:16, 17, 19, 20)

6......न्यूज़ एनालिसिस

हम न्यूज़ एनालिसिस में, स्टॉक या सेक्टर इंडेक्स से सम्बंधित कौन-सी न्यूज़ आने वाली है? इस बात को जानने की कोशिश करते हैं।

आजकल ये काम बहुत आसान हो गया है। चार्ट देखकर समझिये।

INDEX & STOCK	
Nifty 50 EVENT	Nifty Private Bank
Reliance EVENT	Nifty PSU Bank
Tata steel EVENT	Nifty Pharma
Axis Bank EVENT	Nifty IT EVENT
HDFC Bank	Nifty Energy
Sun Pharma	Nifty Media
INFY EVENT	Nifty Metal EVENT

स्टॉक या सेक्टर इंडेक्स से सम्बंधित कौन-सी न्यूज़ आने वाली है? इस बात को जानने के लिए आपको न्यूज़ चैनल देखने या न्यूज़ पेपर पढ़ने की कोई ज़रूरत नहीं है। ट्रेडिंग प्लेटफॉर्म में, जिस स्टॉक या सेक्टर इंडेक्स के ऊपर EVENT (इवेंट) लिखा हो। आप समझ जाइये उस स्टॉक या सेक्टर इंडेक्स सम्बंधित कोई न्यूज़ आने वाली है। कौन-सी न्यूज़ आने वली है इसे ट्रेडिंग प्लेटफॉर्म में ही पढ़ सकते हैं।

न्यूज़ एनालिसिस के प्रभाव को समझें

न्यूज़, सभी टेक्निकल एनालिसिस का बाप है। अच्छी या ख़राब न्यूज़ के करण, स्टॉक या पूरे बाज़ार में, बेतहाशा खरीदारी या बेतहाशा बिकवाली देखने को मिलती है।

इसलिए अच्छी या ख़राब न्यूज़ के करण टेक्निकल एनालिसिस (सपोर्ट या रेजिस्टेंस लेवल) की धज्जियाँ उड़ जाती है। **अगर आप शेयर मार्केट में नए हैं तो जिस स्टॉक में न्यूज़ आने वाली हो उससे दूर रहें। ट्रेडिंग नहीं करें। अगर आप अनुभवी ट्रेडर हैं तो अपने अनुभव के आधार पर ट्रेड करें।**

अंत में,

एक परफेक्ट ट्रेडर बनने के लिए आपको सभी प्रकार के एनालिसिस सिखने की कोशिश करनी चाहिए। शेयर मार्केट में कई तरह के लोग आते हैं।

1. कुछ लोग सिग्नल इंडिकेटर को अच्छे से समझने लगते हैं।
2. कुछ लोग प्राइस पैटर्न को अच्छे से समझने लगते हैं। **(मैं...)**
3. कुछ लोग स्टॉक के रेंज को अच्छे से समझने लगते हैं। **(मैं...)**
4. कुछ लोग ट्रेंड पैटर्न को अच्छे से समझने लगते हैं। **(मैं...)**
5. कुछ लोग रिट्रेसमेंट लेवल को अच्छे से समझने लगते हैं। **(मैं...)**
6. कुछ लोग “हर न्यूज़ का, स्टॉक या सेक्टर इंडेक्स पर क्या प्रभाव पड़ेगा?” इस बात को अच्छे से समझने लगते हैं। फिर स्टॉक को खरीदते या शॉर्ट करते हैं।

अध्याय: 23

कॉल और पुट ऑप्शन

मैंने अपनी पहली किताब **"ए टू ज़ेड शेयर मार्केट (इंट्राडे ट्रेडिंग)"** में, कॉल ऑप्शन और पुट ऑप्शन के बारे में विस्तार से चर्चा की है।

इस अध्याय में हम, "नए ट्रेडरों को OTM कॉल ऑप्शन और OTM पुट ऑप्शन में ट्रेडिंग क्यों नहीं करनी चाहिए?" इसको समझेंगे।

OTM, ATM और ITM कॉल ऑप्शन

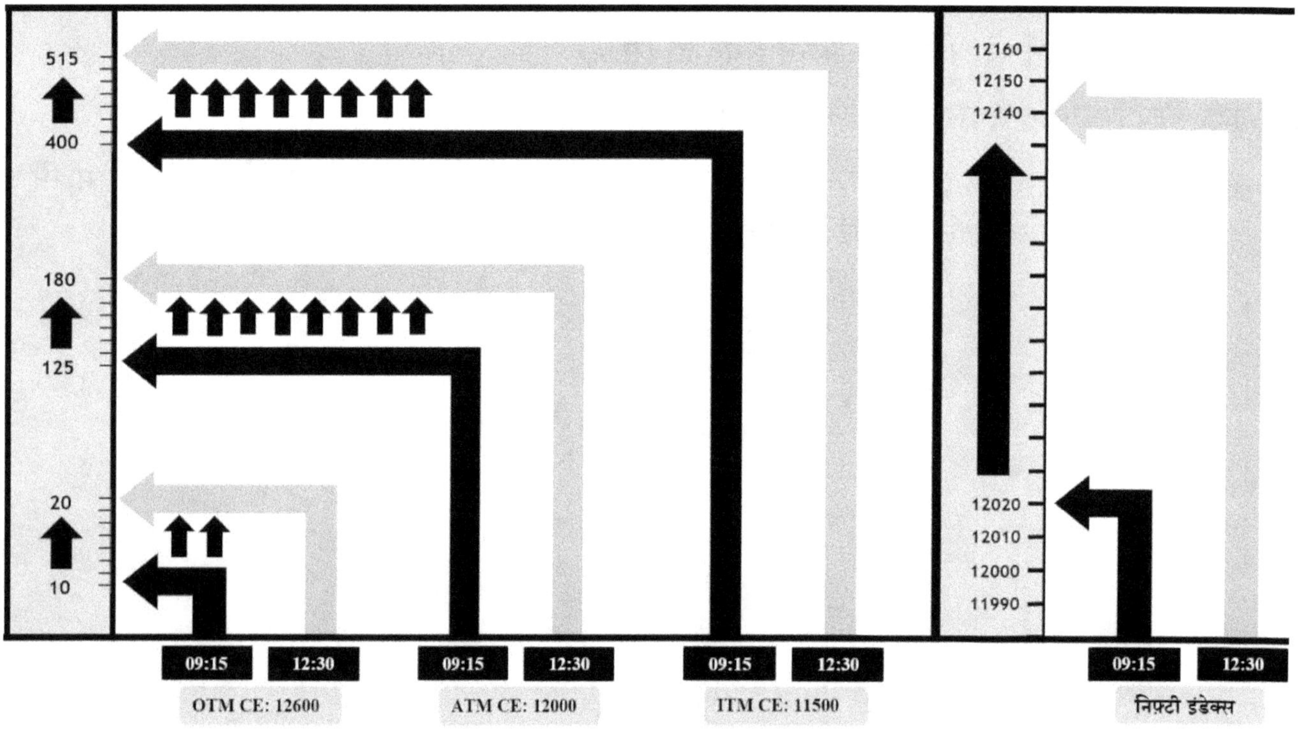

अगर आप शेयर मार्केट में नए हैं तो चार्ट देखकर कुछ महत्वपूर्ण बातों को समझिए।

सुबह 9 बजकर 15 मिनट पर, जब निफ़्टी इंडेक्स 12020 अंक पर था तब OTM **कॉल ऑप्शन** (12600) का प्रीमियम 10 रूपये था। ATM **कॉल ऑप्शन** (12000) का प्रीमियम 125 रूपये था। ITM **कॉल ऑप्शन** (11500) का प्रीमियम 400 रूपये था।

12 **बजकर** 30 **मिनट तक**, निफ़्टी इंडेक्स 12020 से बढ़कर 12140 अंक पर पहुँच गया। अर्थात 120 अंक बढ़ गया।

निफ़्टी इंडेक्स में 120 अंकों की बढ़ोतरी होने पर,

- OTM कॉल ऑप्शन (12600) का प्रीमियम 10 रूपये से बढ़कर 20 रूपये हो गया। अर्थात 10 रूपये बढ़ गया।
- ATM कॉल ऑप्शन (12000) का प्रीमियम 125 रूपये से बढ़कर 180 रूपये हो गया। अर्थात 55 रूपये बढ़ गया।
- ITM कॉल ऑप्शन (11500) का प्रीमियम 400 रूपये से बढ़कर 515 रूपये हो गया। अर्थात 115 रूपये बढ़ गया।

मैं आपको क्या समझाना चाहता हूँ?

अगर आप शेयर मार्केट में नए हैं तब आपको इंट्राडे ट्रेडिंग में OTM कॉल ऑप्शन को नहीं खरीदना चाहिए क्यूंकि सभी OTM कॉल ऑप्शन के प्रीमियम केवल समय मूल्य होते हैं।

इसलिए

- अगर निफ़्टी इंडेक्स रेंज में ही बढ़ता-गिरता रहे या निफ़्टी इंडेक्स बहुत धीरे-धीरे बढ़े तब इनके प्रीमियम में गिरावट होने लगती है।
- अगर निफ़्टी इंडेक्स बहुत तेज़ी से बढ़े तब भी इनके प्रीमियम में बहुत कम बढ़ोतरी होती है।

OTM, ATM और ITM पुट ऑप्शन

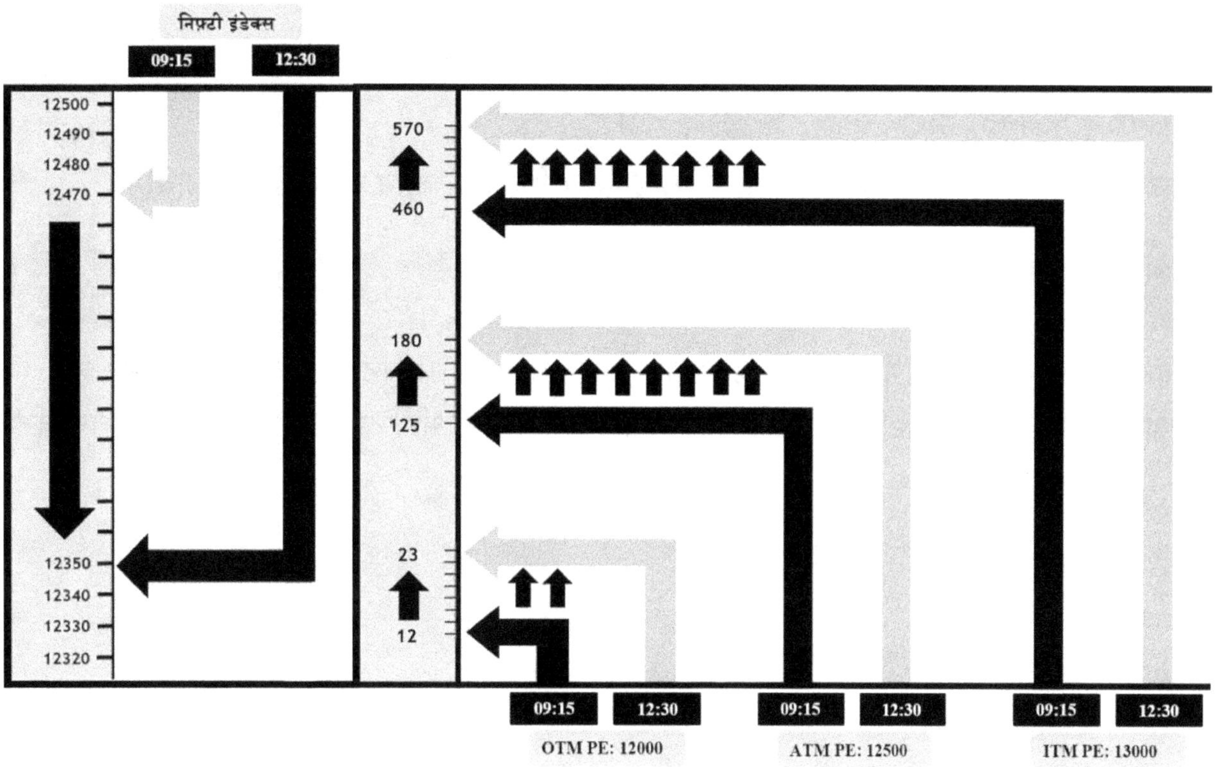

चार्ट देखकर समझिए।

सुबह 9 बजकर 15 मिनट पर, जब निफ़्टी इंडेक्स 12470 अंक पर था तब OTM **पुट ऑप्शन** (12000) का प्रीमियम 12 रूपये था। ATM **पुट ऑप्शन** (12500) का प्रीमियम 125 रूपये था। ITM **पुट ऑप्शन** (13000) का प्रीमियम 460 रूपये था।

12 **बजकर** 30 **मिनट तक,** निफ़्टी इंडेक्स 12470 से गिरकर 12350 अंक पर पहुँच गया। अर्थात 120 अंक गिर गया।

निफ़्टी इंडेक्स में 120 **अंकों की गिरावट होने पर,**

- OTM पुट ऑप्शन (12000) का प्रीमियम 12 रूपये से बढ़कर 23 रूपये हो गया। अर्थात 11 रूपये बढ़ गया।
- ATM पुट ऑप्शन (12500) का प्रीमियम 125 रूपये से बढ़कर 180 रूपये हो गया। अर्थात 55 रूपये बढ़ गया।
- ITM पुट ऑप्शन (13000) का प्रीमियम 460 रूपये से बढ़कर 570 रूपये हो गया। अर्थात 110 रूपये बढ़ गया।

मैं आपको क्या समझना चाहता हूँ?

अगर आप शेयर मार्केट में नए हैं तब आपको इंट्राडे ट्रेडिंग में OTM पुट ऑप्शन को नहीं खरीदना चाहिए क्यूंकि सभी OTM कॉल ऑप्शन की तरह ही, सभी OTM पुट ऑप्शन के प्रीमियम केवल समय मूल्य होते हैं।

इसलिए

- अगर निफ़्टी इंडेक्स रेंज में ही बढ़ता-गिरता रहे या निफ़्टी इंडेक्स बहुत धीरे-धीरे गिरे तब इनके प्रीमियम में गिरावट होने लगती है।
- अगर निफ़्टी इंडेक्स बहुत तेज़ी से गिरे तब भी इनके प्रीमियम में बहुत कम बढ़ोतरी होती है।

ऑप्शन चेन

ऑप्शन चेन बहुत ही महत्वपूर्ण तालिका है। इसमें कॉल ऑप्शन या पुट ऑप्शन से संबंधित कई महत्वपूर्ण जानकारियां होती है। आप Nseindia.com की वेबसाइट से, किसी भी स्टॉक या इंडेक्स के ऑप्शन चेन को देख सकते हो।

कॉल ऑप्शन				निफ़्टी स्ट्राइक प्राइस	पुट ऑप्शन			
ऑप्शन के प्रकार	वॉल्यूम	ओपन इन्ट्रस्ट	प्रीमियम (रुपयों में)		प्रीमियम (रुपयों में)	ओपन इन्ट्रस्ट	वॉल्यूम	ऑप्शन के प्रकार
डीप	13700	13850	1010.00	11300	3.15	326,200	4,062,250	फॉर
ITM	26300	22250	935.00	11400	6.80	838,900	7,572,200	OTM
ITM	18,686,700	647,400	265.55	12100	43.55	112,366,850	4,989,450	OTM
	89,696,450	1,487,550	194.35	12200	69.20	3,870,850	142,303,050	
ATM	148,832,200	4,290,900	130.20	12300	115.70	3,526,400	91,214,800	ATM
OTM	122,122,350	6,563,250	80.75	12400	156.35	1,562,350	23,022,400	ITM
	75,050,100	5,735,900	45.90	12500	215.65	978,750	4,364,150	
फॉर	6,338,700	836,900	4.20	13200	925.95	8,500	1,250	डीप
OTM	4,098,550	992,250	2.75	13300	1150.00	8,100	2,850	ITM

इस तालिका में निफ़्टी इंडेक्स की वर्तमान कीमत (LTP) 12300 **है।** अब तालिका देखकर, कुछ बातों को समझिये।

1. **डीप** ITM **कॉल या पुट ऑप्शन को ट्रेडिंग के लिए नहीं चुनें।**

   तालिका में डीप ITM **कॉल ऑप्शन है**: 11300, 11400 **और डीप** ITM **पुट ऑप्शन है**: 13200, 13300

   डीप ITM ऑप्शन में वॉल्यूम बहुत कम होते हैं। इनमें वॉलटिलिटी बहुत ज़्यादा होती है इसलिए बिड-आस्क स्प्रेड में बहुत ज्यादा अंतर होता है। (मैंने वॉलटिलिटी और बिड-आस्क स्प्रेड को अपनी पहली किताब में बहुत अच्छे से समझया है।)

2. **हमेशा** ITM **और** ATM **कॉल या पुट ऑप्शन को ट्रेडिंग के लिए चुनें।**

   तालिका में ITM **कॉल ऑप्शन है**: 12100, 12200 **और** ATM **कॉल ऑप्शन है**: 12300

   इसी तरह ITM **पुट ऑप्शन है**: 12400, 12500 **और** ATM **पुट ऑप्शन है**: 12300

   ITM और ATM कॉल और पुट ऑप्शन में वॉल्यूम बहुत ज़्यादा होते हैं। इनमें वॉलटिलिटी भी बहुत ज़्यादा होती है लेकिन बिड-आस्क स्प्रेड में बहुत कम अंतर होता है।

3. OTM **और फॉर** OTM **कॉल या पुट ऑप्शन को ट्रेडिंग के लिए नहीं चुनें।**

   तालिका में फॉर OTM **कॉल ऑप्शन है**: 13200, 13300 **और फॉर** OTM **पुट ऑप्शन है**: 11400, 11300

   OTM और फॉर OTM कॉल और पुट ऑप्शन में वॉल्यूम बहुत ज़्यादा होते हैं लेकिन इनमें वॉलटिलिटी बहुत कम होती है। अगर निफ़्टी इंडेक्स बहुत तेज़ी से बढ़े या गिरे तब भी इनके प्रीमियम में बहुत कम बढ़ोतरी या गिरावट होती है।

4. **एक्सपायरी के दिन** OTM **और फॉर** OTM **कॉल या पुट ऑप्शन को शॉर्ट सेल के लिए चुनें।**

   सभी OTM और फॉर OTM कॉल ऑप्शन और पुट ऑप्शन के प्रीमियम केवल समय मूल्य होते हैं।

   इसलिए अगर निफ़्टी इंडेक्स रेंज में ही बढ़ता-गिरता रहे या निफ़्टी इंडेक्स बहुत धीरे-धीरे बढ़े या गिरे तब इनके प्रीमियम में गिरावट होने लगती है। अंततः एक्सपायरी के दिन इनके प्रीमियम शून्य हो जाते हैं। इसलिए आप एक्सपायरी के दिन आप इनको शॉर्ट सेल कर सकते हो। (स्टॉपलॉस के साथ)

ट्रेडिंग कैपिटल का ख़्याल रखें।

यहाँ पर जो भी बातें बताई गयी है वह केवल इंट्राडे ट्रेडरों या नए ट्रेडरों को ध्यान में रखकर कही गयी है। नए ट्रेडर ज़्यादा पैसा कमाने के लालच में हमेशा OTM या फॉर OTM ऑप्शन को खरीदना पसंद करते हैं। OTM या फॉर OTM ऑप्शन को आप लॉट्री मान सकते हो। ख़रीदने के बाद बढ़ गया तो बल्ले-बल्ले। मगर ऐसा बहुत कम होता है। जब मार्केट से सम्बंधित बहुत बड़ी ख़बर आने वाली हो तभी OTM या फॉर OTM ऑप्शन को खरीदना चाहिए। रोज़-रोज़ इसमें ट्रेडिंग नहीं करनी चाहिए वरना मुनाफ़े से ज़्यादा नुकसान होगा।

अगर आप अनुभवी ट्रेडर हैं तो आप अपने सहूलियत के अनुसार किसी भी प्रकार के कॉल या पुट ऑप्शन में पोज़िशन बना सकते हो।

एंट्री सेटअप

कॉल और पुट ऑप्शन: एंट्री सेटअप

मैं ऑप्शन में तभी ट्रेडिंग करता हूँ जब मुझे बढ़िया एंट्री सेटअप मिलता है। मैं हमेशा निफ़्टी या बैंकनिफ़्टी के कॉल ऑप्शन और पुट ऑप्शन का चार्ट अलग-अलग LCD स्क्रीन में देखता हूँ। अगर आप नए ट्रेडर हैं तो एक बात अपने दिमाग में बैठा लें **"एक दिन में यह एंट्री सेटअप आपको समझ में नहीं आएगा। आपको लगातार, हफ़्तों या महीनों तक इस सेटअप को देखना पड़ेगा।"**

जब आप रोज़-रोज़ कॉल ऑप्शन और पुट ऑप्शन का चार्ट, एक साथ अलग-अलग LCD स्क्रीन में देखोगे तब आपको यह एंट्री सेटअप समझ में आने लगेगा।

1...... एंट्री सेटअप (प्राइस पैटर्न)

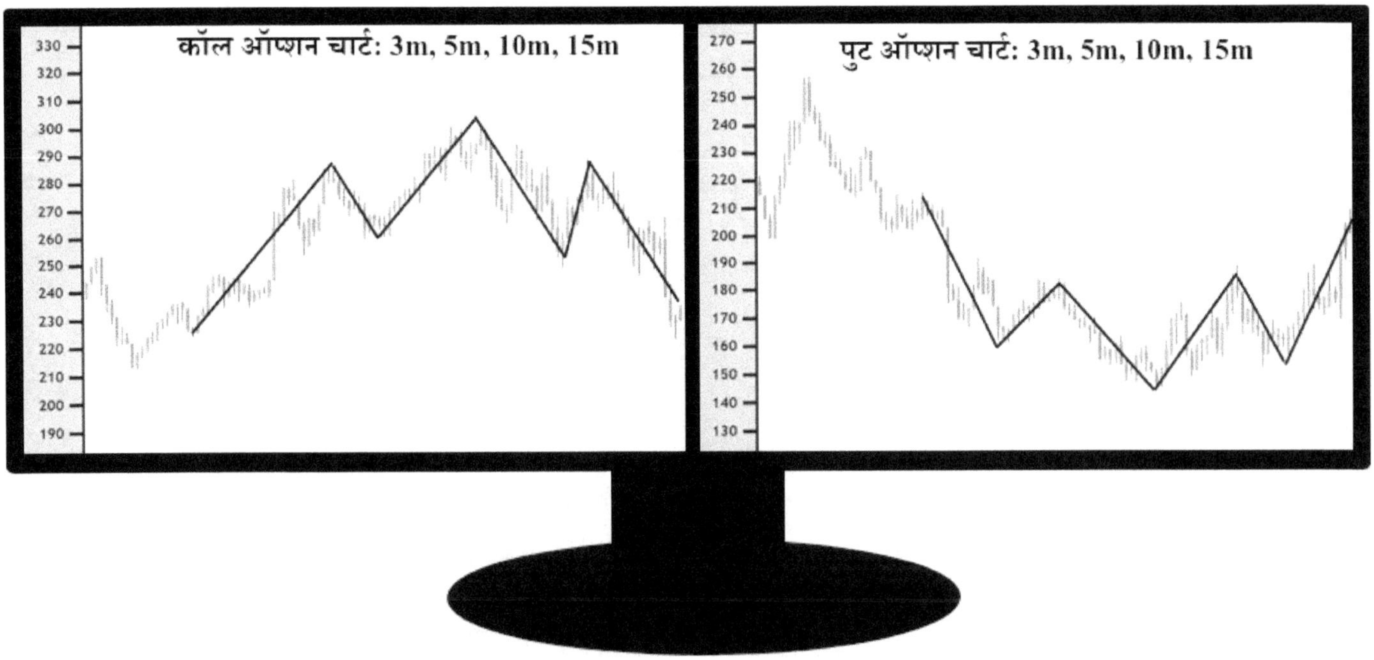

अलग-अलग LCD स्क्रीन पर कॉल ऑप्शन और पुट ऑप्शन का चार्ट देखकर प्राइस पैटर्न को समझने की कोशिश कीजिये।

हमेशा याद रखें। जब भी कॉल ऑप्शन के चार्ट पर बेयरिश प्राइस पैटर्न बनेगा। (जैसे यहाँ हेड एंड शोल्डर पैटर्न बना है) तब पुट ऑप्शन के चार्ट पर जरूर बुलिश प्राइस पैटर्न बनेगा। (जैसे यहाँ उल्टा हेड एंड शोल्डर पैटर्न बना है)

इसी तरह अगर पुट ऑप्शन के चार्ट पर बेयरिश प्राइस पैटर्न बनेगा तब कॉल ऑप्शन के चार्ट पर जरूर बुलिश प्राइस पैटर्न बनेगा।

इस एंट्री सेटअप में,

- मान लीजिये आपको कॉल ऑप्शन के चार्ट पर, बेयरिश प्राइस पैटर्न समझ में आ गया तब आप कॉल ऑप्शन को शॉर्ट सेल कर सकते हैं और पुट ऑप्शन को खरीद सकते हैं।
- और अगर आपको कॉल ऑप्शन के चार्ट पर बुलिश प्राइस पैटर्न समझ में आ गया तब आप कॉल ऑप्शन को खरीद सकते हैं और पुट ऑप्शन को शॉर्ट सेल कर सकते हैं।
- इस एंट्री सेटअप में दोनों ऑप्शन के चार्ट को 10 या 15 मिनट के टाइम फ्रेम में देखें।

2......एंट्री सेटअप (ट्रेंड पैटर्न)

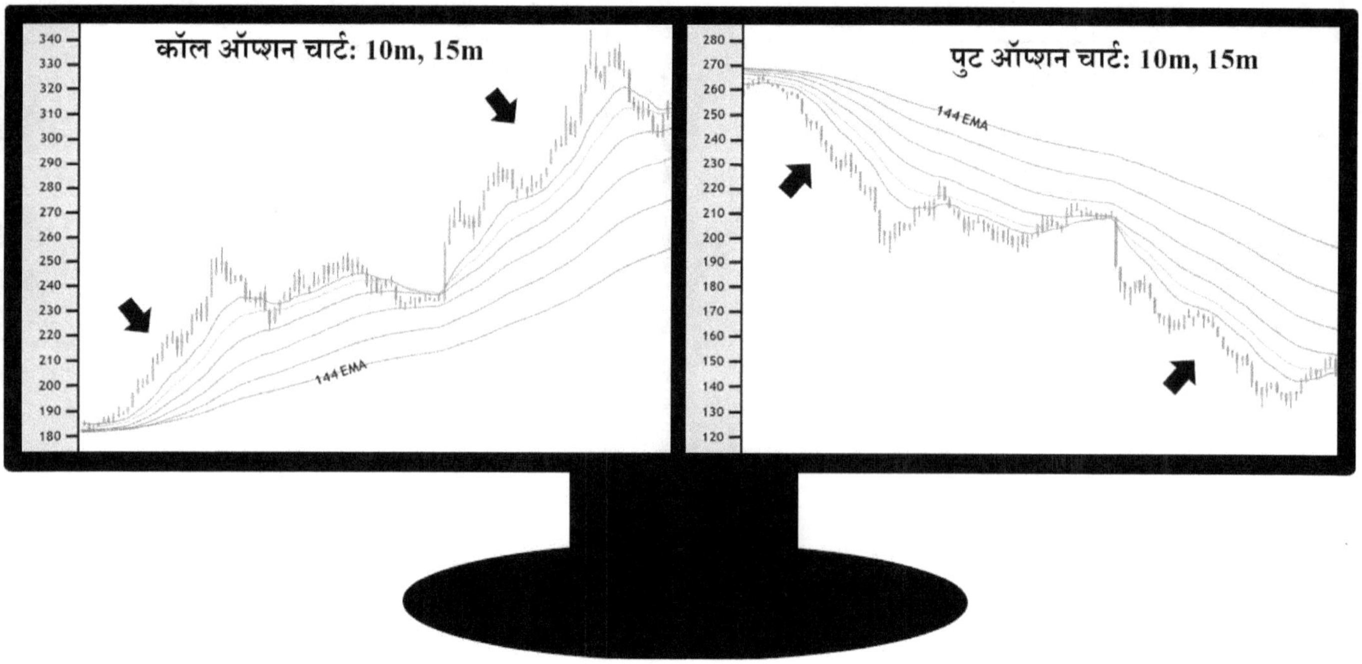

अलग-अलग LCD स्क्रीन पर कॉल ऑप्शन और पुट ऑप्शन का चार्ट देखकर ट्रेंड पैटर्न को समझने की कोशिश कीजिये।

हमेशा याद रखें। जब भी कॉल ऑप्शन के चार्ट पर चढ़ाव पैटर्न बनेगा (जैसे यहाँ बना है) तब पुट ऑप्शन के चार्ट पर जरूर स्लाइड पैटर्न बनेगा। (जैसे यहाँ बना है)

इसी तरह अगर पुट ऑप्शन के चार्ट पर चढ़ाव पैटर्न बनेगा तब कॉल ऑप्शन के चार्ट पर जरूर स्लाइड पैटर्न बनेगा।

इस एंट्री सेटअप में,

- मान लीजिये आपको कॉल ऑप्शन के चार्ट पर, चढ़ाव प्राइस पैटर्न समझ में आ गया तब आप कॉल ऑप्शन को खरीद सकते हैं और पुट ऑप्शन को शॉर्ट सेल कर सकते हैं।
- और अगर आपको कॉल ऑप्शन के चार्ट पर स्लाइड पैटर्न समझ में आ गया तब आप कॉल ऑप्शन को शॉर्ट सेल कर सकते हैं और पुट ऑप्शन को खरीद सकते हैं।
- इस एंट्री सेटअप में दोनों ऑप्शन के चार्ट को 10 मिनट के टाइम फ्रेम में देखें।

अंत में, एक बार फिर कहूंगा।

एक बात अपने दिमाग में बैठा लें **"एक दिन में यह एंट्री सेटअप आपको समझ में नहीं आएगा। आपको लगातार, हफ़्तों या महीनों तक इस सेटअप को देखना पड़ेगा।"**

अध्याय: 24

स्टॉक और पुट

वेटेज़ स्टॉक किसे कहते हैं?

साधारण शब्दों में **वेटेज़** का मतलब है "अहमियत"

इंडेक्स की वेटेज़ तालिका देखकर, आप आसानी से समझ सकते हो की सेक्टर इंडेक्स में किस कंपनी की अहमियत ज़्यादा है? और किस कंपनी की अहमियत कम है?

जिस कंपनी की अहमियत ज़्यादा होती है सेक्टर इंडेक्स में उनका वेटेज़ अधिक होता है और जिस कंपनी की अहमियत कम होती है उनका वेटेज़ कम होता है।

उदाहरण

Nifty Bank	
Company's Name	**Weight (%)**
HDFC Bank	26.06
ICICI Bank	19.56
Axis Bank	15.93
State Bank of India	13.27
Kotak Mahindra Bank	12.37
IndusInd Bank	5.35
Bandhan Bank	2.07

(नोट: इस तालिका में, बैंकनिफ़्टी इंडेक्स के सभी स्टॉक को शामिल नहीं किया गया है।)

तालिका देखकर समझिये। बैंकनिफ़्टी इंडेक्स में सबसे ज़्यादा वेटेज़ HDFC बैंक का है उसके बाद अन्य बैंको का है।

वेटेज़ स्टॉक की ख़ास बातें

- वेटेज़ स्टॉक में, रोज़ाना ट्रेडिंग वॉल्यूम ज़्यादा होती है।
- वेटेज़ स्टॉक के ऑप्शन कॉन्ट्रैक्ट बहुत सक्रीय होते हैं। (लगभग सभी ऑप्शन कॉन्ट्रैक्ट में ऑप्शन इंटरेस्ट ज्यादा रहता है।)

सेक्टर इंडेक्स

NIFTYINDICES.COM या NSEINDIA.COM की वेबसाइट से देखें	
SECTOR	**INDEX**
Nifty Private Bank	Nifty AUTO
Nifty PSU Bank	Nifty FMCG
Nifty Pharma	Nifty Media
Nifty IT	Nifty Reality
Nifty Energy	Nifty Metal

इन सभी सेक्टर इंडेक्स में कौन-कौन सी कम्पनियाँ शामिल है? प्रत्येक कंपनी का इंडेक्स में कितना वेटेज़?

ये जानने के लिए आप वेबसाइट www.niftyindices.com देखें।

पुट ऑप्शन और स्टॉक: तैयारी

जैसा की आप मेरी पहली किताब में पढ़ चुके हैं **"स्टॉक और उसके पुट ऑप्शन में उल्टा सम्बन्ध होता है"**

- अगर चार्ट पर, स्टॉक अपट्रेंड पैटर्न बनाएगा तो उसका पुट ऑप्शन डाउनट्रेंड पैटर्न बनाएगा।
- अगर चार्ट पर, स्टॉक डाउनट्रेंड पैटर्न बनाएगा तो उसका पुट ऑप्शन अपट्रेंड पैटर्न बनाएगा।

इसलिए मैं अधिक वेटेज़ वाले स्टॉक और उसके पुट ऑप्शन का चार्ट अलग-अलग LCD स्क्रीन में देखता हूँ।

Exchange	Symbol	LTP	Net Change	Prev. Close Price	Open Price	High	Low	Volume
NSE	HDFCBANK	1560.00	15.00	1545.00	288.10	293.50	285.60	12461278
NFO	HDFCBANK 1500 PE	20.00	-15.00	35.00	37.00	44.85	14.00	1172080
NSE	RELIANCE	2190.00	10.00	2180.00	2181.00	2200.00	2177.00	8907654
NFO	RELIANCE 2100 PE	26.00	-6.00	32.00	31.00	40.00	20.00	500080
NSE	AXISBANK	751.00	9.00	742.00	754.00	760.00	750.00	9806091
NFO	AXISBANK 700 PE	9.00	-3.00	12.00	10.00	14.00	6.00	655200
NSE	INFY	1355.00	15.00	1340.00	1340.00	1362.00	1337.00	5690003
NFO	INFY 1300 PE	14.00	-7.00	21.00	21.00	12.00	28.00	214490
NSE	TATAMOTOR	315.00	7.00	308.00	308.00	319.00	305.00	12098745
NFO	TATAMOTOR 300 PE	9.00	-2.00	11.00	11.00	6.00	13.00	2207602

LCD स्क्रीन में देखकर समझें। आप अपने ट्रेडिंग वॉचलिस्ट में, सेक्टर इंडेक्स के सबसे अधिक वेटेज़ वाले कंपनी को शामिल कर लीजिये। फिर कंपनी के ITM और ATM पुट ऑप्शन कॉन्ट्रैक्ट को शामिल करें जिसमें **ट्रेडिंग वॉल्यूम या ओपन इंटरेस्ट** ज़्यादा हो।

अगर आप गूगल पर सिर्फ स्टॉक के नाम के बाद "Option Chain NSEINDIA.COM" लिखेंगे तब आपको आसानी से स्टॉक का ऑप्शन चैन मिल जायेगा।
उदाहरण के लिए, मुझे HDFC बैंक का ऑप्शन चेन देखना है। मैं गूगल पर लिखूंगा "HDFCbank Option Chain NSEINDIA.COM"

1......एंट्री सेटअप (ट्रेंड पैटर्न)

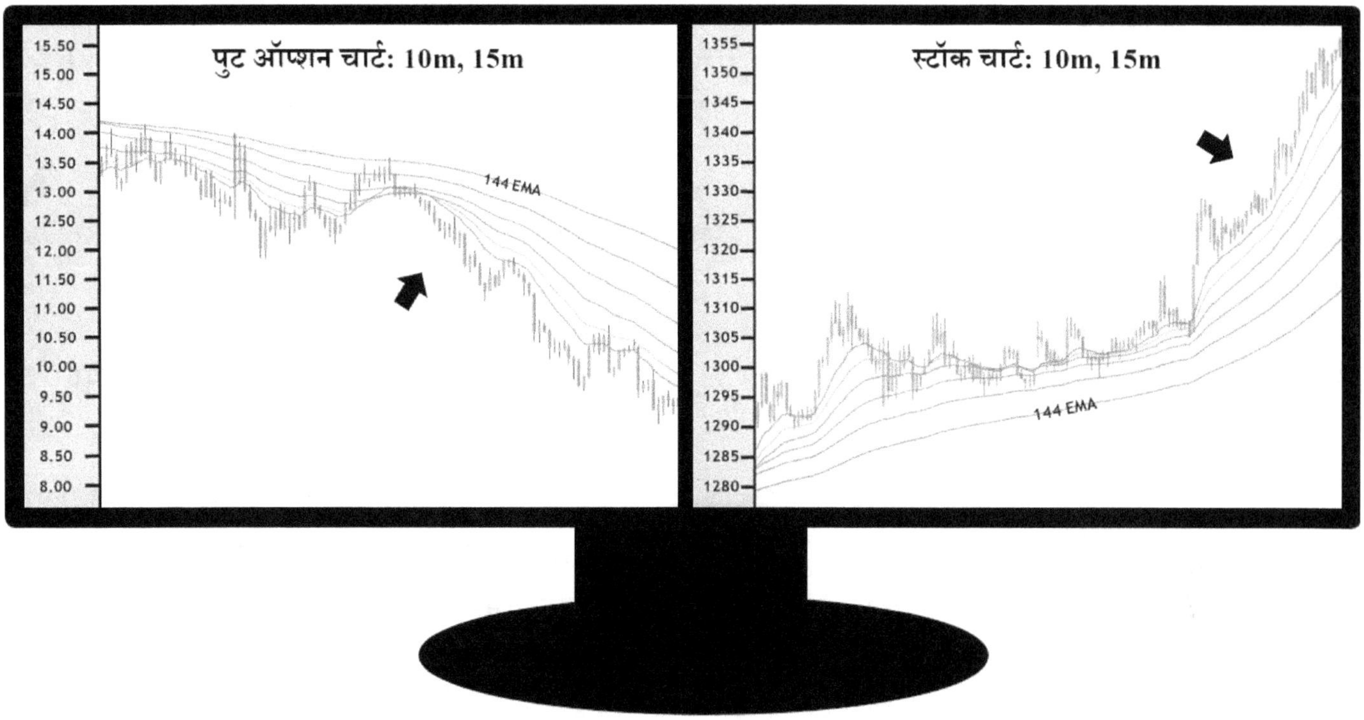

अलग-अलग LCD स्क्रीन पर स्टॉक और उसके पुट ऑप्शन का चार्ट देखकर ट्रेंड पैटर्न को समझने की कोशिश कीजिये।

इस एंट्री सेटअप में,

- जब पुट ऑप्शन के चार्ट पर स्लाइड पैटर्न बनने लगे तब स्टॉक को खरीदें।
- दोनों ऑप्शन के चार्ट को 10 मिनट के टाइम फ्रेम में देखें।

मैं इस एंट्री सेटअप का उपयोग केवल स्टॉक को खरीदने के लिए करता हूँ। जब भी पुट ऑप्शन के चार्ट पर मुझे स्लाइड पैटर्न समझ में आता है तब मैं वेटेज़ स्टॉक को खरीदता हूँ। ये एंट्री सेटअप नए ट्रेडरों के लिए बहुत फ़ायदेमंद है। बस, आपको लगातार, हफ़्तों या महीनों तक इस सेटअप को देखना पड़ेगा।"

अध्याय: 25

ट्रेडिंग सेटअप

ट्रेडिंग सेटअप किसे कहते हैं?

मल्टी मॉनीटर सेटअप को ही ट्रेडिंग सेटअप कहते हैं।

ट्रेडिंग सेटअप क्यों जरूरी है?

अलग-अलग स्टॉक या सेक्टर इंडेक्स का चार्ट, एक साथ देखने के लिए ट्रेडिंग सेटअप की ज़रूरत पड़ती है। इससे मार्केट को समझने में आसानी होती है साथ ही साथ, इंट्राडे ट्रेडिंग करना भी आसान हो जाता है।

ट्रेडिंग सेटअप कैसे बढ़ाएं?

लैपटॉप से

मैं ये मान कर चल रहा हूँ। आपके पास एक लैपटॉप है। आपको अपने लैपटॉप की कुछ विशेषताओं पर ध्यान देना पड़ेगा।

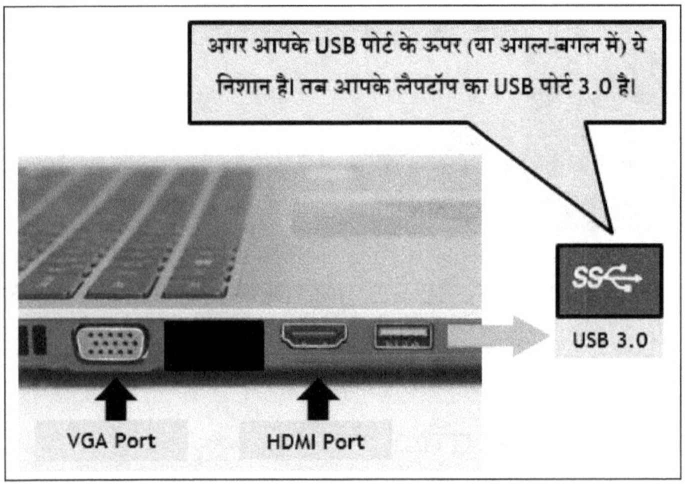

आपके लैपटॉप में, HDMI पोर्ट और USB 3.0 पोर्ट होना चाहिए। USB 3.0 पोर्ट के ऊपर (SS) का निशान मिलेगा।

बाज़ार से खरीद लें।

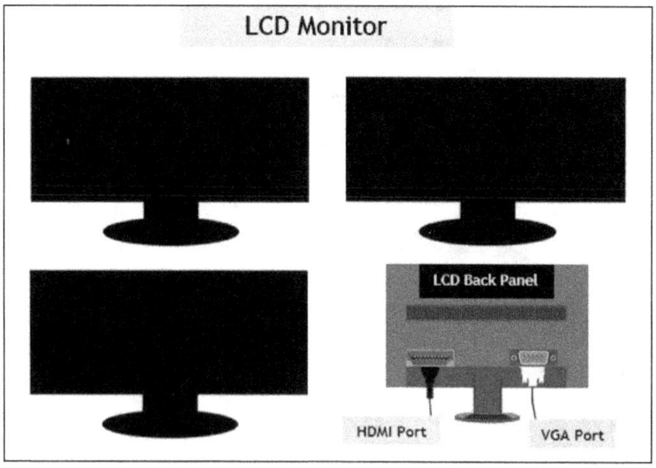

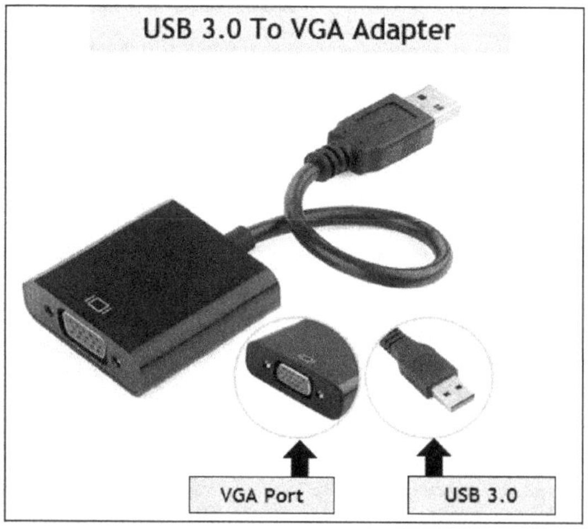

मार्केट से, तीन LCD मॉनीटर ख़रीद लें। LCD मॉनीटर में, VGA और HDMI पोर्ट दोनों होना चाहिए।

मार्केट से, USB टू VGA अडैप्टर ख़रीदे। (चित्र में देखिये)

सब जोड़ने के बाद: सेटिंग

एक लैपटॉप से आप तीन LCD मॉनिटर चला सकते हो। पहला HDMI पोर्ट से, दूसरा और तीसरा, USB टू VGA अडैप्टर से।

ट्रेडिंग सेटअप कैसे बढ़ाएं?

कंप्यूटर से

मैं ये मान कर चल रहा हूँ। आपके पास कंप्यूटर नहीं है। अगर है तो अच्छी बात है अगर नहीं है तब आपको नीचे बताए गए विशेषताओं वाला मदरबोर्ड खरीदना चाहिए।

मार्केट में कई बड़ी कंपनियों के मदरबोर्ड उपलब्ध हैं जैसे: ASUS, GIGABYTE, MSI इत्यादि। आपको, मदरबोर्ड ख़रीदते समय नीचे बताई गई विशेषताओं पर ध्यान देना है।

Memory	4 x DIMM, Max. 64GB, DDR4
Multi-GPU Support	Supports AMD CrossFireX™ Technology
Expansion Slots	PCIe 3.0/2.0 x16 (x16 mode) PCIe 3.0/2.0 x16 (max at x4 mode) PCIe 3.0/2.0 x1
USB Ports	Front USB 3.0 Panel (20 Pin Header)

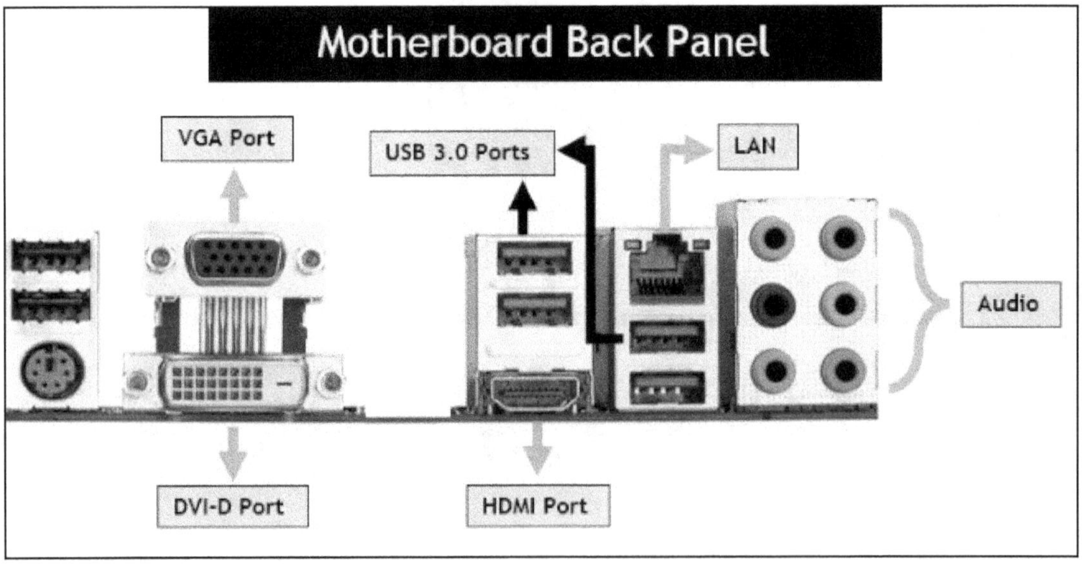

USB Ports	USB 3.0 (4 Port)
Video Port	HDMI, VGA, DVI-D

अन्य महत्वपूर्ण पार्ट भी बाज़ार से खरीद लें।

Graphics Card (2GB DDR3 Memory)

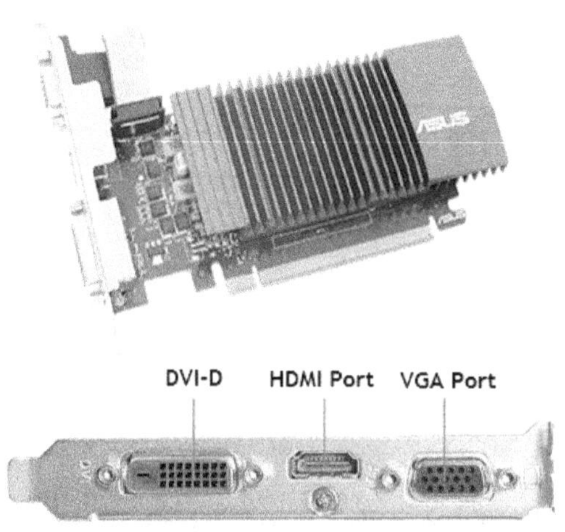

DVI-D To VGA Adapter

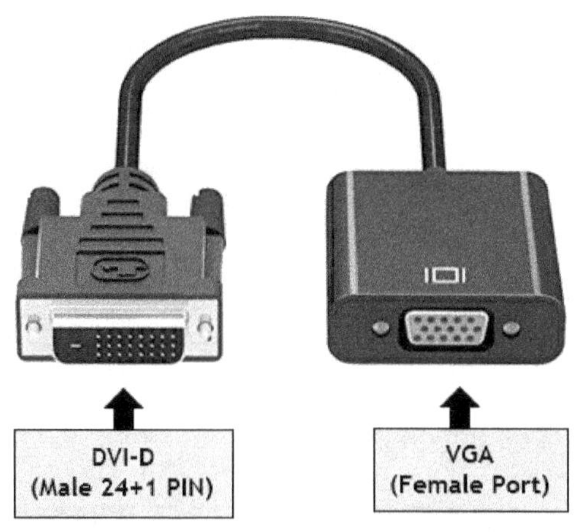

2GB DDR3 Memory Graphics Card ख़रीद लें। जिसमें वीडियो पोर्ट HDMI, VGA, DVI-D हों।

दो DVI-D to VGA अडैप्टर खरीद लें।

USB 3.0 PCI-E Express ADD-on Card

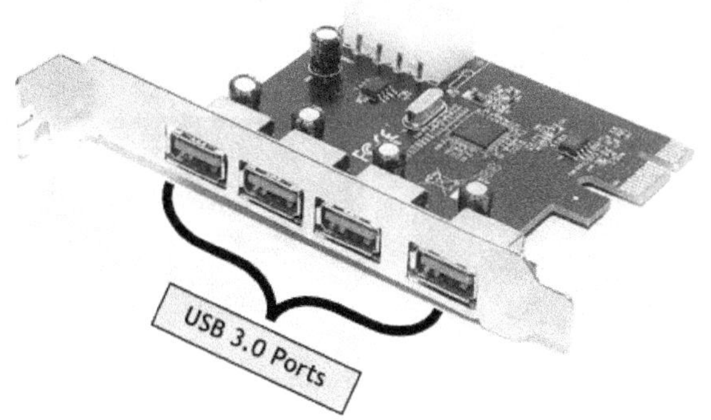

मार्केट से, USB 3.0 PCI Express कार्ड ख़रीद लें। इस कार्ड को PCIe 3.0/2.0 x16 (max at x4 mode) या PCIe 3.0/2.0 x1 पोर्ट में लगाएं। लगाने के बाद, कार्ड के पावर केबल को SMPS से जोड़ दें।

USB 3.0 Female To 20 Pin Motherboard Header

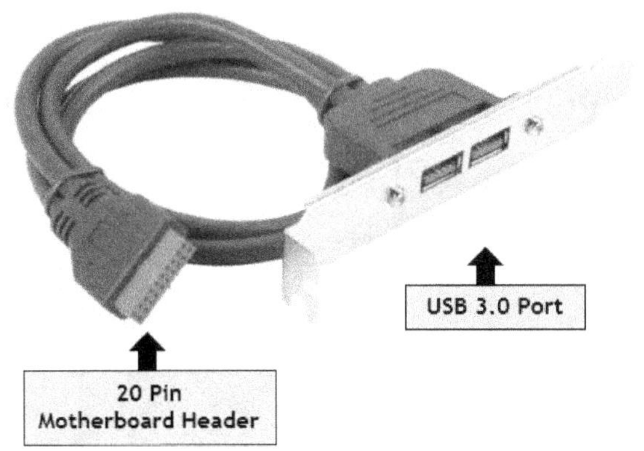

मार्केट से, USB 3.0 Female To 20 Pin Motherboard Header ख़रीद लें। इसे मदरबोर्ड के Front USB 3.0 पोर्ट से जोड़ें।

मार्केट से, USB 3.0 to VGA अडैप्टर खरीद लें। कम से कम 6 अडैप्टर खरीदें।

- इस अडैप्टर को मदरबोर्ड के USB 3.0 पोर्ट से जोड़े।
- LCD मॉनीटर को इस अडैप्टर के VGA पोर्ट से जोड़ें।

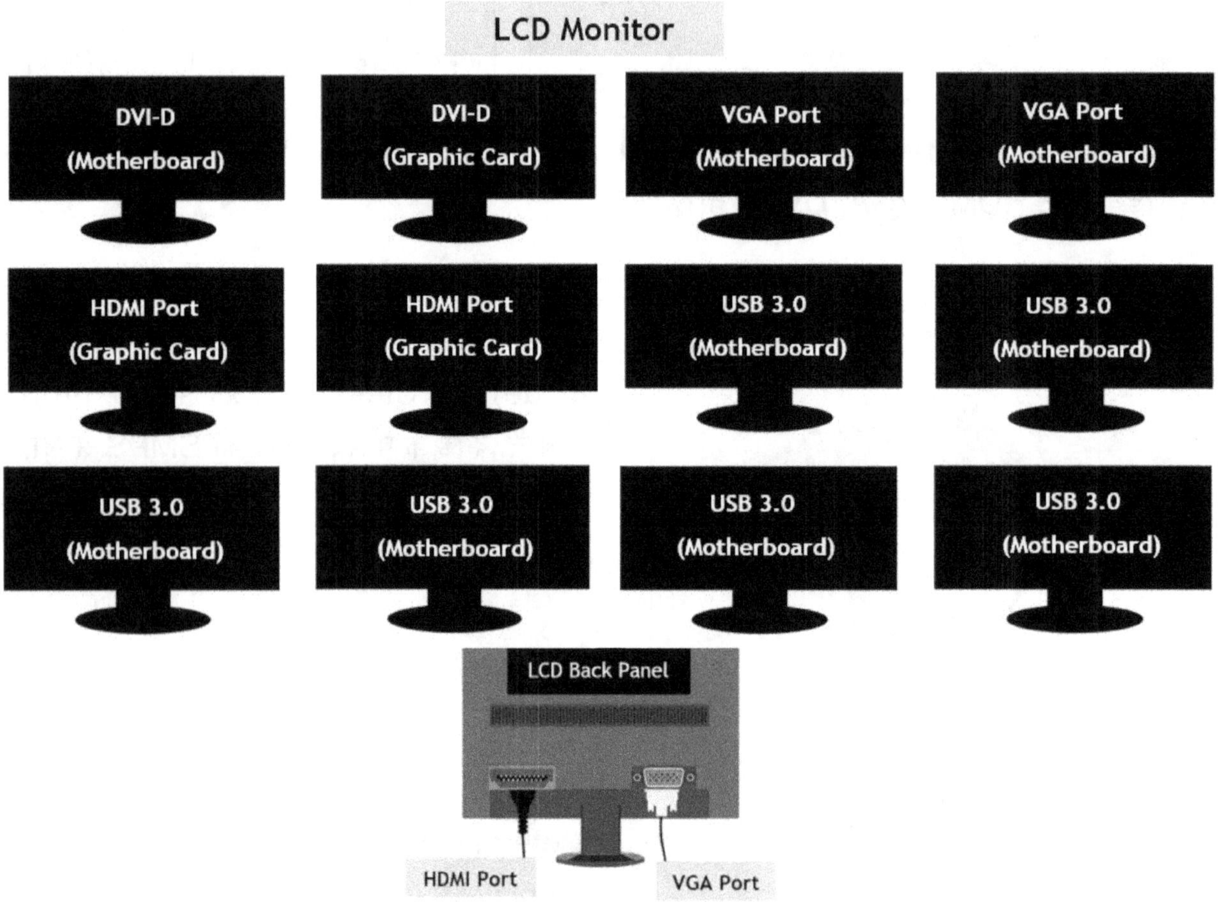

- मार्केट से, 12 LCD मॉनीटर ख़रीद लें। LCD मॉनीटर में, VGA और HDMI पोर्ट दोनों होना चाहिए।
- दो मॉनिटर को DVI-D to VGA अडैप्टर के माध्यम से मदरबोर्ड से जोड़े।
- दो मॉनिटर को VGA केबल के माध्यम से मदरबोर्ड से जोड़े।
- दो मॉनिटर को HDMI केबल के माध्यम से मदरबोर्ड से जोड़े।
- छः मॉनिटर को USB 3.0 to VGA अडैप्टर के माध्यम से मदरबोर्ड से जोड़े।

डिस्प्ले (मॉनीटर) सेटिंग

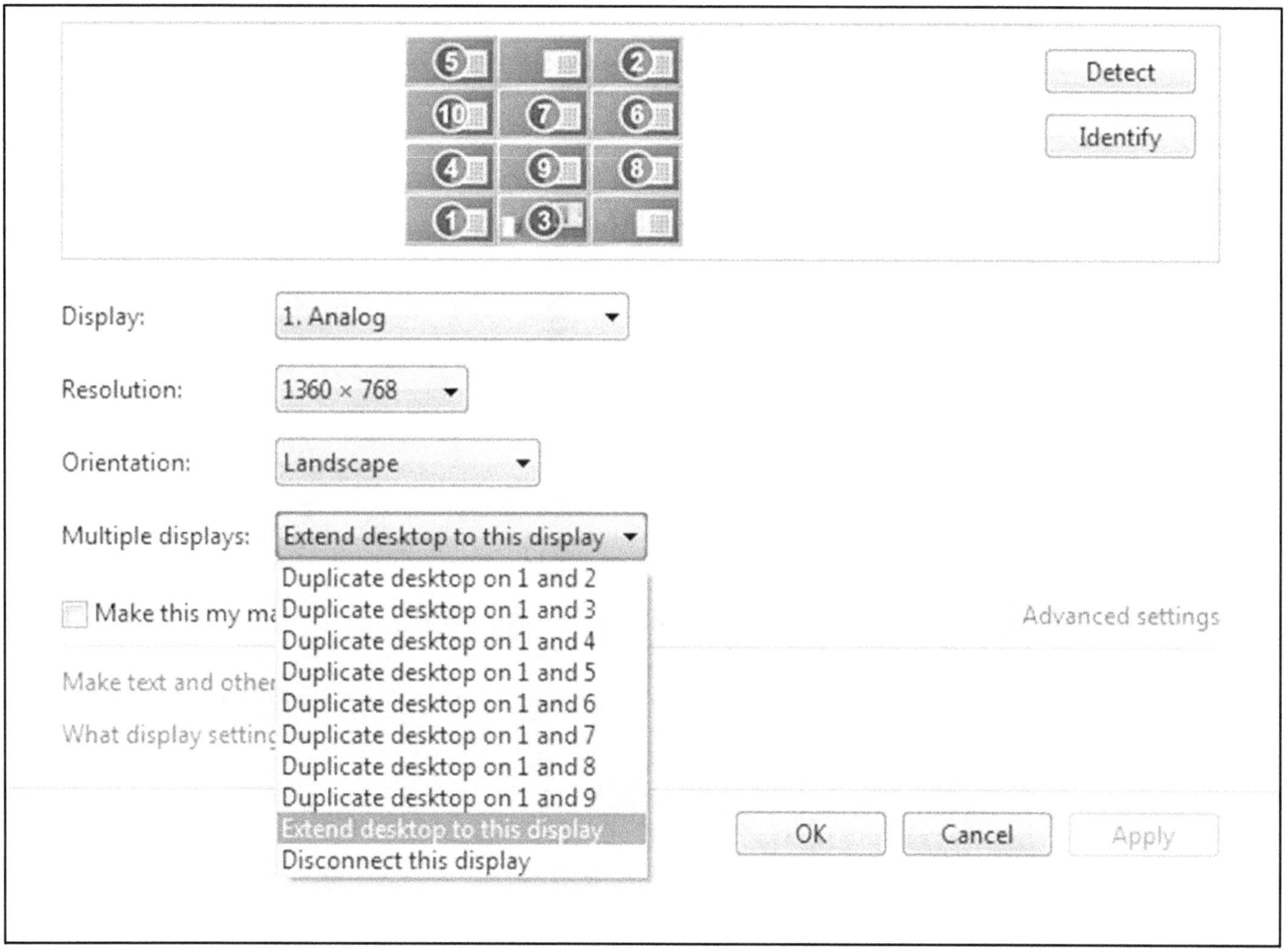

1. लैपटॉप या कंप्यूटर स्क्रीन में. राइट क्लिक करें। डिस्प्ले Setting में जाएँ।
2. Identify पर क्लिक करें। जितने भी मॉनीटर आपके लैपटॉप या कंप्यूटर से जुड़े होंगे। सब दिखाई देने लगेगा।
3. Multiple Displays ऑप्शन में, “Extend desktop to this display” का विकल्प चुनें।
4. स्क्रीन Resolution 1360 x 768 चुनें।
5. Apply करके OK करें।

सब जोड़ने के बाद: फाइनल सेटअप

ये मेरा ट्रेडिंग सेटअप है। आप एक साथ कई स्टॉक या इंडेक्स के चार्ट को देख सकते हो।

ट्रेडिंग सेटअप के अनेकों फ़ायदे हैं:

किस सेक्टर में तेज़ी है? किस सेक्टर में गिरावट हो रही है? किस स्टॉक या सेक्टर इंडेक्स के चार्ट पर बुलिश प्राइस पैटर्न बन रहा है? किस स्टॉक या सेक्टर इंडेक्स के चार्ट पर बेयरिश प्राइस पैटर्न बन रहा है? कौन सा स्टॉक या सेक्टर इंडेक्स अपट्रेंड में है? कौन सा स्टॉक या सेक्टर इंडेक्स डाउनट्रेंड में है?

कौन सा स्टॉक या इंडेक्स सपोर्ट लेवल के आसपास है? कौन सा स्टॉक या इंडेक्स रेजिस्टेंस लेवल के आसपास है? इन सभी सवालों के ज़वाब एक साथ अच्छे से समझ आने लगता है। **सेटअप के साथ ट्रेडिंग करने का एक अलग ही मज़ा है। दिनों-दिन आपका अनुभव बढ़ता जाता है।**

मदद

अगर आपको ट्रेडिंग सेटअप से जुड़ी कोई समस्या आए तब आप मेरा यूट्यूब चैनल देखें।

मैंने अपने यूट्यूब चैनल "A2Z Share Market Intraday Trading" में, ट्रेडिंग सेटअप के बारे में विस्तारपूर्वक बताया है।

(नोट: मैं अपने यूट्यूब चैनल में, स्टॉक एनालिसिस सम्बंधित वीडियो नहीं डालता हूँ। **अनुभव, गलतयों का गुच्छा होता है।** जब तक आप अपनी गलतियों का एनालिसिस नहीं करोगे तब तक अनुभवी ट्रेडर नहीं बन पाओगे।

दूसरे की एनालिसिस देखकर ट्रेडिंग करना और खुद एनालिसिस करके ट्रेडिंग करना, दोनों में बहुत अंतर है। मै चाहता हूँ आप अपनी गलतियों से सीख सीखकर एक बेहतर ट्रेडर बनें)

अध्याय: 26

अगर ट्रेडर बनना चाहते हैं तो 11 महत्वपूर्ण बातें जानिए

1...... सस्ते स्टॉक को क्यों नहीं खरीदना या शॉर्ट करना चाहिए?

इंट्राडे ट्रेडर, स्टॉक की कीमतों में होने वाले उतार-चढ़ाव से मुनाफा कमाने की कोशिश करते हैं।

जब नए लोग शेयर मार्केट में आते हैं तब वे केवल सस्ते स्टॉक को खरीदना ज़्यादा पसंद करते हैं। लेकिन वे इस बात को नहीं जानते की सस्ते स्टॉक की कीमतों में कम उतार-चढ़ाव होता है।

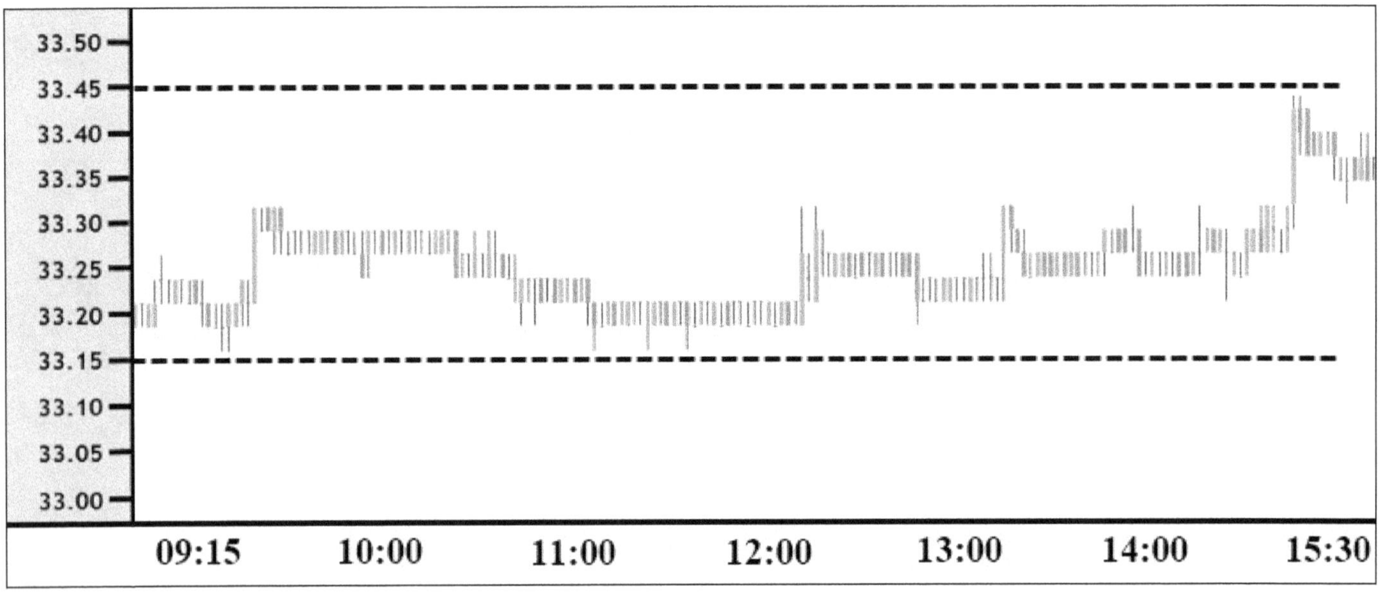

आप चार्ट में देख सकते हो स्टॉक बहुत सस्ता है। सुबह 9:15 पर 33.20 रूपये पर खुला। एक दिन में, 33.20 रूपये से बढ़कर 33.45 रूपये तक गया। अर्थात दिन भर में, स्टॉक में 25 पैसों का उतार-चढ़ाव हुआ। क्या आपको चार्ट पर, कोई बुलिश या बेयरिश प्राइस पैटर्न दिखाई दे रहा है? नहीं। ऐसे स्टॉक एक रेंज में ही गिरते-बढ़ते रहते हैं जिस कारण इनके चार्ट पर जल्दी कोई पैटर्न नहीं बनते हैं। **इसलिए ऐसे पैनी या सस्ते स्टॉक से दूर रहें।**

2...... लो वॉलटाइल स्टॉक को क्यों नहीं खरीदना या शॉर्ट करना चाहिए?

लो वॉलटाइल स्टॉक में कभी-कभार ही अच्छी तेज़ी या अच्छी गिरावट देखने को मिलती है। जिस कारण उनके चार्ट पर रोज़-रोज़ पैटर्न नहीं बनते हैं।

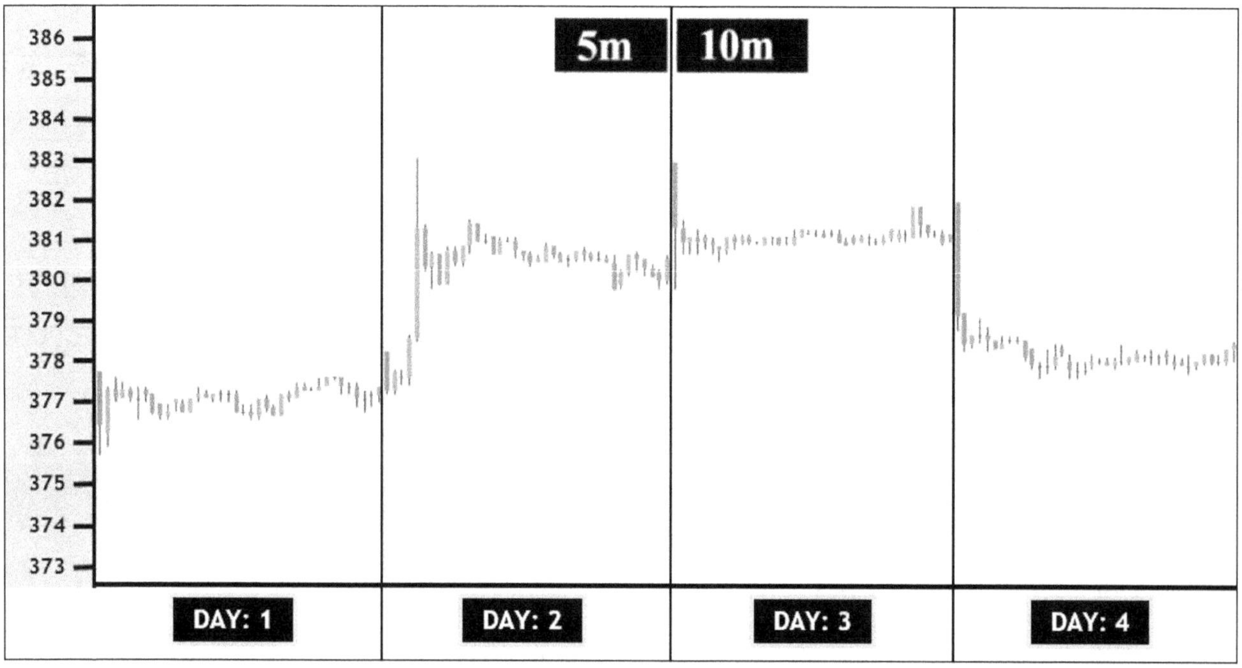

चार्ट में देखिये। थोड़ी-सी तेज़ी या थोड़ी-सी गिरवाट के बाद, स्टॉक पूरे दिन एक रेंज में ही घूमता हुआ दिखाई दे रहा है। क्या आपको चार्ट पर, कोई बुलिश या बेयरिश प्राइस पैटर्न दिखाई दे रहा है? नहीं। लो वॉलटाइल स्टॉक सस्ते भी हो सकते हैं और महंगे भी। ऐसे स्टॉक ज़्यादातर एक रेंज में ही गिरते-बढ़ते रहते हैं जिस कारण इनके चार्ट पर जल्दी कोई पैटर्न नहीं बनते हैं। **इसलिए ऐसे लो वॉलटाइल स्टॉक से दूर रहें।**

3...... लो वॉल्यूम स्टॉक को क्यों नहीं खरीदना या शॉर्ट करना चाहिए?

"लो वॉल्यूम स्टॉक" **सस्ते भी हो सकते हैं और महंगे भी।** ये हाई वॉलटाइल भी सकते हैं और लो वॉलटाइल भी।

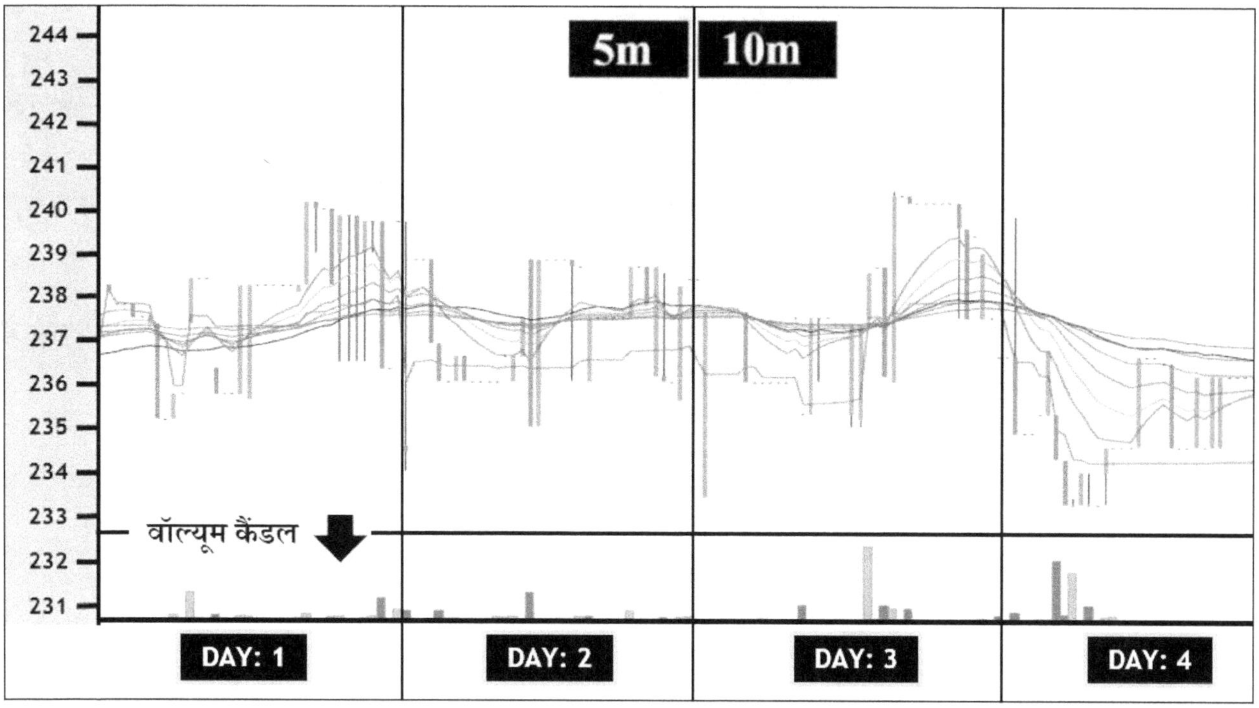

चार्ट में देखिये। जिस स्टॉक में, रोज़ाना ट्रेडिंग वॉल्यूम कम होती है उन स्टॉक के चार्ट पर प्राइस पैटर्न और ट्रेंड पैटर्न जल्दी नहीं बनते हैं। क्या आपको चार्ट पर, कोई प्राइस पैटर्न या ट्रेंड पैटर्न दिखाई दे रहा है? नहीं। **जिस स्टॉक के चार्ट पर, आपको प्राइस पैटर्न और ट्रेंड पैटर्न दोनों में से कुछ भी समझ में नहीं आए। उस स्टॉक से दूर रहें।**

4...... सर्किट स्टॉक

मेरे अनुसार सर्किट का साधारण शब्दों में मतलब है **"शुरू होना"**। किसी भी अच्छी या बुरी ख़बर के कारण, ज़्यादातर ट्रेडर या निवेशक स्टॉक में बेतहाशा ख़रीदारी या बेतहाशा बिकवाली **शुरू कर देते हैं।** जिस कारण स्टॉक में अपर सर्किट या लोअर सर्किट लगते हैं।

अपर सर्किट

किस प्रकार के स्टॉक में अपर सर्किट लगते हैं?

- सस्ते स्टॉक, लो वॉलटाइल स्टॉक और लो वॉल्यूम स्टॉक में हमेशा अपर सर्किट लगते हैं।
- कभी-कभी अच्छी ख़बर के कारण वेटेज़ स्टॉक में भी अपर सर्किट लग जाते हैं।

अपर सर्किट में क्या होता है?

Buyer	Qty	Bid Price	Ask Price	Qty	Seller
81035	9677657	491.00	00.0	0	0
23025	872137	490.80	00.0	0	0
9916	85664	490.55	00.0	0	0
7844	551966	490.35	00.0	0	0
99695	9809084	490.00	00.0	0	0
TBQ	20996508			0	TSQ

Symbol	ATM
Close	420.00
Open	430.20
High	491.00
Low	429.25
ATP	455.00
LTP	491.00
Change	71.00
Volume	98526791

अच्छी ख़बर के कारण, ज़्यादातर ट्रेडर या निवेशक स्टॉक में बेतहाशा ख़रीदारी शुरू कर देते हैं। जिस कारण, स्टॉक में अपर सर्किट लगते हैं। **स्नेप कोट्स विंडो में देखकर समझिये।**

जिस स्टॉक में, अपर सर्किट लगता है उसके स्नेप कोट्स विंडो में आपको केवल बायर दिखाई देंगे। ऐसी स्तिथि में आप स्टॉक को नहीं खरीद सकते हो क्यूंकि सेलर नहीं होते हैं।

चार्ट देखकर, अपर सर्किट स्टॉक को कैसे पहचाने?

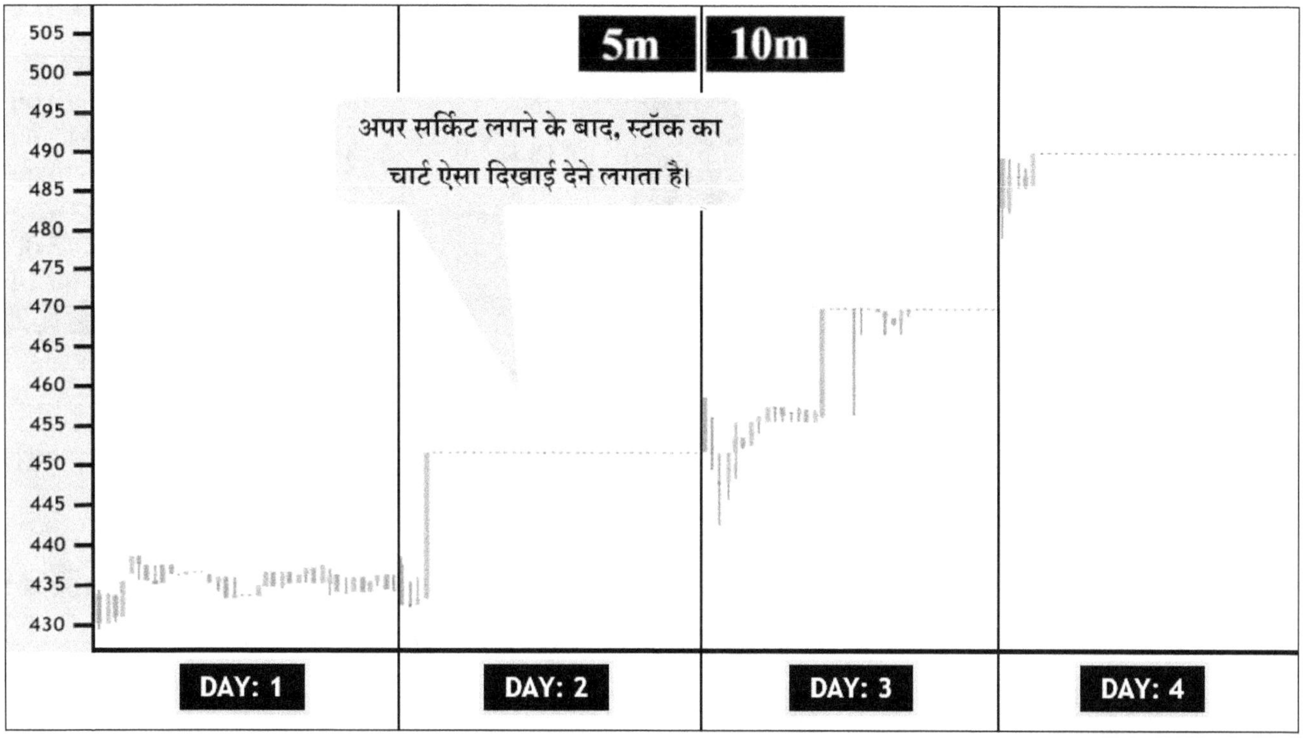

NSE एक्सचेंज में कुछ ऐसी कंपनियां सूचीबद्ध (Listed) हैं जिनके स्टॉक में हर दूसरे या तीसरे दिन अपर सर्किट लग जाता है। इसके पीछे मुख्य कारण है: ऐसी कंपनियों के स्टॉक सस्ते होते हैं। लो वॉलटाइल होते हैं और इनमें ट्रेडिंग वॉल्यूम रोज़ाना कम होती है।

चार्ट देखकर समझिये।

ऐसे कंपनियों के स्टॉक को कैसे पहचाने? ये समझने के लिए, स्टॉक का केवल 5 मिनट या 10 मिनट का चार्ट देखें। जब स्टॉक में सर्किट लगता है तब स्टॉक का चार्ट ऐसा दिखाई देने लगता है। सर्किट (अपर या लोअर) लगने के बाद, स्टॉक के चार्ट पर कोई कैंडल नहीं बनती है।

याद रखें। जिन कंपनियों के स्टॉक में, हर दूसरे या तीसरे दिन अपर सर्किट लग जाता है। ऐसे कंपनियों के स्टॉक में इंट्राडे ट्रेडिंग नहीं करें। मान लीजिये आपने ऐसी कंपनियों के स्टॉक को शॉर्ट कर दिया। स्टॉक शॉर्ट सेल करने के बाद, अपर सर्किट लग गया तब आप अपनी शॉर्ट पोज़ीशन को ख़त्म नहीं कर पाओगे। फिर आपका स्टॉक ब्रोकर आपको तगड़ा फाइन लगाएगा।

लोअर सर्किट

किस प्रकार के स्टॉक में लोअर सर्किट लगते हैं?

- सस्ते स्टॉक, लो वॉलटाइल स्टॉक और लो वॉल्यूम स्टॉक में हमेशा लोअर सर्किट लगते हैं।
- कभी-कभी बुरी ख़बर के कारण वेटेज़ स्टॉक में भी लोअर सर्किट लग जाते हैं।

लोअर सर्किट में क्या होता है?

Buyer	Qty	Bid Price	Ask Price	Qty	Seller
0	0	00.0	560.00	789600	24445
0	0	00.0	560.20	881544	20035
0	0	00.0	560.25	991290	50989
0	0	00.0	560.70	563050	17678
0	0	00.0	561.00	991800	98977
TBQ	0			396240	TSQ

Symbol	KLI
Close	610.00
Open	612.00
High	620.00
Low	560.15
ATP	575.00
LTP	560.10
Change	-50.00
Volume	98442700

बुरी ख़बर के कारण, ज़्यादातर ट्रेडर या निवेशक स्टॉक में बेतहाशा बिकवाली शुरू कर देते हैं। जिस कारण, स्टॉक में लोअर सर्किट लगते हैं। **स्नेप कोट्स विंडो में देखकर समझिये।**

जिस स्टॉक में, लोअर सर्किट लगता है उसके स्नेप कोट्स विंडो में आपको केवल सेलर दिखाई देंगे। ऐसी स्तिथि में आप स्टॉक को बेच नहीं सकते या शॉर्ट सेल नहीं कर सकते हो क्यूंकि बायर नहीं होते हैं।

चार्ट देखकर, लोअर सर्किट स्टॉक को कैसे पहचाने?

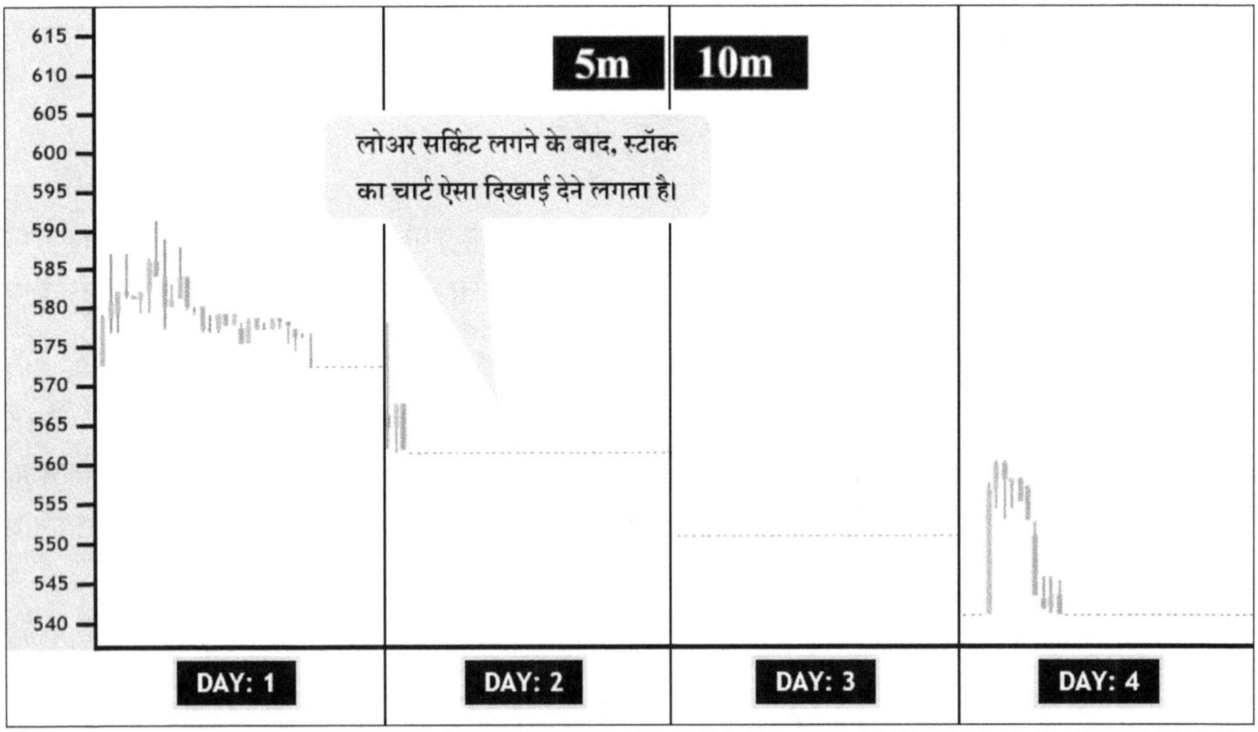

NSE एक्सचेंज में कुछ ऐसी कंपनियां सूचीबद्ध (Listed) हैं जिनके स्टॉक में हर दूसरे या तीसरे दिन लोअर सर्किट लग जाता है। इसके पीछे मुख्य कारण है: ऐसी कंपनियों के स्टॉक सस्ते होते हैं। लो वॉलटाइल होते हैं और इनमें ट्रेडिंग वॉल्यूम रोज़ाना कम होती है।

चार्ट देखकर समझिये।

ऐसे कंपनियों के स्टॉक को कैसे पहचाने? ये समझने के लिए, स्टॉक का केवल 5 मिनट या 10 मिनट का चार्ट देखें। जब स्टॉक में सर्किट लगता है तब स्टॉक का चार्ट ऐसा दिखाई देने लगता है। सर्किट (अपर या लोअर) लगने के बाद, स्टॉक के चार्ट पर कोई कैंडल नहीं बनती है।

याद रखें। जिन कंपनियों के स्टॉक में, हर दूसरे या तीसरे दिन लोअर सर्किट लग जाता है। ऐसे कंपनियों के स्टॉक में इंट्राडे ट्रेडिंग नहीं करें। मान लीजिये आपने ऐसी कंपनियों के स्टॉक को ख़रीद लिया। स्टॉक ख़रीदने के बाद, लोअर सर्किट लग गया तब आप ख़रीदे हुए स्टॉक को बेच नहीं पाओगे। फिर आपका स्टॉक ब्रोकर आपको तगड़ा फाइन लगाएगा।

5...... इंडेक्स के स्टॉक को ट्रेडिंग के लिए क्यों चुनना चाहिए?

NIFTYINDICES.COM Or NSEINDIA.COM	
INDEX & SECTOR INDEX	
Nifty 50	Nifty Private Bank
Nifty Next 50	Nifty PSU Bank
Nifty Midcap 50	Nifty Pharma
Nifty Reality	Nifty IT
Nifty AUTO	Nifty Energy
Nifty FMCG	Nifty Media
Nifty Fin Service	Nifty Metal

अगर आप शेयर मार्केट में नए हैं तब शुरुआत में, इंडेक्स या सेक्टर इंडेक्स में शामिल कंपनियों के स्टॉक को ट्रेडिंग के लिए चुनें।

- इंडेक्स और सेक्टर इंडेक्स में शामिल कंपनियों के स्टॉक रेंज में नहीं रहते हैं।
- ज़्यादा वॉलटाइल होते हैं।
- रोज़ाना ट्रेडिंग वॉल्यूम ज़्यादा होती है।
- ऐसे स्टॉक के चार्ट पर ही प्राइस पैटर्न और ट्रेंड पैटर्न बनते हैं।
- इनमें अपर या लोअर सर्किट जल्दी नहीं लगते हैं।

6...... सभी प्रकार के ऑर्डर को समझना क्यों जरुरी है?

जब मैं शेयर मार्केट में नया था तब मुझे भी नुक्शान हुआ। आज मुझे लगता है अगर मैं "ऑर्डर के प्रकार" को अच्छे से समझ लेता तब मुझे ज़्यादा नुक्शान नहीं होता।

इसलिए मैं, ऑर्डर को टेक्निकल एनालिसिस का ही हिस्सा मानता हूँ। ऑर्डर कई प्रकार के होते हैं। ऑर्डर के बारे में विस्तार से, मैंने अपनी पहली किताब "A To Z Share Market (Intraday Trading)" में चर्चा की है।

अगर आप शेयर मार्केट में नए हैं तब शुरुआत में, ऑर्डर का सही तरीके से उपयोग करना सीखिए। ऑर्डर को अच्छे समझने के बाद ही ट्रेडिंग की शुरुआत करें।

7...... कंसिस्टेंसी किसे कहते हैं?

ट्रेडिंग एक बिज़नेस है लेकिन ये सभी बिज़नेस से एकदम अलग बिज़नेस है। यहाँ पर क़ामयाबी रोज़-रोज़ ट्रेडिंग करने से, लगातार ट्रेडिंग करते रहने से मिलती है।

अगर आप नए ट्रेडर है तो इंडेक्स और सेक्टर इंडेक्स में शामिल कंपनियों के स्टॉक में रोज़ ट्रेडिंग करें। बार-बार ट्रेडिंग करें। **लगातार दो-तीन साल तक ट्रेडिंग करें और बेयरिश प्राइस पैटर्न, बुलिश प्राइस पैटर्न और ट्रेंड पैटर्न को अच्छे से समझने का प्रयास करें। इसे ही शेयर मार्केट में कंसिस्टेंसी कहते हैं।** कंसिस्टेंसी ही शेयर मार्केट में क़ामयाबी की कुंजी है।

8...... ट्रेडिंग में, आप अपने इमोशन को कंट्रोल नहीं कर सकते हो!!

शेयर मार्केट में इमोशन का एक अहम स्थान है।

"ट्रेडिंग इमोशन के साथ नहीं करनी चाहिए" या **"अपने इमोशन को कंट्रोल में रख कर ट्रेडिंग करनी चाहिए"** ये दोनों बातें आपने पचासों ट्रेडरों के मुँह से पांच सौ बार सुनी होंगी।

लेकिन फिर भी नए ट्रेडर, ट्रेडिंग के दौरान अपने इमोशन को कंट्रोल नहीं कर पाते हैं इसके पीछे एक मुख्य कारण हैं।

समझिये,

जब कोई व्यक्ति पहली बार शेयर मार्केट में ट्रेडिंग करने के लिए आता है तो वह भावनात्मक रूप से अपने पैसों के साथ जुड़ा हुआ होता है। इसलिए वह, ट्रेडिंग में नुक्सान होने पर, नुक्सान रिकवर करने के लिए गलत ट्रेड कर ही देता है। लेकिन समय के साथ जब हम प्राइस पैटर्न और ट्रेंड पैटर्न, स्टॉक के सपोर्ट और रेजिस्टेंस लेवल को अच्छे से समझने लगते हैं तब हम बिल्कुल सही तरीके से ट्रेडिंग करना सीख जाते हैं या फिर अपने ग़लत ट्रेड को समझना सीख जाते हैं। जिस कारण नुक्सान होने की संभवना कम हो जाती है।

इसलिए आप, किसी भी किताब को पढ़कर या किसी भी बड़े ट्रेडर की बातें सुनकर इमोशन को कंट्रोल करना नहीं सीख सकते हो। **हमारा अनुभव, हमें इमोशन को कंट्रोल करना सिखाता है और ये अनुभव कंसिस्टेंसी के साथ दो या तीन साल ट्रेडिंग करने से आती है।**

9...... पेशन्स (Patience) क्या है?

शेयर मार्केट में पेशन्स का मतलब है "इंतजार करना"। अब आपका सवाल होगा "किस चीज़ का इंतजार करना?"

एक बात को अच्छी तरह से याद कर लीजिये "**शेयर मार्केट में पैसा**:

- **पैटर्न (प्राइस एवं ट्रेंड)**
- **एंट्री सेटअप**
- **और अनुभव से बनता है।**

"स्टॉक या इंडेक्स के चार्ट पर पैटर्न बनने या एंट्री सेटअप का इंतजार करना ही पेशन्स कहलाता है"

10...... मार्केट में अनुशासन (Discipline) बहुत जरुरी है

ट्रेडर बनना चाहते हो तो ट्रेडिंग करो निवेश नहीं।

ज़्यादातर नए लोग, शेयर मार्केट में इंट्राडे ट्रेडिंग से पैसा कमाने के लिए आते हैं लेकिन शेयर को खरीदने के बाद अगर नुक्सान होने लगे तब उस शेयर में निवेश कर देते हैं जब तक नुक्सान, प्रॉफिट में ना बदल जाये।

अगर आप इंट्राडे ट्रेडर बनना चाहते हो तो ट्रेडिंग में नुक्सान होने पर उसे स्वीकार करना सीखिए। नुक्सान होने पर अपनी पोज़ीशन को ख़त्म करना सीखिए।

11......खुद से वादा करें

अगर आप शेयर मार्केट में बिल्कुल नए हैं तो खुद से वादा करें और नीचे लिखी गई बातों का अवश्य पालन करें।

- नुक्शान होने पर, ट्रेडिंग करना बंद नहीं करें। शेयर मार्केट से दूर ना जाएँ। कंसिस्टेंसी के साथ ट्रेडिंग करें। शुरू में, कम शेयर खरीदें और कम शेयर शॉर्ट करें। लेकिन मार्केट में टिके रहें। तभी आप मार्केट को समझ पाओगे।
- शुरू में, नुक्सान को स्वीकार करना सीखें।
- शुरू में, प्राइस पैटर्न और ट्रेंड पैटर्न को पहचनना सीखें और केवल पैटर्न समझ आने पर ट्रेड करें।
- शुरू में, स्टॉप लॉस ऑर्डर का उपयोग जरूर करें।
- इमोशन कुछ नहीं है सिर्फ शुरुआती सफ़र का हिस्सा है। जिस दिन से, आपको प्राइस पैटर्न और ट्रेंड पैटर्न अच्छे से समझ में आने लग जायेगा उस दिन से, आप इमोशनल ट्रेडर से इमोशनलेस ट्रेडर बन जाओगे। (मैं इस बात की गारंटी देता हूँ।)

12......मेरी तीसरी किताब: ए टू जेड शेयर मार्केट "एंट्री सेटअप"

अध्याय :1	लोअर हाई (LH) एंट्री सेटअप	अध्याय :27	गिरावट का संकेत देने वाले पैटर्न (हाफ डबल टॉप, फुल डबल टॉप, एक्स्ट्रा डबल टॉप और....)
अध्याय :2	हायर लो (HL) एंट्री सेटअप		
अध्याय :3	डबल फिबो एंट्री सेटअप	अध्याय :28	बढ़ोतरी का संकेत देने वाले पैटर्न (हाफ डबल बॉटम, फुल डबल बॉटम, एक्स्ट्रा डबल बॉटम और....)
अध्याय :4	DN एंट्री सेटअप		
अध्याय :5	UN एंट्री सेटअप	अध्याय :29	कैंडल साइकालजी और कैंडलस्टिक पैटर्न
अध्याय :6	R-61.8% एंट्री सेटअप	अध्याय :30	मल्टी टाइम फ्रेम ट्रेडिंग सेटअप और इसके फ़ायदे
अध्याय :7	S-61.8% एंट्री सेटअप	अध्याय :31	अक्यूम्यलेशन, डिस्ट्रब्यूशन, डिवर्सफकेशन और आपकी गलतियां
अध्याय :8	कैंडल से कैंडल एंट्री सेटअप	अध्याय :32	138. 2% और -38% एंट्री सेटअप और टारगेट (D & U)
अध्याय :9	त्रिकोण पैटर्न (तीनों) और एंट्री सेटअप	अध्याय :33	सुबह 9:07am स्टॉक सेलेक्शन स्ट्रेटेजी और VWAP एंट्री सेटअप
अध्याय :10	मिरर एंट्री सेटअप	अध्याय :34	तैयारी: ट्रेडिंग के लिए स्टॉक कैसे चुनें? (विस्तारपूर्वक वर्णन)
अध्याय :11	सिग्नल पैटर्न (शेप) और एंट्री सेटअप	अध्याय :35	तरीक़ा: बाय और शॉर्ट सेल की सही जगह
अध्याय :12	ट्रेंड पैटर्न (शेप) और एंट्री सेटअप	अध्याय :36	ट्रेडिंग: परफेक्ट एंट्री सेटअप का इंतजार और विश्लेषण
अध्याय :13	डाइवर्जन्स एंट्री सेटअप	अध्याय :37	स्टॉक खरीदने या शॉर्ट करने के बाद, टारगेट कैसे तय करें?
अध्याय :14	G: VWAP एंट्री सेटअप	अध्याय :38	Elliott Wave क्या है?
अध्याय :15	R: VWAP एंट्री सेटअप	अध्याय :39	अपट्रेंड और डाउनट्रेंड Elliott Wave किसे कहते है? दोनों में क्या अंतर है?
अध्याय :16	DT: VWAP एंट्री सेटअप	अध्याय :40	अपट्रेंड Elliott Wave का विस्तारपूर्वक वर्णन
अध्याय :17	S: VWAP एंट्री सेटअप	अध्याय :41	डाउनट्रेंड Elliott Wave विस्तारपूर्वक वर्णन
अध्याय :18	रेजिस्टेंस के पास कब शॉर्ट करना चाहिए?	अध्याय :42	अपट्रेंड Elliott Wave एंट्री सेटअप
अध्याय :19	सपोर्ट के पास कब खरीदना चाहिए?	अध्याय :43	डाउनट्रेंड Elliott Wave एंट्री सेटअप
अध्याय :20	रिवेंज ट्रेडिंग और रिवर्स ट्रेडिंग	अध्याय :44	अपना पोर्टफोलिओ कैसे बनाएं? लॉन्ग टर्म निवेश के लिए स्टॉक कैसे चुने?
अध्याय :21	एंट्री सेटअप Sheet और Template सेटिंग	अध्याय :45	कॉल और पुट ऑप्शन और ऑप्शन स्ट्रेटेजी
अध्याय :22	मनी मैनेजमेंट और पोर्टफोलियो डिवर्सफकेशन	अध्याय :46	ऑप्शन स्ट्रेटेजी कैसे बनायें और किन बातों का ध्यान रखें? (विस्तारपूर्वक वर्णन)
अध्याय :23	ब्रेकआउट और ब्रेक डाउन ट्रेडिंग किसे कहते हैं?		
अध्याय :24	असली-नकली ब्रेकआउट और ब्रेक डाउन को कैसे पहचानें?	अध्याय :47, 48, 49, 50, 51, 52, 53, 54, 55	हर परिस्तिथि में अलग-अलग ऑप्शन स्ट्रेटेजी का विस्तारपूर्वक वर्णन: (47) प्राइस पैटर्न और ऑप्शन स्ट्रेटेजी, (48) ट्रेंड पैटर्न और ऑप्शन स्ट्रेटेजी, (49) FRL और ऑप्शन स्ट्रेटेजी, (50) न्यूज़ और ऑप्शन स्ट्रेटेजी, (51) एंट्री सेटअप और ऑप्शन स्ट्रेटेजी, (52) रेंज और ऑप्शन स्ट्रेटेजी, (53) ब्रेकआउट और ऑप्शन स्ट्रेटेजी, (54) ब्रेकडाउन और ऑप्शन स्ट्रेटेजी, (55) हेजिंग किसे कहते हैं? ऑप्शन स्ट्रेटेजी में हेजिंग क्यों और कैसे करना चाहिए?
अध्याय :25	आपके स्टॉपलॉस हिट क्यों होते हैं?		
अध्याय :26	म्यूच्यूअल फण्ड, ETF, इंडेक्स ETF, GOLD ETF, का विस्तारपूर्वक वर्णन और कब और किस में निवेश करें? क्यों निवेश करें?		

इस किताब (ए टू जेड शेयर मार्केट "एंट्री सेटअप") में बताए गए एंट्री सेटअप को जानने के बाद, आप हर स्टॉक का चार्ट आसानी से समझने लगोगे और अनेकों महत्वपूर्ण सवाल और टॉपिक को बहुत आसानी से समझने लगोगे।

इस किताब (ए टू जेड शेयर मार्केट "एंट्री सेटअप") में बताये गए "**एंट्री सेटअप**" को आप कमॉडिटी, करेंसी, इक्विटी और ऑप्शन ट्रेडिंग में उपयोग कर सकते हो।

इस किताब (ए टू जेड शेयर मार्केट "एंट्री सेटअप") फाइनल एडिशन में अध्याय के नाम बदले भी जा सकते हैं। इसीलिए इस इंडेक्स की तुलना फाइनल किताब के इंडेक्स से नहीं करें। यह किताब जून, 2023 तक पब्लिश हो जाएगी।

नोट: इस किताब (ए टू जेड शेयर मार्केट "टेक्निकल एनालिसिस") में, मैंने VWAP इंडिकेटर के बारे में बिल्कुल चर्चा नहीं किया है। ये इंट्राडे ट्रेडिंग का सबसे महत्वपूर्ण इंडिकेटर है इसके के बारे में तीसरी किताब में समझेंगे।

अगर आपको मेरी यह किताब "ए टू जेड शेयर मार्केट (टेक्निकल एनालिसिस)" पसंद आई तो अपना बहुमूल्य रिव्यू या कमेंट, इ-कॉमर्स वेबसाइट (जहाँ से आपने इस किताब को ख़रीदा है) जरूर करें। आपके कमेंट को पढ़कर मुझे "**बेहतर क़िताब लिखने की प्रेरणा मिलती है।**"

www.ingramcontent.com/pod-product-compliance
Lightning Source LLC
LaVergne TN
LVHW082037051026
849532LV00011B/3395